Stephen Levine

Als hungriger Geist
geboren

Stephen Levine

Als hungriger Geist geboren

Höhen und Tiefen einer spirituellen Entwicklung

Kösel

Übersetzung aus dem Amerikanischen:
Karin Petersen, Berlin.

Die Originalausgabe erschien unter dem Titel
»Turning Toward the Mystery. A Seeker's Journey« bei
HarperSanFrancisco. Published by arrangement with
HarperCollins Publishers, Inc., New York, N.Y.

Copyright © 2002 by Stephen Levine
© 2003 für die deutsche Ausgabe
by Kösel-Verlag GmbH & Co., München
Printed in Germany. Alle Rechte vorbehalten
Druck und Bindung: Kösel, Kempten
Umschlag: Elisabeth Petersen, München
Umschlagfoto Stephen Levine: © Ondrea Levine
ISBN 3-466-34463-8

*Gedruckt auf umweltfreundlich hergestelltem Werkdruckpapier
(säurefrei und chlorfrei gebleicht)*

Inhalt

DANK 9

EINLEITUNG 11
Eine Gnade, die uns allen zugänglich ist

I. EIN REICHER ANFANG 13

1 Einatmen 15
2 Der Wille zum Mysterium 23
3 ich und Ich und der ganze Jazzkram 25
4 Das Herz des Narziss 29
5 Lernen, das Mysterium zu lesen und
 zu schreiben 33
6 Karmische Guthaben und Darlehen 42

II. IM RAUM ZWISCHEN DEN GEBURTEN 51

7 Ein Kurzbesuch bei Gott 53
8 Den Lotos öffnen – Ebenen der Reinigung 56

9 Der gewöhnliche Geist	62
10 Die Seele wiederfinden	71
11 Geboren werden	74

III. Ein tieferes Leben wecken 85

12 Die sechziger Jahre in San Francisco	87
13 Dienen heißt zusammen heilen	94
14 Heiligtum Natur	99
15 Kostbare Lehren	105
16 Sujata	113
17 Verzeihen	125
18 Die Befreiung des Großen Geistes	131
19 Blau anlaufen vom tiefen Durchatmen	136
20 *Kalayana Mita* – Ein spiritueller Freund werden	146
21 Todestrakt: Eine Bejahung des Lebens	152
22 Familienheilung	158
23 o und O und das kleine ich	164
24 Bereitschaft	168
25 Im Dienst der Kunst der Anwaltschaft	183
26 Rechtes Handeln in Aktion	187
27 Nukleare Winde	192
28 Muttertag	197
29 Hinneigung zum Göttlichen	200
30 Seine Heiligkeit der Dalai Lama	204
31 Gehen und schlafen, träumen und essen im Mysterium	209
32 Karma essen	219
33 Der Geist der Tiere	227

IV. Das Mysterium, in dem es Schmerz, Krankheit, Alter und Tod gibt 241

34 Vergänglichkeit	243
35 Schmerz und Krankheit	248

36 Altern und Alter 255
37 Tod 265
38 Leben nach dem Leben, Leben nach dem Tod .. 275

V. FORTSCHRITTE DES PILGERS 281

39 Große Überraschungsparty für das Selbst 283
40 Tod des Egos 289
41 Unser ursprüngliches Feuer entdecken 299
42 Wiederkehrende Schwüre ablegen 302
43 Manchmal ich 308

GLOSSAR 311

Dank

Wem danken, der oder die in der eigenen Lebensgeschichte nicht bereits Erwähnung fand?
 Jedem und jeder und allem!
 Auch wenn einige Namen, Orte und die Reihenfolge bestimmter Erlebnisse verändert wurden, ist dies insoweit eine wahre Geschichte, wie ein unvollkommenes Gedächtnis und eine begrenzte, ichbezogene Wahrnehmung es erlauben.
 Ein großer Dank geht an die Lektorin Liz Perle bei HarperSanFrancisco, deren Herz ein perfekter Spiegel für dieses ziemlich verzwickte Unternehmen war.

Einleitung

Eine Gnade, die uns allen zugänglich ist

Manche bezeichnen das große Unbekannte als Mysterium. Andere, die es als vollkommene Ordnung empfinden, nennen es Tao (machen aus dem endlosen Verb einen Eigennamen ähnlich wie »Gott«, »Buddha« oder »Ich«). Menschen, die in Harmonie mit der Erde leben, mögen von der Entfaltung der Natur oder dem Weg der Dinge sprechen.

Uns dem Mysterium zuwenden heißt das Unbekannte erforschen. Zunächst erkunden wir das Mysterium unseres eigenen Selbst, das bis zu einem gewissen Punkt psychologisch ist und dann spirituell wird. Dann betreten wir das Reich des Universellen: dringen vor bis zu einem Punkt, an dem das Spirituelle nicht mehr definierbar ist.

Der Weg nach innen führt zur Entdeckung und Heilung unseres kleinen Selbst, unseres persönlichen Mythos, dem geistigen Konstrukt, von dem wir irrtümlicherweise annehmen, dass hier unser wahres Selbst zu Hause ist.

Und wenn wir tiefer suchen und Ausschau halten nach etwas, das noch realer ist, offenbaren sich uns in Augenblicken eines plötzlichen, wortlosen Verstehens Ebenen des Gewahrseins, die dem Pilger die Richtung nach Hause weisen.

Dies ist ein Bericht über die Wanderung eines Gewahrseins, das allmählich zum Licht hingezogen wird. Die Schilderung des Prozesses einer langen spirituellen Praxis, der beständig eine mysteriöse Gnade zuteil wird.

Über frühe innere Kämpfe schreibe ich nicht, um das selbstverliebte Drama persönlicher Erinnerungen auszumalen, sondern in der Hoffnung, dass manche Leserinnen und Leser in meinen Irrwegen einen Ausweg aus ihren eigenen finden.

Nach mehr als vierzig Jahren spiritueller Praxis und einem allmählichen Erwachen aus einem sehr tiefen Schlaf schreibe ich dieses Buch, um Sie teilhaben zu lassen am Prozess einer Gnade, die uns allen zugänglich ist.

Ein reicher
Anfang

I.

1

Einatmen

Ich wurde als hungriger Geist geboren.

Aufgrund einer chronischen Verdauungsstörung war ich nach über zwei Jahren Diät, auf der ein alter Arzt beharrte und die aus nichts als Bananenbrei und Magermilch bestand, schwer unterernährt. Man erzählte mir, dass ich darum flehte, mitessen zu dürfen, wenn mich die Gerüche der Abendmahlzeit erreichten, die für meine Familie unten auf dem Tisch stand. Als meine geplagten Eltern mit mir einen anderen Arzt aufsuchten, erfuhren sie, dass nicht mein Bauch das Problem war, sondern dass ich langsam verhungerte.

Im Alter von vier Jahren hatte ich ständig die Taschen voll mit gestohlenen Süßigkeiten.

Mit acht Jahren lief ich fast täglich mit einem von zwei Nachbarjungen neun Häuserblocks weiter zur *Public School Number 16* und zurück.
Mit Tommy war ich befreundet, seitdem ich laufen konnte. Er war ein melancholischer, zwanghafter, in sich gekehrter

Bursche, der bei seiner Geburt an Sauerstoffmangel gelitten hatte. Jahrelang erzählte er mir auf unserem Heimweg in einem manischen Redefluss mehr, als ich je in meinem Leben über die Raffinessen der Herstellung von Autokarosserien würde wissen müssen. In der sechsten Klasse verlagerte sich sein Interesse auf die Innenausstattung verschiedener Kugelschreiber. Da er einen Fuß leicht nachzog, dauerte unser Heimweg lange. Er wurde zur Unterweisung in Zuneigung und Geduld. Dies war der Weg des Herzens.

Der andere Typ namens Hap (hap = Glücksfall, Anm.d.Ü.) machte seinem Namen alle Ehre. Er war ein kluger, witziger, inspirierender Spielgefährte und ein guter Kumpel bei unseren Diebeszügen in den umliegenden Läden. Wir liebten es beide besonders, Kriegsspielzeug und aus irgendeinem Grund auch gefüllte Oliven zu klauen. Unser Weg nach Hause war die schnelle, schau-dich-nach-hinten-um Spielart.

Mein bester Freund Eric starb, als wir beide neun Jahre alt waren. Wir hatten immer zusammen auf seiner Veranda, zwei Häuserblocks von der Schule entfernt, gesessen, den vorbeifahrenden Autos nachgeschaut und uns ausgemalt, was wir als Erwachsene für Menschen sein würden.

Er war der einzige Mensch mit Akzent, den ich kannte. Wir lachten viel. Er war ungewöhnlich großzügig. Oft gab er mir, was ich wollte, noch bevor ich es ausgesprochen hatte. Mit ihm spielte ich am liebsten.

Später erfuhr ich, dass er an »der Krankheit« gestorben war, wahrscheinlich Leukämie, die er sich zwei Jahre zuvor zugezogen hatte, als er in Auschwitz Opfer chemischer Experimente wurde.

Alle paar Wochen roch mein Vater nach Vanille.

Er hatte eine kleine Firma aufgebaut, die chemische Haushaltsprodukte herstellte. Unter anderem entwickelte er eine Reihe von Blaufärbern und Ammoniakgeist, einen bemerkenswert wirkungsvollen Pflanzendünger mit Vitamin-B-Zusatz und ein chemisches Mittel für die Nickelindustrie, welches das Polieren nach der Verkleidung mit Nickel überflüssig machte. Und außerdem künstliche Vanille, abgefüllt in Flaschen, die er selbst entwarf und herstellte.

Seine kleine Fabrik befand sich in einem hundert Jahre alten Backsteingebäude im ältesten Teil der Stadt. Auf den Kellerwänden waren noch die längst verblassten »Parteimalereien« aus den Zeiten zu sehen, in denen das Haus von den *Legs Diamond* (Rockband, Anm.d.Ü.) als »Flüsterkneipe« betrieben wurde.

Zwei Häuserblocks von seiner Fabrik entfernt lag ein einst elegantes und jetzt ziemlich heruntergekommenes Kino, das meistens Western- und Kriegsfilme zeigte.

Ich war dreizehn, als bei einer Samstagsmatinee (gezeigt wurde ein Western) ein älterer Mann neben mir saß und mir Popcorn anbot. Er fragte mich, ob ich Lust hätte, mit ihm eine Runde in seinem Lieferwagen zu drehen und selbst den Wagen zu fahren, der draußen parkte. Ich wusste sehr wohl, was er vorhatte. Ich tastete in meiner Hosentasche nach der kleinen Pistole, die ich bei einem Einbruch gestohlen hatte, und stellte mir vor, diesen Mann auszurauben und mir seinen Wagen unter den Nagel zu reißen. Ich sagte ihm, ich würde nur mal eben aufs Klo gehen und gleich zurück sein.

Als ich die Tür zu der schmuddeligen Männertoilette öffnete, deren Wände mit fleckig verdreckten, zersprungenen Kacheln verkleidet waren, wurde ich sofort von beißendem Rauch eingehüllt. Über das Waschbecken gebeugt, verbrannte eine zusammengekrümmte Männergestalt eine kleine Menge Belladonna (wie ich heute weiß), Stramonium, die der Typ wegen eines Asthmaanfalls inhalierte, der ziemlich heftig gewesen sein muss.

Der heruntergekommene alte Raum voll beißenden Rauchs, von diesem Menschen, der, in der Ecke hockend, einem Drogendämon glich, und ich mit einer geladenen Pistole, während in der Dunkelheit des Kinos jemand auf mich wartete, den ich ausrauben oder mit dem ich noch Schlimmeres anstellen würde.

Meine Brust brannte vor Angst und Belladonna. Das hier war mit Sicherheit die Hölle. Ich schlüpfte aus der Nebentür nach draußen ins Sonnenlicht.

Wenige Monate später wurde ich wegen des Tragens dieser Waffe festgenommen. Überrascht stellte ich fest, dass mir das nicht wirklich etwas ausmachte, denn mein Leben war bereits vorbei.

Zu der Zeit war eine Waffe für mich eine Art magischer Talisman, ein Symbol für Sicherheit und Unabhängigkeit.

Mir war noch nicht klar, dass ein Gewehr lediglich so etwas wie ein zweites Rückgrat war. Ich würde noch eine Weile brauchen, um das zu kapieren.

Auch wenn ich ein Geist war, war ich doch gesegnet. Obwohl dieses Wissen sich mir nur ganz allmählich offenbarte, erteilte mir das Herz, von dem ich damals nicht einmal wusste, dass ich es besaß, unerwartet zwingende Befehle in Bezug auf die Nichtverletzung und Heiligkeit des Lebens, von der ich noch gar nichts ahnte. Das waren die Rettungsseile des Mysteriums, an denen ich mich aus dem ursprünglichen Morast meiner Angst und Isolation hochzuziehen begann.

Unmittelbar vor meiner Festnahme tauchte das erste von zwei Mantras in meiner Welt auf. In einem Augenblick von Stress und Gnade, die Polizei im Rücken, erreichten mich die Worte »Gott ist Liebe«. Sie teilten sich mir auf einer Stickerei mit, die an einer Wand hinter dem freundlichsten Erwachsenen hing, der mir bislang begegnet war und der mich in seinen Armen hielt, während ich weinte, zitternd vor Angst.

Als meine Bilder von Gott sich im Laufe der Jahre veränderten, haben diese Worte viele Bedeutungsebenen durchwandert. Liebe aber ist für mich das beste Wort geblieben, das ich mir für das Göttliche vorstellen kann.

Liebe ist Leere von allem bis auf Liebe.

Seit ich mich erinnern kann, haben die ständig wechselnden Mätzchen des verletzten Kindes und die Erforschung des zeitlos Universellen durch mich ihr Spiel getrieben.

Schon in den Anfängen meines abgeschiedenen Kellerlabors, das mir weitestgehend mein Chemiker-Vater eingerichtet hatte, traten diese beiden Tendenzen in mir klar zutage. Einerseits experimentierte ich mit der Herstellung von Knallkörpern aus Schießpulver, während ich andererseits sorgfältig an der Konstruktion einer archimedischen Schraube arbeitete, um herauszufinden, was sich im hypnotischen Zentrum der sich drehenden konzentrischen Kreise befand. Ich hatte solch eine wirbelnde Scheibe, von der es heißt, dass sie Bewusstsein manifestiere, mit schwarzer Kreide peinlich genau auf einen aus Pappe ausgeschnittenen Kreis gezeichnet, der von dem kleinen Motor aus meinem Elektro-Baukasten gedreht wurde. Ich wollte sehen, welche Horizonte sich hinter den Gehirnwindungen des Kindes verbargen, das sich mit ausgestreckten Armen um sich selbst drehte. Vielleicht erinnerte das junge Herz sich an die uralten Tänze der Derwische.

Mit Eintritt in die High-School bekam ich das zweite Mantra »*Om Mani Padme Hum*« (ein tibetisches Mantra, das oft übersetzt wird mit »Oh, Du Juwel in der Lotosblüte«). Als jenes mysteriöse »heidnische Gemurmel«, das im ganzen Tal zu hören war, hatte einer meiner engsten Freunde, dessen Familie Ende der vierziger Jahre als christliche Missionare an der Grenze zu Tibet gelebt hatte, es mitgesprochen. Er erzählte, er habe als Kind die Chinesische Mauer gesehen.

Das Mantra wurde zu unserem »Insider-Gruß«, Teil des mystischen Codes unserer Freundschaft, den wir im Laufe unseres Heranwachsens Tausende von Malen wiederholten. Wir wussten nicht, was ein Mantra bedeutete oder dass überhaupt etwas heilig war. Diese Worte schenkten uns nicht mehr Tiefe, dienten uns aber bei unseren oft herben, gelegentlich gefährlichen und manchmal fast kriminellen Riten des Übergangs als Sicherheitsseil.

Wir sprachen es »Oh, Manny pad me hum« aus (etwa: »Oh, Männe, gib mir 'nen Klaps, damit ich in Gang komme«, Anm.d.Ü.) und hoben bei »pad me« oft die Hand, um sie spielerisch gegen die Hand des anderen zu klatschen. Obwohl wir das Mantra – abgesehen davon, dass wir damit unsere freundschaftliche Beziehung stärkten – mit völlig falschen Intentionen benutzten, hatte es witzigerweise eine verbindende Kraft, die bis heute geblieben ist. Zumindest vermittelt es immer noch Mut und Bruderschaft.

In tibetischen Klöstern steht das genannte Juwel in der Lotosblüte möglicherweise für das *Dharma* (die Lehren) oder die Essenz des Seins, aber für uns war das Juwel das, was gewöhnlich als »Herz« gilt. *Om Mani Padme Hum* wird mir immer diese Mischung aus Treue und entschiedener Absicht vergegenwärtigen und mich daran erinnern, wie viel »Herzensmut« es erfordert, zur Mitte des Lotos vorzudringen.

Oft und wiederholt bei Teenagerkrawallen mit der Bande ausgesprochen, schienen diese Worte nie einen offensichtlichen spirituellen Nutzen zu haben. Vielleicht würden manche sagen, dass wir noch mit dieser unüberlegten Wiederholung des Mantras Verdienste oder Vorteile anhäuften, aber ich teile diese Ansicht keineswegs. Unsere innere Absicht verrichtet beim Rezitieren eines Mantras sowie bei jeder spirituellen Praxis die eigentliche Arbeit, und sie ist tatsächlich auch die Grundlage von Karma (als Wirkungskraft des Lebens).

Trotz unserer jugendlichen Ketzerei und Frivolität bei der Benutzung dieses Mantras habe ich es mir offensichtlich nicht verdorben. Jahre später gab mir Rudi, mein erster Lehrer, *Om Mani Padme Hum* ulkigerweise als erstes Mantra und sagte, es könne mir helfen, mich den turmhohen Kathedralentüren in der Mitte des Brustkorbs zu nähern. Das Mantra sorgte dafür, dass ich mir im Angesicht der Weite des Seins ständig bewusst blieb, wie klein ich war.

Als ich Jahrzehnte später bei einer Konferenz mit Seiner Heiligkeit dem Dalai Lama Hand in Hand stand, erinnerte ich mich an jenen Lotosgesang, jenes »Mantra mit Herz«, das mich so lange und durch so viele Inkarnationen hindurch bis in dieses Leben begleitet hatte. *Om Mani Padme Hum* und sein ewiges Lächeln füllten das ganze Tal. Am Fuße der Chinesischen Mauer sitzen, Tee und Mantra »trinken«, jugendlich, bereit zum Aufstieg. Abwechselnd im Schatten und in der Sonne träumend.

Tatsächlich war die Distanz zwischen Herz und Verstand selbst in der rauen Jugendzeit merkwürdig offensichtlich. Auch wenn ich mich für Wissenschaft und Musik interessierte, was kaum einer aus der Gruppe teilte, genoss ich es, einer ziemlich lebhaften Teenagerclique anzugehören. Gemessen an den heutigen Standards waren wir keine Bande. Tatsächlich waren wir eher so etwas wie ein örtlicher Automobilclub.

Auch wenn wir bei seltenen Gelegenheiten »rauften«, tat ich mich als Kämpfer nicht besonders hervor. Obwohl ich immer noch eine Pistole als Talisman gegen meine Ängste versteckt hielt, folgte ich aus mir zu jener Zeit zutiefst mysteriösen Gründen sogar bei Straßenkämpfen dem inneren Gebot, andere Menschen nicht zu verletzen. Es überraschte mich selbst, dass ich darauf achtete, niemanden zu verwunden.

In einer Situation ließ ich von einem Burschen ab, den ich zu verletzen befürchtete, wenn er erst einmal am Boden läge. Er war viel größer als ich, und es wäre ein ziemlicher Triumph gewesen, ihn zu überwältigen. Aber ich konnte den Schlag, der aus ihm einen Besiegten gemacht hätte, der um Gnade flehte, einfach nicht ausführen. Er jedoch hatte eine völlig andere Auffassung von der Situation, stand auf und schlug mich besinnungslos.

Ein Bild, das einem Gemälde von Norman Rockwell (realistischer amerikanischer Maler, Anm.d.Ü.) gleicht, bleibt mir aus jenen Tagen von der fast zwei Meter großen, über neunzig Kilo schweren Carmina, die uns beim Armdrücken meistens besiegte und wütend war, dass sie nicht mitkommen durfte, wenn wir zu unseren verabredeten Raufereien aufbrachen. An ihren Armen trug sie vom Handgelenk bis zum Bizeps unsere Armbanduhren, die wir zur Sicherheit bei ihr ließen.

Auf der Rückfahrt von einer dieser Unterweisungen in Gewaltlosigkeit, flankiert von Waffenkameraden, der Adrenalinstoß abgeflaut, waren wir in ein ziemlich fatalistisches Gespräch verwickelt. Johnny K., damals 22, sagte, er würde nicht älter als 25 Jahre alt werden. Ich, 17 und von der düsteren Stimmung des Augenblicks gefangen genommen, sagte, ich würde mein 21. Lebensjahr nicht erleben. Mark, der am Steuer seines fabrikneuen Dragster-Rennwagens saß, sagte, er würde uns beide schlagen.

Beide kamen in den folgenden zwei Jahren bei Autounfällen ums Leben.

Da ich vor meinem neunzehnten Lebensjahr vier Mal verhaftet worden war, wusste ich, dass sich etwas ändern musste oder auch ich würde mein Leben verlieren.

2

Der Wille zum Mysterium

Wir haben einen Willen zum Mysterium in uns, eine Sehnsucht, die größer ist als unser Wille zum Leben. Zum Glück ist das so, denn unser Wille zum Leben, unser Klammern am Leben, bringt uns um.

Der Wille zum Mysterium ist unser Heimweh nach Gott.

Der Wille zum Leben ist unsere Angst vor dem Tod, unser Festhalten am Genuss, unsere Furcht, niemand zu sein und zu werden. Der Wille zum Leben verwechselt sich selbst oft mit dem Verstand und dem Körper. Er ist Teil dessen, wovon Erleuchtung uns befreit. Der Wille zum Leben verhärtet unseren Bauch, kontrolliert jeden Atemzug, hält uns in der hintersten Ecke gefangen. Zu dreiviertel blind, tauschen wir die volle Sicht gegen die Illusion von Sicherheit ein.

Auch wenn das Fehlen oder die Unterdrückung des Willens zum Leben ohne Frage zu Teilnahmslosigkeit und Melancholie führen kann, richtet die begrenzte Definition des Lebens, die auf ihn zurückgeht, ähnlichen Schaden an.

Aber das, was wir das Große Sehnen nennen, dieser Wille zum Mysterium, der heftige Wunsch nach einem tieferen Wissen, der Sog hin zum heiligen Herzen, definiert Leben neu. Allmählich bricht die kleine leise innere Stimme sich Bahn und wird vernommen. Wir erleben ein plötzliches wortloses Verstehen, das uns fast den Atem nimmt.

Eine Gnade kommt auf uns zu, die wir ebenso meiden wie den Tod. Sie ist der Abschluss unserer Geburt, die Selbstverwirklichung, Ziel so vieler psychologischer und spiritueller Bemühungen.

Sie kommt nicht in der Zeit, sondern in der Zeitlosigkeit, wenn der Verstand ins Herz sinkt, wenn die Gedanken sich von Vorwurf zu Akzeptanz, dankbarer Wertschätzung und sogar Lobpreisung wandeln. Und wir erinnern uns daran, wer wir wirklich sind.

Diese Gnade ist beharrlich, sie führt uns an den Rand unserer bekannten Welt und winkt uns, sicheres Gelände aufzugeben und unsere Weite des Seins zu betreten.

3

ich und Ich und der ganze Jazzkram

Mit achtzehn brach ich nach einem Sommer voller Rhythmen auf, um die akademisch schwache, aber musikalisch starke Universität von Miami zu besuchen. Nachdem ich viel später als die meisten meiner musikalischen Zeitgenossen zu meinem Instrument, dem Schlagzeug, gegriffen hatte, war ich ein Möchtegern-Jazzmusiker. Ich lernte von allen und jedem.

Da ich als Kind morgens im Bett den Rotkehlchen in dem Baum vor meinem Fenster zugehört hatte, galten meine ersten tiefen Betrachtungen dem Klang. Musik war meine erste intensive Verbindung mit einem Gefühl von Sein, Jazz meine erste Reise zur anderen Hälfte des Gehirns. Er inspirierte mich, mein inneres Lied zu singen. Und noch heute, wenn ich Musik höre, ist es, als zögen die Klänge das Herz in ihre Mitte.

In jenen anfänglichen Collegezeiten pflegten wir in den Jazzclubs von Miami Jam Sessions mit den »großen Jungen« zu halten. Ein kleiner Kreis junger Musiker, unterrichtet von den vielen Gastmusikern, die witzelten, sie »kämen hier runter, um mal aufzuräumen«. Aber dazu waren wir alle ein bisschen zu nahe dran an den Rhythmen aus Jamaika und dem guten alten Kuba.

Im Sommer vor meinem zweiten Jahr in der High-School fuhr meine Mutter mit mir in andere Bundesstaaten, um Jazz zu hören.

Sie wollte etwas von meiner Welt kennen lernen, bevor ich ganz darin verschwand. Wir besuchten mehrere Jazzkonzerte. Häufig fuhren wir von Albany auf der ganz und gar idyllischen Old Post Road durch New England nach Tanglewood zum Lenox Music Barn. Sprachlos saßen wir zusammen da, während nationale Kostbarkeiten wie das *Modern Jazz Quartet* uns in helle Aufregung versetzten und uns Räume erschlossen, die wir bislang nie zusammen betreten hatten.

Und vor einigen Tagen hörte ich, dass Milt Jackson, der meditative Vibraphonist des *Modern Jazz Quartet*, bekannt unter dem liebevollen Namen »Bags« (= »Säcke«, Anm.d.Ü.; wegen der weichen Tränensäcke unter seinen Augen) gerade gestorben ist. Und ich denke, irgendwo im Paradies (ob in meinem oder ihrem) klopft meine Mutter in stillen Schuhen mit ihrem adretten Zeh, und Bags muss unwillkürlich lächeln.

Ende der fünfziger Jahre machte ich in der Jazzszene von Miami die Bekanntschaft vieler Musiker, die vom Glauben des Rastafarianismus beeinflusst waren und sich manchmal lyrische Namen gaben, die, würde ich denken, »ich und Ich« geschrieben würden. Sie bezogen sich und das Göttliche in ein und denselben Atemzug ein.

Das war eine frühe Initiation in eine Intimität mit Gott, wie ich sie erst Jahrzehnte später wieder erleben sollte, als ich die Poesie von Kabir las, der trunken war von Gott, und fühlte, welch vollkommene Kreise Rumi im Herzen des Suchenden aufspürte.

Mein Herz schmerzte im wahrsten Sinne des Wortes vor Sehnsucht nach solch einer andächtigen Verbundenheit. Ihre Liebe für den Geliebten erfüllte jene ersten Meditationen zwischen Noten mit dem Heiligen. Hier lernte das kleine Selbst das große Selbst kennen.

Das kleine und das große Ich, die immer gegenwärtige Nähe des Heiligen. Gott und Wir, geboren aus endloser gegenseitiger Ähnlichkeit.

Tatsächlich offenbart »ich und Ich« die beiden Ebenen der Heilung, zu denen unsere Geburt uns aufruft. Die erste besteht darin, dass der Geist sich selbst erkennt, das Gewahrsein des Gewahrseins, Selbstentdeckung; die Erforschung des kleinen Selbst. Bei der zweiten erkennt das Herz zunächst die Welt, dann das Universum; die Entdeckung und Erforschung unseres umfassenden, unseres Großen Selbst.

Wenn ich vom kleinen Selbst spreche, meine ich unser persönliches Selbst. Benutze ich den Begriff Großes Selbst, verweise ich damit auf das umfassende Selbst, das Göttliche, die Gottheit, die Essenz des Seins.

Im Buddhismus betrachten wir die beiden verschiedenen Ebenen des Bewusstseins, die als kleines und als Großes Selbst bezeichnet werden, oft als kleinen oder Großen Geist.

Die Erfahrung des grenzenlosen Raumes in unserem inneren Zentrum, die im Hinduismus Großes Selbst oder im Christentum Jesuserscheinung heißen kann, wird aus der existenziellen Sicht des Buddhismus manchmal als Nicht-Ich bezeichnet.

Für den Buddhisten kann »ich und Ich« tatsächlich manchmal gleichbedeutend mit »doppelter Ärger« sein, während es für den Andächtigen das einzigartige Entzücken der Vereinigung des Persönlichen mit dem Universellen repräsentieren kann.

Aus einem weltanschaulichen Blickwinkel mag »ich und Ich« als Dualität erscheinen, die uns von der Quelle des Bewusstseins abschneidet. Und aus einem anderen als grundlegende Beziehung zum Göttlichen, als höchste Form von Dualität, die, da sie »die Wolke der Unwissenheit« und damit den Raum zwischen dem Heiligen und dem Profanen durchdringt, in absoluter Einheit gipfelt.

Nur das kleine Selbst macht zwischen Großem Selbst und Nicht-Selbst einen Unterschied. Sämtliche Traditionen verschmelzen zu dem einen Willen zum Mysterium, dem Sehnen danach. Jede sucht Befreiung vom Leiden und ein stärkeres Empfinden für die Gegenwart.

Und, wie ich in all dem Rauch und Lärm der Jazzclubs so langsam lernte:

> *Es ist leichter, ich und Ich zu sagen, als zu sein.*
> *Selbst wenn die Musik fließt wie Wasser,*
> *selbst wenn die Luft frisch ist von Seinem Atem,*
> *selbst wenn das Lied niemals endet –*
> *es ist leichter gesagt als wieder und wieder getan.*
> *Aber manchmal verschmelzen ich und Ich mit den Grenzen,*
> *die sie definieren sollen –*
> *nur die Umarmung*
> *von Proton und Neutron, Wasserstoff und Sauerstoff,*
> *Sperma und Ei, Heiligkeit und Andächtigem.*
> *Und die Leichtigkeit, einfach zu sein,*
> *wie Kabirs Geliebte auffindbar »im Atem innerhalb des Atems«.*
> *Doch ich und Ich ist Eines, wie du und ich wohl wissen.*

4

Das Herz des Narziss

Voller Selbstmitleid eingeigelt in ein Zimmer im ersten Stock, konnte man in jenen frühen Jahren ziemlich narzisstisch werden. Die ganze Welt schrumpft zusammen auf die Größe des eigenen Schmerzes, der ziemlich eng bemessen ist. Es gibt nur dich als Einzigen weit und breit, der verhindern kann, dass du und die Welt in Flammen aufgehen. Wenn du von der Familie ausgeschlossen wirst, musst du dir deine eigene Religion erschaffen.

Die Theologie vom Ego als Mittelpunkt des Universums, die meinen Schmerz betäubte, machte mich gleichgültig gegen den Schmerz der anderen. Da mein Herz oft hart wie Stein war, verhielt ich mich so verletzend, dass ziemlich viele Entschuldigungen anstehen.

Als ich die Welt schließlich aus einer anderen Perspektive betrachtete als aus der des schmerzlichen Bewusstseins, wusste ich, dass ich diesen narzisstischen Schmerz irgendwie heilen und meine Geburt abschließen musste. Ich musste herausfinden, wer ich unter all der Angst und Verwirrung war, musste den Geist heilen, so dass er ins Herz sank, um Frieden zu finden.

Manchmal in der Meditation kroch das verwirrte Kind, das ich war, in meine Arme, zitternd vor Verlassenheit, bis die Meditation die Angst, niemand könne es lieben, fortspülte.

Es ist durchaus möglich, dass jenes Kind sich weiterhin vor Selbstmitleid verzehrt hätte, wenn ich mich nicht so viel um es gekümmert, ihm Zuwendung geschenkt und es langsam aus seinem Kokon gewickelt hätte.

Ein Kind aus den Verstrickungen seines Kummers zu lösen ist eine Tat der Selbstbarmherzigkeit, die mit so viel Zärtlichkeit und Behutsamkeit verbunden ist, dass sie die Luft reinigt, die Sie und die Menschen, die Sie lieben, atmen. Doch müssen wir dabei sehr achtsam sein, da wir so sehr an unserem Leiden hängen. Es macht einen Großteil unserer Identität aus. Der Narzisst benutzt Schmerz oft, um sein Bild, das er in den trüben Gewässern des Verstandes gespiegelt findet, zu definieren und sogar auszuschmücken.

Als ich die Upanischaden und die Biografien von Krishnamurti und Gandhi las, bekam ich das Gefühl, Befreiung sei schließlich doch möglich.

Mit neunzehn ging ich vom College ab, um mich wegen eines Bandscheibenvorfalls einer Operation zu unterziehen, bei der zwei Bandscheiben zwischen den unteren Lendenwirbeln entfernt wurden.

Als ich las, dass östliche Glaubenssysteme von einer machtvollen Weisheitsenergie ausgehen, die als *Kundalini* bezeichnet wird, dargestellt als mystische Schlange, die sich am unteren Ende der Wirbelsäule zusammenrollt, sinnierte ich sogar, mein körperlicher Zustand könne darauf zurückgehen, dass jene legendäre *Kundalini* bei mir blockiert war.

Mit zwanzig – so vieles bereits erledigt und so vieles unerledigt, die Zeit lauerte eindeutig im Hinterhalt – begegnete ich Buddha in einem Busbahnhof. In einem Zeitungsständer, aus dem ich wahllos Taschenbücher griff und flüchtig durchblätterte, tauchte das leuchtende Antlitz des Buddhas in A.E. Burts Buch *The Compassionate Buddha* auf. Mit seinen vier Edlen Wahrheiten erzählte mir der Buddha, dass ich nicht der Einzige sei, der litt. Er sagte, der Schmerz beruhe auf der emotionalen Erschöpfung, die sich einstellt, wenn wir versuchen, uns an das Wesen der Dinge zu klammern, die immer in Veränderung begriffen, ja, illusorisch sind. Er sagte, es gäbe einen Ausweg. Er bot einen Pfad an, der zu Klarheit und Güte führt.

Und der Geist wandte sich intuitiv dem Mysterium zu. Langsam setzte die Heilung ein, während das Herz begriff, dass jenes Verständnis aufgrund meiner Lektüre lediglich ein Anfang war. In flüchtigen Augenblicken der Ruhe wurde offensichtlich, wie wohltuend die Stille war. Die Zeit war gekommen, anzufangen mit der konkreten Praxis, mich vom Leiden zu befreien.

Nach der Rückenoperation kehrte ich nach Miami zurück und mietete eine notdürftig umgebaute Doppelgarage, wo ich – so meine Hoffnung und Erwartung – für längere Zeit in Abgeschiedenheit meditieren würde.

Das einzige Problem an diesem Ort, der schließlich den Namen »Buddhas Garage« erhielt, bestand darin, dass ich gar nicht wusste, wie man meditierte. Aber ich hatte meine eigenen Vorstellungen von einem asketischen Lebensstil. Ich legte einen Eid ab, mich Vergnügungen zu enthalten. Ich saß respektvoll vor einem Buddha aus Gips, den ich in einem Billigladen erstanden hatte, und wünschte mir einen Zustand inneren Friedens herbei.

Aber meine falschen Auslegungen buddhistischer Schriften bei meiner ersten Lektüre verstärkten eher die jüdisch-christliche Tendenz zur Selbstverleugnung. In den fünfziger Jahren stieß ich, nachdem *The Compassionate Buddha* in jenem Busbahnhof meinen Blick auf sich gezogen hatte, lediglich auf den äußerst professionellen D.T. Suzuki, der so heftig intellektuell war, wie nur ein Zen-Meister es sein kann.

Ich bekam all den Aberglauben und die Philosophie aufgetischt, fand aber keine Anleitung zur Meditation, mit deren Hilfe ich mich aus den Verstrickungen dieses idealisierten Denkens hätte lösen können.

Verunsichert fragte ich mich, wie ich mit Begierde umgehen solle, und wusste nicht, wie ich die wachsende Verwirrung lösen sollte, die in mir entstand, weil ich zwischen dem, was natürliche Triebe schienen, und dem viel beschworenen, religiös gepriesenen Zustand der Begierdelosigkeit nicht zu unterscheiden wusste.

Hin und her gerissen zwischen der Vorstellung, dass ich Begierde meiden müsse, und der Rüge für den Wunsch, mich und die Welt anders haben zu wollen, war ich schließlich völlig gespalten.

Worte wie »Entsagung« waberten durch meinen libidinösen, zwanzig Jahre jungen Geist, ohne dass ich mich auch nur im Geringsten für wert hielt, Buddhas Segen zu empfangen. Wie sollte ich mich aus diesem Sumpf des Wollens jemals selbst herausziehen? Wie viel von meiner Persönlichkeit würde ich töten müssen?

Wie hatte ich nur so weit entfernt von Gott geboren werden können?

5

Lernen, das Mysterium zu lesen und zu schreiben

Als ich mit 21 Jahren in einem Zustand verwirrter Bestürzung und voll tiefer Selbstzweifel Buddhas Garage verließ, war ich so durcheinander von dem Leid in mir und um mich herum, dass ich einfach nur weg wollte.

Mein erster eigener Text war eine Art Anmerkung zu freiwilligem Selbstmord. Er bestand aus dem Wort »warum?«, das ich Dutzende von Malen hinschrieb. Zunächst schrieb ich wiederholt »warum?«. Dann fiel mir auf, dass ich den ersten Buchstaben von »Warum« groß schreiben konnte, und nach einigen »Warums?« kam mir, dass ich sämtliche Buchstaben groß schreiben konnte ... und das tat ich. Ich schrieb »wArum?«, »waruM?«, »WaruM?«. Schließlich bemerkte ich, dass ich in meiner Schreibmaschine ein schwarz-rotes Farbband hatte und zwischen schwarzen und roten Buchstaben nach Belieben wechseln konnte! Und am Ende dieses völlig frei fließenden und tatsächlich sehr aufregenden kreativen Ergusses hatte sich vieles verändert. Das Wort wanderte von der linken in die rechte Gehirnhälfte, wandelte sich vom Werkzeug zu Kunst, und was ich geschrieben hatte wurde zu einem »Stück Literatur«.

Wenn der gewöhnliche Geist sich von seinen engen Grenzen löst und in das Herz befreit, das sich öffnet, bringt er die schönsten Klänge hervor. Musik und Poesie entstehen, leicht wie Glockentöne.

Das Schreiben schenkte mir ein neues Leben, und die Erforschung des Mysteriums in mir und um mich herum machte dieses Leben lebenswert. Die Worte, die spontan aufkamen, manchmal so schmerzlich, dann wieder so wunderschön, begannen allmählich für sich zu sprechen und Rhapsodien zu singen, welche die Qualitäten des Herzens beschworen.

Dem Verstand aus dem Weg gehen und dem Herzen Vortritt lassen – und nichts anderes ist Schreiben in seiner besten Form – heißt für mich selbst Jahrzehnte nach diesen Anfängen noch, die Heilung, den Abschluss einladen, um derentwillen ich geboren wurde. Heißt den Verstand ins Herz rufen und mich erinnern, die Wahrheit zu sagen und noch ein wenig mehr über das zu meditieren, was ich die Wahrheit zu nennen wage.

Dieser erste Text erwies sich als sehr nützlich, als ich, da die Depression anhielt, einige Wochen später schnelle Aufnahme in das New York State Psychiatric Institute suchte. Ich dachte, es wäre an der Zeit, meinen Geist zu reparieren, bevor er sich noch weiter verdunkelte, und meinem Herzen eine Chance zu geben.

Aber das Mysterium fand mich selbst in dieser Einrichtung. Da ich spürte, dass ich unter meinem Ärger und meiner Angst forschen musste, suchte ich nach einem tieferen Weg. Aus Quellen, die immer noch unklar sind, tauchten zwei äußerst aussagekräftige Begleitbücher für die Reise auf, deren Autoren meine geistig gesunden Weggefährten wurden. Meine beiden weisen Lehrer waren Sivananda mit seinem Buch *Übungen zu Konzentration und Meditation* (Bern/München: Scherz Verlag 1993) und Vivekananda und dessen meisterhaftes *Raja-Yoga* (Freiburg: Bauer Verlag 1990). Zwei der am meisten respektierten spirituellen Meister ihrer Zeit. Und zum ersten Mal ging es nicht nur um Philosophie oder spirituelle Offenbarungen, sondern um konkrete Methoden für die Zentrierung des Geistes und die Befreiung des Herzens, die nun Teil der inneren Gleichung wurden.

Von Vivekananda, der mit seinen Lehren in diesem Land zur Zeit der Jahrhundertwende so verbreitet Respekt fand, empfing ich die yogischen Grundlagen des großen spirituellen Meisters Patanjali für die Vereinigung mit dem Absoluten, die mich anwiesen, mich mit dem Atem zu verbinden und mich zu einer neuen Beziehung zu meinem Schmerz einluden, indem sie enthüllten, was dahinter lag. Enthüllten, dass wir, wenn wir uns dem Atem zuwenden und loslassen, was wir glauben zu sein, mehr werden, als wir uns jemals vorstellten. Und dass das Mysterium immer im Spiel ist, ganz gleich, wie eng unser Geist oder wie verängstigt unser Herz ist. Befreiung ist immer möglich. Bemerkenswerte Öffnungen können passieren, wenn der große Seufzer des Loslassens durch die Schichten der Angst und des Festhaltens nach unten sinkt und das Herz erreicht. Und von Sivananda fühlte ich mich eindringlich ermutigt, mich mit einer Intensität, wie sie in Indien anzutreffen ist, der Praxis zuzuwenden.

Selbst im zehnten Stockwerk einer psychiatrischen Einrichtung mitten in New York City gemahnte das Mysterium mich an mein tieferes Wesen. Vollkommen still auf meinem Bett liegend, fand ich zu meinem Atem. Der Atem barg die Verbindung zum Herzen, nach der ich lange gesucht hatte. Während ich versuchte, die yogische Energie des Atems freizusetzen, verwob sich das Gurren der Tauben auf dem Sims draußen vor meinem Fenster ununterscheidbar mit dem subtilen Singsang des Atems. Mein Atem und der Atem der Erde in vollkommener Harmonie, verbanden mich wieder mit dem Planeten und dem Geist der Tiere, die diese Erde bewohnten und die zu meiner ersten innigen Muse werden sollten. Während ich dort lag, zitierte sich in meinem erweiterten Geist spontan und wie von selbst Poesie. Von da an entstand in der Weite des Seins, in die ich mich, wie ich fand, so vollkommen einfügte, Tag für Tag ein Gedicht.

Ich wusste nicht, wie mir diese ursprüngliche Verbindung mit dem natürlichen Mysterium verloren gegangen war. Aber ich wusste, dass es mich in die richtige Richtung zog. Dass diese Rückverbindung mit der Erde selbst in der Upper West Side von Manhattan stattfand, zeigte sich ganz deutlich an einem Abend, als der erste Schnee fiel. Ein Dutzend von uns versammelte sich vor dem großen Fenster des Freizeitraumes, um zuzuschauen, wie der Schnee langsam die Straße unten bedeckte. Schneeflocken trieben im Licht der Bogenlampen. Schwestern und Patienten standen versunken zusammen, um die erstaunliche Schönheit des unberührten Schnees still zu bewundern. Nach zehn Minuten zerriss ein vorbeifahrendes einzelnes Auto die schimmernde Leinwand, ritzte zwei lange, gezackte Spuren in den vollkommenen Schnee. Einige schluchzten im dunklen Zimmer.

Solche Erfahrungen gemeinsamen Seins – jenes Empfinden einer tiefen, ja, vollkommen gegenseitigen Verbundenheit, aus dem oft ein Gefühl von Einheit entsteht – stärken das Vertrauen in die Möglichkeit wahrer und tief greifender Heilung.

Dieser Sog in unsere natürliche gemeinsame Mitte und die Poesie, die diesem huldigt, schenken uns die bemerkenswerte Einsicht, dass die Heilung des Geistes und die Öffnung des Herzens etwas sind, das wir für uns selbst erledigen müssen, ganz gleich wie viel Anleitung wir bekommen. »Die Arbeit, die zu tun ist, die Gnade, die wir sind!«, flüstert der innere Chor.

Ich ließ mich zwar in diese Einrichtung einweisen, weil ich glaubte, sie »reparieren« dort den Geist der Patienten, musste aber feststellen, dass das nicht stimmte. Man beschäftigt sich dort vorwiegend mit den Inhalten des Geistes, was durchaus hilfreich sein kann. Und manchmal auch mit dessen Mustern, was befreiend sein kann. Selten aber mit dem Prozess, der heilsam sein kann. Und niemals mit dem Grund des Seins, dem Gewahrsein, der Präsenz, in denen Inhalte und Muster treiben und die transformierend sein können.

Nachdem ich meine Meditationsgarage in Miami einige Monate gegen die von Neonlicht beleuchteten Räume des New York Psychiatric Institute ausgetauscht hatte, unterzeichnete ich meine Entlassung in eine brandneue Welt. Jene ersten Gedichte in der Tasche meiner Winterjacke; jede Zeile nähte den zerrissenen Schnee zusammen.

(Das Mysterium liebt die zyklische Natur des Zufalls. Zwanzig Jahre, nachdem ich das New York Psychiatric Institute verlassen hatte, arbeitete ich als eine Art Berater auf der Station für schwerkranke Kinder im Säuglingskrankenhaus desselben Columbia-Presbyterian Medical Center.

Und da ich über Vivekanandas kluge, hingebungsvolle Einsicht und ihre Auswirkungen auf mich geschrieben habe, sei auch erwähnt, dass ich zehn Jahre später als Gastredner nach Indien eingeladen wurde, um bei der großen Feier anlässlich des Jahrestages von Vivekanandas bahnbrechender Rede 1893 in Chicago im World's Parliament of Religions einen Vortrag zu halten.)

Für die Rückkehr in eine schöne neue Welt nahm ich den ersten Zug, der entlang der ganzen Insel fuhr, und ließ mich in Greenwich Village nieder, wo ich sofort mit der Künstlergemeinde Kontakt aufnahm, die Jazz liebte, wo ich immer in Bewegung, geistig aufgeschlossen und die ganze Nacht auf den Beinen war.

Monk war im *Five Spot* (Jazzcafé in San Francisco, Anm. d.Ü.) zu finden. Miles in den Wohnvierteln von Birdland.

Danny Proper fing gerade an mit Mingus zu lesen. Allen Ginsberg dirigierte sein Harmonium. Poesie und Jazz verwoben sich.

Als Koch oder Kellner in Kneipen angestellt, bekam ich jeden Tag meine vollen acht Stunden Bach Cembalo und Segovia vom Band zu hören, das in stündlicher Wiederholung lief. Während ich bei zahlreichen verschiedenen Zusammenkünften in Dachwohnungen Gedichte vorlas und im *Gaslight* in der MacDougal Street als Koch auf Abruf arbeitete, fragte man mich, ob ich nicht die sonntäglichen Zusammenkünfte organisieren wolle, die später als halb literarische »Poetry of the Beat Generation«-Lesungen bekannt wurden und lange existierten. Es war eine reiche und wilde »Bouillabaisse der Poesie«, wie ein erfolgloser Poet es nannte.

Sie bestand aus den besten und hoffnungsvollsten Autorinnen und Autoren der Zeit von Diane DiPrima, Gregory Corso, Taylor Mead, John Brent, Peter Zimmels, Hugh Romney (damals noch nicht ganz Wavy Gravy) und Ray Bremser bis zu Poeten, die mit wildem Blick sagten, sie müssten ihre ersten Zeilen pfeifen, weil ihnen die Worte noch nicht gekommen seien.

An vier aufeinander folgenden Donnerstagabenden aß ich zusammen mit dem bekannten Dichter W.H. Auden Tintenfisch in dessen Wohnung in der St. Marks Street, direkt gegenüber von meinem Lieblings-Jazzclub, in dem Lord Buckley seinen heiligen Spektakel veranstaltete sowie auch Art Blakey und die *Jazz Messengers* und Horace Silver und seine Truppe.

Chester, Audens langjähriger Gefährte, hatte mich ursprünglich zum Essen mit Auden eingeladen und bot sich oft großzügig als mein Vermittler an. Als ich Auden fragte, was er von Antonin Artauds Einfluss auf die neue – manchmal »beat« genannte – Poesie hielt, sagte er, das wäre »Badewannenlektüre«. Und als ich ihm später meine eigenen Werke zeigte, runzelte er die Stirn und meinte: »Jeder, der unterhalb der vierzehnten Straße wohnt, hält sich für einen Dichter!« Das war genau die Ermutigung, die ein junger Autor gebrauchen konnte! Ein paar Tage später erzählte ich Ray Bremser von diesem Gespräch; am nächsten Tag klopften er und Kerouac an Audens Tür und »drohten halb im Spaß, ihm an die Gurgel zu gehen.«

Jene ersten Gedichte, die dem Leid gewidmet und voller Hoffnung auf Befreiung waren, wurden 1959 unter dem Titel *A Resonance of Hope* veröffentlicht, wo es an einer Stelle heißt: »Ich habe noch keine Antwort für mich« und das mit der Zeile endet: »Und es werde Staub.« Aber auch wenn mein Leben voller Poesie und Inspiration war, mussten, bevor die Enden zusammenkommen und einen vollkommenen Kreis bilden konnten, noch einige weniger ganzheitliche Tendenzen und Absichten durchgespielt, mussten alte Impulse bewältigt werden und dem Leid stand es noch bevor, seiner Gnade zu begegnen.

Ein Jahr, nachdem ich ins Village kam, war ich verheiratet. Meine erste Frau und ich passten perfekt zusammen. Sie war aus schwierigen Verhältnissen geflüchtet; ich hegte immer noch beträchtlich viel unterschwelligen Ärger und brannte auf neue Erfahrungen. Gemeinsam spielten wir mit Heroin herum.

Ihr Stiefvater, Tom Clear, stammte aus Jamaika und war der Antiheld in *Kains Buch*, Alexander Trocchis grimmiger Saga über Sucht (Berlin: Ullstein Verlag 1999). Kurz nachdem ich in die Gemeinde eingeführt worden war, lud Trocchi, der in England als Autor hoch im Kurs stand und bekannt war für seine Sucht, mich zu »Tee und Poppies« (poppy = Mohn, also Opium, Anm.d.Ü.) ein.

Die musikalischen und literarischen Götter der Generation des Beat waren oft eine merkwürdig improvisierte Mischung aus einem manchmal nihilistischen, etwas marktschreierischen

Buddha und einem großzügigen, ja inspirierenden Morpheus. Zu der Zeit eine populäre Combo aus Dharma-Gammlern und der poetischen Untergrundgesellschaft von »Hippies mit Engelköpfen«.

Schon bald spritzte ich mir intramuskulär geringe Mengen Stoff, die allmählich absorbiert wurden und schließlich Opiumträume auslösten. Ich hatte keine »Narben« an meinen Armen. Aber mein Gesäßmuskel sah aus wie ein Stecknadelkissen.

Alex und ich waren ein gutes Team, und er fragte mich, ob ich ihm bei der Fertigstellung einer lange überfälligen Anthologie mit dem Titel *Writers in Revolt* helfen könnte. Alex, Dick Seaver von der Grove Press, Herausgeber der wöchentlich erscheinenden avantgardistischen *Evergreen Review*, und Terry Southern, Autor von *Candy* (*Candy oder die Sexte der Welten*, Reinbek: Rowohlt 1985), der bald darauf das Drehbuch für den Film *Dr. Seltsam oder wie ich lernte, die Bombe zu lieben* verfassen würde, stapelten die Beträge für die Anthologie schon seit einiger Zeit und wollten sie gerne abschließen.

Da er der Meinung war, dass ich über die vierzehnte Straße aufsteigen sollte, wandte sich Terry nach Fertigstellung der Anthologie an deren Verleger, pries meine Arbeit und schlug ihm vor, mich anzustellen. Und das tat der auch.

Ich arbeitete über ein Jahr als Lektor für diesen New Yorker Verleger und in dieser Zeit bescherte mir die Spirale der Zufälle eine bemerkenswerte Heilung.

Jahrelang war ich voller Wut und Traurigkeit, wenn ich daran dachte, was man meinem Kindheitsfreund Eric angetan hatte.

Fast 15 Jahre nach seinem Tod betrat die überlebende Frau eines maßgeblichen polnischen Pathologen mit einem Manuskript unter dem Arm mein Lektoratsbüro. Nachdem man Frau und Kind dieses Mannes als Geiseln genommen hatte, zwang man ihn, Dr. Mengele bei seinen entsetzlichen Experimenten in Auschwitz zu helfen. Dr. Nysili, ein Mann von großem Mitgefühl, starb offenbar an gebrochenem Herzen, kurz nachdem er und seine Familie aus dem Todeslager befreit worden waren.

Manchmal, wenn ich mit dieser ausgelaugten, fast durchsichtigen Frau an der Herausgabe ihres Manuskriptes *Auschwitz* arbeitete, fragte ich mich, ob ihr Mann Eric gekannt haben mochte. Wenn ja, dann hatte er vielleicht den zitternden Arm des fünfjährigen Erics ein wenig behutsamer gehalten und vielleicht sogar ein Gebet gesprochen, wenn er ihm widerstrebend die ätzende Injektion verabreichte, die Erics Körper allmählich zerstörte.

Obwohl es natürlich nicht möglich war, solche Fragen zu stellen und zu beantworten, sah ich die beiden manchmal zusammen vor mir. Der Arzt, der alle Kinder im Arm hielt. Und sein nicht enden wollender Tränenfluss. Und die Kinder, die an seinem Mantel zerrten und ihn daran erinnerten, wie schön selbst ein gebrochenes Herz sein kann.

Nach zwei Jahren gingen meine Frau und ich völlig freundschaftlich auseinander. Wir hatten uns nie tiefer aufeinander eingelassen, vielleicht, weil wir uns beide so sehr in uns selbst verkrochen, dass wir die Kluft zwischen uns nie überbrückten. Sie ging auf Reisen, während ich ins Gefängnis wanderte. Sie, die enorm intelligent ist und viel innere Kraft besitzt, machte in den nächsten Jahren eine Wandlung von der Schulschwänzerin zu Frau Doktor phil. durch. Und ist heute Vorsitzende ihres Fachbereiches an einer großen Universität. Ich, der wegen Drogenbesitz eingesperrt wurde, verließ meinen Schreibtisch im Verlagsbüro und folgte meinem Mysterium in das Rikers Island-Staatsgefängnis.

6

Karmische Guthaben und Darlehen

Bald nachdem ich hinter Gitter kam, begann ich an meinem Tunnel zur Freiheit zu graben. Ich fing wieder an zu meditieren. Ich träumte von einem inneren Universum, das größer war als all jene, in denen ich in Stahl, Körper und Geist eingesperrt war.

Mich einem dünnen Atemzug nach dem anderen hingebend, blickte ich durch meine Gitterstäbe. Jeder Atemzug barg Raum zum Wachsen und alles, was ich brauchte, um mit dem Schmerz, der vergisst, zurechtzukommen. Selbst im Gefängnis bot das Mysterium kostbare Möglichkeiten.

Während meines kurzfristigen Aufenthalts »auf der Insel« brachte ich die Gefängniszeitschrift heraus. Der Raum für die Herstellung der Gefängniszeitschrift befand sich neben dem Kunstladen. Es war üblich, dass die Insassen im Kunstladen anfragten, ob man ihnen dort im Siebdruckverfahren eine Geburtstagskarte für Frau oder Kind anfertigte. Um sich dann durch die Tür nebenan zu stehlen, mir ein paar passende Fakten zu erzählen und sich ein schnelles Gedicht zu wünschen, einen kurzen Glückwunsch oder sonstigen Text, der sich schnell hinkritzeln ließ, bevor der Wächter kam. Das war eine Art Ausbildung in Zen-Lyrik. Die so entstandenen Gedichte beruhten auf dem Motto, »der erste Gedanke ist der beste«. Und ich bekam den Spitznamen »der schnelle Poet«.

Die Bücher, die mir bei diesem Abschnitt meiner Reise die Richtung wiesen und mich begleiteten, waren Ezra Pounds *Confucian Odes*, Kerouacs *Mexico City Blues* und das Meisterwerk für bewusste Navigation, das *Tao te King*.

Die *Rikers Review* erwies sich als ein überraschend gutes Blatt: Unsere Musikseite wurde von einem *DownBeat*-Musiker zusammengestellt, Gewinner einer Jazz-Beliebtheitsumfrage; unsere Schachseite (Schach war eine der Hauptbeschäftigungen im Gefängnis; möge ich niemals eine weitere Partie Schach spielen!) stammte von einem Burschen, der auf dem besten Weg war, ein großer Meister seines Faches zu werden. Die Texte der Insassen reichten von Freilassungsgesuchen an das Göttliche bis zu epischen Gedichten über grausame siegreiche und verlorene Kindheitskämpfe gegen die Ratten, welche die Mietskasernen mitbewohnten.

Und Tom, der Unglücksrabe, der bei der Bedienung der Druckerpresse half, wurde am Tage seiner Freilassung erneut eingesperrt: Innerhalb einer Woche nach seiner Haftentlassung auf Bewährung war er schon wieder angeklagt, verurteilt und ins Gefängnis zurückgewandert. Zwanzig Jahre später rief er mich an, um mir mitzuteilen, dass er Krebs habe, und um mich zu fragen, ob wir Zeit zusammen verbringen könnten. Der spät gesegnete Tom, dessen Tod so viel besser war als sein Leben.

Einer von der Zeitungstruppe war ein Freund aus dem Village, der 1961 wegen seines Versuchs, eines der ersten LSD-Laboratorien einzurichten, ins Gefängnis kam. Ein blasser Brillenträger, ein Wissenschaftler mit sanfter Stimme, der in mehr als einer Hinsicht nicht ganz richtig im Kopf war. »Ich sitze aufgrund eines Irrtums im Gefängnis!«, behauptete er.

Eines Samstagnachmittags hatte es an seiner Wohnungstür im dritten Stock geklopft. Als er fragte, wer da sei, lautete die Antwort: »Die Polizei!« Er geriet in Panik und warf sein Labor aus dem Fenster. Viele Glasgefäße und zwei Anglerkisten voll mit Chemikalien, Gerätschaften, Haschisch, Pillen und weiterer Krimskrams ergaben eine ziemliche Rakete, als sie auf dem Gehsteig unten aufschlugen. Knapp vorbei an dem Polizisten, der auf der Veranda vor dem Haus Wache schob, da man nach der Person suchte, die in die Parterre-Wohnung eingebrochen war – dies war auch der eigentliche Grund dafür, dass man an seine Tür klopfte, man hatte Informationen einholen wollen. Und der vom Labor vernebelte, überdrehte Bürger hinter der Stahltür wanderte schnurstracks ins Gefängnis.

Er war überhaupt nicht, was man landläufig als »kriminellen Typen« bezeichnen würde. Eindeutig fehl am Platz in einem Gefängnis, war er ziemlich angreifbar und einer der älteren und viel stärkeren Insassen war dabei, ihn »sich zu angeln«. Da ich keinen anderen Weg sah, musste ich eingreifen, sagen: »Das ist meiner!« und so einem Problem Einhalt gebieten, das mein Freund nicht in der Lage war zu lösen. Der war ebenso erstaunt wie ich. Doch da ich dem Möchtegernfreier einmal ein »Schnell-Gedicht« für die Geburtstagskarte an seinen Sohn geliefert hatte, machte er einen Rückzieher.

Ich konnte selbst kaum glauben, dass ich etwas sagte, das dermaßen gegen meine Vorurteile und negative Konditionierung verstieß. Ich, der ich geistig so eng und als Teenager voller Abwehr gegen jede Form von Homoerotik gewesen war, als ich Walt Whitman las, wunderte mich fast über mich selbst: »Das soll *ich* sein? Das ist doch nicht möglich!« Eine tiefe Verbeugung vor Meister Whitman und den Lektionen, die das Leben uns beschert und die uns über unsere persönlichen Grenzen befördern, so dass wir teilhaben am Ganzen.

Unmittelbar vor meiner Freilassung schrieb mir Terry Southern – damals vorübergehend Herausgeber der *Paris Review* und kurz davor, nach Westen aufzubrechen, um seinen bahnbrechenden Film zu machen –, dass sie vorhatten, zwei meiner Gedichte in einer der nächsten Ausgaben zu veröffentlichen. Meine Freude dämpfend, fügte er hinzu: »Aber Poesie ist zu einfach.« Er hatte Recht, angesichts der harten Arbeit, die noch bevorstand, war es viel zu früh, sich niederzulassen.

Auf der Fähre in die Freiheit, den Blick abwechselnd auf das in die Ferne rückende Gefängnis und die näher kommende Stadt gerichtet, wusste ich, so wie die Poesie, die in Trakt B aufgeblüht war, auf fruchtbaren Boden gebracht werden musste, brauchten auch die zarten Wurzeln der Meditation, die sich in Block C entwickelt hatten, Wärme und Nahrung, um Früchte zu tragen.
 Auch wenn mir klar war, dass ich aus dem Teufelskreis der harten Drogen aussteigen musste, um mit klarem Geist eine spirituelle Praxis zu verfolgen, hatte ich das Gefühl, dass mir immer noch der Bauch knurrte.
 »Schließlich hatte selbst Jesus einen Antichristen!«, murmelte der ständig hungrige Geist, der sich danach sehnte, sich den Magen vollzuschlagen.
 Ein halbes Jahr nach meiner Freilassung hatte ich meine Dosis allmählich so gesteigert, dass ich schon bald wieder über die Stränge schlug. Ich war auf Bewährung entlassen, meine Gelegenheitsgeliebte war schwanger, und als wir nach einer Möglichkeit für eine damals illegale Abtreibung suchten, drohte ihr Vater, ein wütender FBI-Agent, mich wieder ins Gefängnis zu bringen.
 Am Rande des Abgrunds wippend, meine Zehen um die Kante gekrallt, gefiel mir die Aussicht nicht. Ich wusste etwas Besseres.
 Als ich die zwei Jahre Entlassung auf Bewährung 1964 absolviert hatte, beschloss ich, dass es Zeit für einen Tapeten-

wechsel sei. Ich wollte nach Mexiko übersiedeln und dort »auf Entzug« gehen (das heißt, sämtliche Süchte aufgeben, die ich inzwischen angesammelt hatte).

Aber es sollte noch eine Weile dauern, bevor Lehren wie die des Buddhas tief genug drangen, um auf romantisiertes selbstzerstörerisches Verhalten eine Wirkung zu haben. Bevor das Dharma mehr wurde als ein gelegentliches Bemühen.

In der Erwartung, im sonnigen Mexico City »clean« anzukommen, landete ich genau in dem Augenblick in dem verrufenen alten Hotel Nunca in der Nähe des Zocolo, als eine neue »Ladung Stoff« eintraf.

Während ich mich mit einem ehemaligen Callgirl aus Chicago herumtrieb, das die Webtechniken der Eingeborenen studierte, schrieb ich tagsüber Gedichte und spritzte mir nachts mit einer Bande von mexikanischen Taschendieben Heroin. Das Fieber flammte wieder auf.

Doch selbst die Sucht, die ich unter der trüben gelben Glühbirne pflegte, welche über meiner abgewetzten Lieblingscouch auf dem »Schuss-Balkon« hing, konnte die Sehnsucht nach Ganzheit nicht verdunkeln, die sich ständig weiter in meine Schattenecke schlich.

Eines Abends, von der Sucht gehetzt, mir einen Schuss zu setzen und in meiner Couch zu versinken, wurde ich in Mexico City wütend auf eine langsame Ampel. Während ich auf mein Steuerrad einhieb, Übelkeit im Magen und schweißnass, wusste ich, dass ich auf der Stelle etwas unternehmen musste, oder ich würde für den Rest meines Lebens krank bleiben. Mir wurde qualvoll deutlich, dass Heroin zwar den Schmerz abtöten kann, nicht aber das Leid. Und dass selbst dieses Begreifen nicht ausreiche, um die verschlossene Faust der Sucht zu öffnen.

Ich wusste, dass ich nichts mehr wollte als Gott und Klarheit. Weinend bog ich von der Straße ab. Nass vor Tränen und Schweiß, den Kopf in den Händen vergraben, blieb ich etwa eine Stunde dort stehen. Eine liebevolle Stimme wiederholte langsam und ohne das nervöse Drängen meines Körpers die Worte: »Du musst etwas noch stärker wollen als dies, um frei davon zu werden. Du musst wählen zwischen Gott und Heroin!« Es war vorbei! Und das ist seitdem so geblieben.

Wir brauchen ein heftiges Begehren, um die Sucht loszuwerden. Wir müssen etwas dringender wollen, als unser Leben zu verträumen. Ramakrishna sagt, wir bräuchten einen dickeren Dorn, um den kleinen zu entfernen. In der Welt der Form ist Gott, wie Carl Gustav Jung den Begründern der Anonymen Alkoholiker erläuterte, als »höhere Macht« oft der Dorn, der am meisten weiterhilft.

Eine der größten Schwierigkeiten mit Drogen besteht für manche darin, dass sie, wenn sie zum ersten Mal welche nehmen, auch zum ersten Mal in ihrem Leben rundherum zufrieden sind. Das wiederum führt zu der krankhaften Unzufriedenheit, die wir als Sucht bezeichnen, da man für den Rest seines Lebens versucht, diese Augenblicke der Zufriedenheit wiederherzustellen.

Tatsächlich leiden auch Meditierende nach ihrer ersten tief erfüllenden Einsicht manchmal unter einem beträchtlichen »Tief«. Aber Meditierenden stehen gute Werkzeuge für den Umgang mit den wechselnden Zuständen des Geistes zur Verfügung, während das einzige Mittel, das Drogenbenutzer zur Hand haben, das Leiden, das sie zu lindern suchen, noch verstärkt. Ich hatte einen Freund, der schwer stotterte und der nach seinem ersten Schuss Heroin völlig fließend sprechen konnte. Er erzählte mir bereits am nächsten Tag, er sei süchtig für sein ganzes Leben. Einige Jahre später starb er an einer Überdosis.

Nach neun leichtsinnigen Monaten hatte ich mit der Entscheidung, die ich an der Ampel traf, den Kreis geschlossen und war, während ich nach Norden eilte, um meine Seele zurückzugewinnen, wieder auf Entzug.

Das Mysterium stellt die Selbstgerechten gern auf die Probe; selbst wenn ich also seit 35 Jahren nichts »genommen« habe, bin ich vorsichtig mit entsprechenden Äußerungen und das gilt vor allem für Ausrufe wie: »Es war vorbei!« Manchmal hatte ich am Bett von Sterbenden fast uneingeschränkt Zugang zu Drogen wie Morphium. Und im Laufe der Jahre habe ich beim Aufräumen nach dem Tod Hunderte von Ampullen in der Toilette heruntergespült. Ohne jemals in Versuchung zu geraten.

Als ich bereit war für die Interventionsversuche des Mysteriums und die kontinuierlichen Lehren des Herzens als Karma (Wirkungskraft, die sich manchmal in Form eines vertrauten Schmerzes äußert) und Dharma (die tiefe Erleichterung aufgrund der Wiederentdeckung des weiten Raumes), zeichneten sich allmählich Klarheit und Vergebung ab.

Ob wir uns der Wahrheit nähern, hängt immer von unserer Absicht und Bereitschaft ab, weiter zu gehen und dem Gefühl von Verbundenheit zu vertrauen, das wir erleben, wenn wir in das Mysterium unserer selbst hineingezogen werden.

Engel trainieren in der Hölle für das grenzenlose Mitgefühl, das im Paradies herrscht.

Vor vierzig Jahren meditierte ich die meiste Zeit des Tages in meiner Zelle. Es war ein glücklicher Geburtstag.

Liebevoller denn je umarmte etwas mein lange missachtetes Herz und ermutigte jene Faust, die es seit langem umklammert hielt, sich zu öffnen. Langsam und schmerzlich wurde eine Schicht schwierigen Festhaltens nach der anderen abgeschält, so dass sich schließlich der weite Raum des Herzens auftat, das von Natur aus offen ist.

Dieses »Liebevollere« zeigte mir wieder und wieder, dass sich in der geschlossenen Faust immer nur ich selbst befand. Aber wenn sie sich öffnete, hatte ich Raum für alles und damit auch für die Heilung, die anstand.

Das Mysterium flüsterte dem in mir zu, das fürchtete, es möge sich niemals *wirklich* in sein Herz hinein öffnen. Es flüsterte: ›Erinnere dich, Buddha sprach von der Ironie, die darin liegt, dass wir nur durch intensives Bemühen zur Mühelosigkeit gelangen. Er sagte, dass die Befreiung *Äonen* brauche. Wie auch der große tibetische Heilige Milarepa schlug er dem Übereifrigen, zu strengen Urteilen Neigenden vor, langsam zu eilen.‹ Oder, wie der Zen-Meister Sueng Sahn später sagen würde: »Geh einfach geradeaus!«

Mögen alle Wesen frei sein von Leid. Mögen alle Wesen in Frieden sein.

Im Raum zwischen den Geburten

II.

7

Ein Kurzbesuch bei Gott

Auf dem Weg nach San Francisco mietete ich ein kleines Ferienhaus am Pazifischen Ozean, um mich einige Wochen der Reinigung und dem Nachdenken über meine Beziehung zum Göttlichen zu widmen und vor der nächsten Reiseetappe Rat zu halten mit Gott.

Als Kind hatte ich zu Gott gebetet. Gott war Furcht, war der Vater, nicht göttlich. Dann flüchtete ich von Gott, und in das Ohr des Heranwachsenden drang Nietzsches Abgesang auf Gott. Es gab nur die Furien und das gebrochene Herz. Gott war tot, nur ich war am Leben.

Aber als ich älter wurde, wollte es mir einfach nicht gelingen, Gott für tot zu halten. Er wechselte seine Aufmachung und wandelte sich von einer Macht oben zur inneren Kraft.

Weil ich schon früh erlebte, dass »Gott« inmitten des größten Aufruhrs »Liebe ist«, benutze ich diese Worte gelegentlich, wobei sie austauschbar sind. Ich will damit nicht sagen, dass Gott eine Person oder Persönlichkeit, ein Richter oder

Architekt ist. Ich meine mit diesen Worten einfach die Ebene des Geistes, die wir Herz nennen, wenn sie so weit entwickelt ist, dass sie nichts mehr ausgrenzt. Oder deren Natur sich im mühelosen Fluss endloser Ebenen der Schöpfung offenbart. Aber wie immer wir das Namenlose nennen, es gehört niemandem und niemand gehört Ihm an.

Ich war jetzt an einem inneren Ort angekommen, der in vieler Hinsicht in der Mitte zwischen verschiedenen Reisezielen zu liegen schien. Während ich am Strand saß und buddhistische Schriften las, kam es mir so vor, als gelte die Hingabe des andächtigen Herzens genau demselben Prozess wie das Loslassen, das durch die Buddha-Natur angeregt wird, während diese ganz Herz wird und sich für das Mysterium öffnet.

In einer Stille, die sich allmählich vertiefte und die nicht durch Drogen, Geplauder oder Termine getrübt wurde, saß ich stundenlang am Rande des Kontinents und schaute hinaus aufs Meer. In diesen Wochen dort draußen fühlte sich jeder Tag besonders an, als ob eine weitere Last abfiele und das Gefühl von Leichtigkeit wüchse. Allmählich entstand das köstliche Empfinden, einfach zu sein. Ich war auf eine völlig andere Weise glücklich, als ich es bislang kannte.

Später erfuhr ich, dass Menschen, die sich ganz einer spirituellen Praxis widmen und sie zum Teil ihres Alltagslebens machen, manchmal eine Art »karmische Beschleunigung« und damit für kurze Zeit eine ungewöhnliche Klarheit und Offenherzigkeit erleben, die den eigenen Prozess vorantreibt. Vielleicht bis zu dem Punkt, wo wir in einer früheren Inkarnation mit der Praxis aufgehört haben oder einfach bis zu der Gnade dessen, was jene Praxis uns erschließt.

Und ganz allmählich, so wie die Farbe auf einer alten Leinwand Tag für Tag verblasst und die ursprüngliche Zeichnung sichtbar wird, schimmerte das Heilige in allem durch. Alles war eine Metapher für Gott. Selbst Gott war eine Metapher für Gott.

Gott war in den Bäumen und in den Kieselsteinen, in Erde und Himmel und in meinen Augen.

Ich wurde hineingesogen in den Grund des Seins. Ich hätte nicht sagen können, wo Gott aufhörte und ich anfing. Mein Herz überschlug sich vor Entzücken. Gott war das Einzige, was wirklich war, und ich war nur eine Illusion.

Bevor ich nach San Francisco aufbrach, schrieb ich ein paar Zeilen für mich auf:

Im Zeitlosen versammeln sich die Götter,
um Molekül zu werden und Erinnerung.
Es gibt nur Eines, aus dem alles andere besteht,
wir sind Bewusstsein
in all seinen unbewussten Formen ...

Der Buddha sagt, es dauere Äonen, ganz geboren zu werden und durch diese Reinigung die Schleier abzuwerfen, die Hindernisse zu überwinden und tiefer zur Wahrheit vorzudringen.

8

Den Lotos öffnen – Ebenen der Reinigung

Ich ging durch mein halbes Leben, als sei es ein Fiebertraum, berührte kaum den Boden. Meine Augen halb geöffnet, mein Herz halb geschlossen. Nicht annähernd wissend, wer ich war, sah ich zu, wie ich als Gespenst von Zimmer zu Zimmer, durch Freunde und Geliebte schwebte, ohne jemals so real zu sein wie angekündigt.

Ich meinte nicht die Hälfte von dem, was ich sagte, und träumte mich von Geburt zu Geburt auf der Suche nach einem wahren Selbst, bis das Fieber fiel und das Herz es nicht einen Augenblick länger aushalten konnte.

Und der Rest von mir erwachte in dem Traum, von der Weite zu nicht verwirklichten Reichen des Seins gelockt.

Geboren in ein authentischeres Leben, ohne dass mir irgendetwas auch nur halb so viel am Herzen lag wie die Liebe.

Heilung heißt den Pfad vor uns zu lichten für das, was als *Reinigung* bezeichnet wurde, bevor Freud und jene beängstigenden Bilder der Hölle, die viele der uralten heiligen Bücher uns aufdrängen, uns noch mehr Angst und Selbstmisstrauen einjagten. Reinigung hat nichts zu tun mit grässlichen Sünden oder farbenprächtigen Fetischen, sondern heißt einfach zulassen, dass etwas Barmherzigeres als das verängstigte Urteil die unreinen Ängste und das, was bislang ungeliebt war, in seine Arme schließt. Manche bezeichnen diesen Prozess als »Öffnung des Lotos«, weil der Lotos über oft dunkle und trübe Gewässer hinauswachsen muss, bevor er zur Blüte gelangen kann.

Tatsächlich musste ich mir im Laufe dieses Prozesses mehr als einmal sagen, dass es nicht um Perfektion ging, sondern um Befreiung. Wir beobachten häufig, wie Gefühle von Unvollkommenheit zur »Vollkommenheit« religiöser Ideale tendieren (die Nährboden für so viel Verurteilung und so viele heilige Kriege sind); seltener erleben wir, wie der Geist Befreiung von solchen gedanklichen Hindernissen findet.

Wir alle versuchen lediglich, geboren zu werden, bevor wir sterben.

Wir finden auf dem Pfad der Heilung Tausende von Trittsteinen vor. Sie schweben im Geist wie Galaxien. Jeder bringt uns einen Schritt weiter ins Mysterium. Keiner verkündet, was als Nächstes auf uns zukommt. Mit unserem Vertrauen in den Prozess erweisen wir dem Mysterium unsere Achtung.

Wir sind von unseren Wunden und unerfüllten Begierden wie gebannt und finden es schwer, uns ohne sie zu definieren. Oft sind diese Dinge das Erste, was wir anderen immer wieder vertraulich mitteilen.

Ganz gleich, wie schlecht wir uns damit fühlen, wir lassen Angst und Hass nicht los, weil wir glauben, ohne diese Gefühle nicht »wir selbst« zu sein. Wir identifizieren uns so stark mit unserem Leiden, dass wir uns kaum vorstellen können, wer wir ohne es wären.

Loslassen

Unser Leiden loslassen ist die härteste und zugleich fruchtbarste und befriedigendste Arbeit, die auf uns zukommt.

Den Schmerz loslassen, der so vertraut geworden war, dass er in meiner Identität fast heimisch war, hieß erkennen, wie oft ich mich freiwillig in die Hölle begeben hatte.

Als tief unzufriedener Jugendlicher, der früh die großen Mängel dieser Welt sah, stellte ich mir vor, zu denen zu gehören, von denen das Gerücht geht, sie seien gegen ihren Willen geboren worden.

Etwas, das zwischen Mitgefühl und Selbstmitleid schwang, reagierte positiv auf die Geschichten von Menschen, die starben, um in ein Leben nach dem Tod überzugehen, das offensichtlich vollkommen war, und dann zu erfahren, dass ihre Zeit noch nicht gekommen sei und sie zurückkehren müssten in ihren schmerzenden, anfälligen, von Begierden getriebenen menschlichen Körper.

Es heißt, dass dieser Überdruss und die damit einhergehende Unwilligkeit, an diesem Leben teilzunehmen, dieses Gefühl von widerstrebender Präsenz, das so verbreitet ist, sowohl für das wachsende Interesse an Spiritualität in unserer Gesellschaft als auch – ironischerweise – für die zunehmende Kriminalität verantwortlich sei.

Deswegen müssen einige bei ihrem spirituellen Zyklus die Tendenz zur Selbstverneinung stärker im Auge behalten als andere. Und manche, die auf die Bahn der Sucht geraten sind, sind dem *Sehnen* näher, als sie selbst jemals wissen werden, es sei denn, sie vernehmen eines Tages die gedämpfte Stimme ihres Herzens.

Entsagung

In Buddhas Garage verwirrten mich Begriffe wie *Entsagung*. Ich dachte, entsagen hieße, das Leben aufgeben. Ironischerweise gelangte ich erst zu einer anderen Auffassung, als ich mich dem Dienen zu verschreiben begann. Bei der Form von alchimistischem Yoga, die das Herz von einem Muskel in Licht umwandelt, entdeckte ich, dass Entsagung in Wirklichkeit bedeutet, alles, was wir tun, so gut wie möglich zu tun und dann die Vorstellung von bestimmten Ergebnissen und damit das Festhalten an den Früchten unserer Bemühungen aufzugeben. Entsagung heißt, dem Prozess vertrauen.

Es dauerte eine Weile, bevor ich imstande war, die frühe Konditionierung, dass Begehren und damit auch Vergnügen ungesund seien, zu durchschauen.

Meine Beziehung zum Begehren veränderte sich mit der Metamorphose der Beziehung zum Heiligen, die auf Gegenseitigkeit beruht. Manche spirituell Suchenden sagen sogar, es sei das Große Begehren, der Wille zum Mysterium, die tiefe Sehnsucht nach Wahrheit, welche die ganze Arbeit verrichten.

Als ich die Dynamik des Begehrens erforschte, zeigte sich, dass Begehren nicht »schlecht« ist, sondern einfach *schmerzlich*. Begehren war das Gefühl, »nicht zu haben«. Ein Gefühl der Entbehrung, des Mangels, der dem Augenblick anhaftet, enttäuschend. Je dringender wir Nahrung, Liebe, Sex, Mut wollen, desto heftiger ist das Gefühl, sie nicht zu haben. Begehren war für mich wie eine Übelkeit, die im aufgeblähten Bauch des hungrigen Geistes aufwallt.

Ziel des Begehrens ist jene momentane Erfüllung, die geschieht, wenn das Objekt des Begehrens zur Verfügung steht. Jene Befriedigung gewährt, wenn das Begehren vorübergehend wegfällt, einen kurzen Blick über den von Begierden getriebenen Geist hinaus und damit ein flüchtiges Erhaschen jener Großen Erfüllung. Lust ist die Abwesenheit von Begehren.

Und einen Augenblick später löst jenes Objekt des Begehrens, statt Quelle der Befriedigung zu sein, ein Aufwallen an Unzufriedenheit aus, da das Festhalten an jenem Objekt und an der Befriedigung selbst das Objekt umschließt und versucht, es vor Zerfall und Veränderung zu bewahren.

Ein Gefühl des Mangels geht jenem Augenblick freudigen Erreichens voran. Und die Angst vor dem Verlust folgt ihm.

Mit dem Begehren abschließen heißt direkt auf die Große Befriedigung zugehen, dieses Gefühl von Abschluss und äußerster Erfüllung im Herzen. Es sticht geringere Begierden aus. Das Abschließen des Begehrens beruht auf der Entscheidung für einen Frieden und ein inneres Gewahrsein, die nicht länger durch die Stimmungen des Wollens verhindert werden.

Diese natürliche Erfüllung unmittelbar jenseits des Begehrens erkennen heißt sich der Führung der großen Sehnsucht des Herzens anvertrauen und diese zum Mittelpunkt unseres Willens zum Mysterium machen.

Gewahrsam und Barmherzigkeit für den trockenen Mund des Begehrens entwickeln heißt auch, etwas mehr Rücksicht nehmen auf all die anderen, die durch unsere Geschmacksvorlieben beeinträchtigt werden. Die Erforschung des Begehrens bedeutet nicht, dass wir stärker urteilen, sondern Barmherzigkeit entwickeln für die »Angst« (deutsch im Original, Anm. d.Ü.) vor unserer Geburt. Unterstützt von Güte und Geduld, fördert sie Mitgefühl und lindert den alten Drang, ängstlich besorgt »haben und werden« zu wollen.

Das Herz gesundet, wenn wir unseren Schmerz ebenso aufgeben wie das Festhalten, das die offene Hand bewegt, sich zur Faust zu schließen.

Wenn das Herz die einst beweglichen Finger, die allmählich zur Faust gefroren sind und die Ängste und alles, was sie festhalten und umklammern wieder löst, ist es zunächst erstaunlich schmerzhaft, diese verkrampfte Enge zu öffnen. Doch dieser Schmerz ist, wie die Lehrer sagen, »der Schmerz, der den Schmerz beendet«.

Wenn der Geist ins Herz sinkt, lockert der allgemein verbreitete übliche Kummer, der uns täglich in die Irre führt und behindert, allmählich seinen Griff, und wir stellen fest, dass die lebenslange Anspannung im Bauch nachlässt. Die Panzerung zerschmilzt zum Pflug, der den Boden lockert, und schließlich ist Frieden doch möglich.

Wir müssen in der Liebe heldenhafte Anstrengungen unternehmen, um uns von dem kleinen und besorgten Geist zu befreien, der sich meistens ganz verloren fühlt.

Wenn unser persönlicher Schmerz schließlich unsere Aufmerksamkeit bekommt, werden wir auch wach für den universellen Schmerz und beginnen allmählich, an der Verletzung sämtlicher fühlender Wesen Anteil zu nehmen und an deren Heilung mitzuwirken.

Wir fangen an, unserem verängstigten Narziss Mitgefühl entgegenzubringen. Wie lange wird es dauern, ihn vom Kreuz zu holen?

9

Der gewöhnliche Geist

Als ich vor 30 Jahren in Sausalito in der No Name Bar mit zwei langjährigen Bekannten zusammensaß, der eine ein Dichter aus San Francisco, der andere Mitglied einer örtlichen Bande von Motorradfahrern, fragte der Motorradfahrer: »Wer war der vernünftigste Mensch, der je gelebt hat?« Ohne groß nachzudenken, sagte ich: »Laotse.« Beide runzelten die Stirn, schüttelten den Kopf und sagten wie aus einem Munde: »Hitler!« Opfer einer tragischen Logik, dachte ich und lenkte das Gespräch auf andere Themen.

Innerhalb weniger Jahre hatte der eine Selbstmord begangen, und dem anderen schoss man bei einer Schlägerei ein paar Kugeln durch den Kopf.

Auch wenn ich zu der Zeit mit ihrer Antwort nicht einverstanden war, hatten sie in gewisser Weise Recht. Der »vernünftige« bzw. gewöhnliche Geist ist völlig amoralisch. Tische ihm ein »Problem« auf, ganz gleich wie irrational, und er löst es: Das »Judenproblem«, das »Zigeunerproblem«, das

»Homosexuellenproblem«, das »Behindertenproblem«. Er hat die Ethik eines Rechenschiebers.

Denn für den gewöhnlichen Geist – die durch und durch konditionierten, Gewohnheiten folgenden, blind reagierenden ersten Ebenen des Bewusstseins – kommt die Vernunft dem Göttlichen am nächsten. Aber wenn wir tiefer in das Bewusstsein vordringen, bemerken wir, dass »die eng begrenzte Vernunft« dem Schreckgespenst eines beengten Lebens gleichkommt und viel zu klein ist für das heilige Ganze.

Beobachten Sie den Ablauf der Gedanken. Bleiben Sie nicht im gewöhnlichen Geist stecken.

Die Erwartung, der gewöhnliche Geist könne vernünftig genug sein, das Mysterium im Herzen des Gewöhnlichen zu suchen, ist unvernünftig. Er ist lediglich ein Werkzeug für das Lösen von Problemen und fast ausschließlich mit der Frage beschäftigt, wie der Zucker vom Tisch in Ihren Mund gelangt; wie wir möglichst effektiv und mit nur geringen oder ohne jegliche moralischen Bedenken bekommen, was wir haben wollen. Er ist nur dann achtsam, wenn Strafe droht. Er ist ein großartiger Diener, jedoch ein schrecklicher Meister.

Aber bevor ich den Begriff »gewöhnlich«, der im Allgemeinen nicht hinterfragt wird, völlig besudele, möchte ich klarstellen, dass wir das Außergewöhnliche nur entdecken, wenn wir uns von Augenblick zu Augenblick auf das Gewöhnliche konzentrieren. Während wir uns vom Groben zum Feinen bewegen, finden wir unter alledem uns selbst.

Da ich in dem Glauben, den Unterschied zu kennen, anfänglich keinen richtigen Blick für das Gewöhnliche hatte, habe ich tatsächlich einmal nicht richtig hingeschaut und damit eine große Chance verpasst. Als Trauzeuge eines Freundes begegnete ich bei dessen Hochzeit im San Francisco Zen Center 1960 dem Zen-Meister Suzuki Roshi, einer wirklichen

Dharma-Perle, ohne Kontakt mit ihm aufzunehmen. Ich war enttäuscht, weil er so gewöhnlich schien. Ich konnte das vollkommen ausbalancierte Tao in seiner Unsichtbarkeit und damit das Wunder erleuchteter Gewöhnlichkeit nicht erkennen.

Ich lernte das Gewöhnliche auf einer viel tieferen Ebene neu schätzen. Dass ich an jemandem vorbeiging, dessen Schriften und lebendiges Beispiel während des Aufblühens der spirituellen Bewegung in Amerika so viele inspirierten, war mir im Lauf der Zeit immer wieder eine Mahnung, die Fenster meines Gewahrseins zu putzen.

Der »vernünftige«, also gewöhnliche Geist ist so amoralisch wie 2 + 2 = 4 oder minus Millionen von Menschenleben. Effektivität ist eine der höchsten Tugenden der Vernunft. Der Vernunft ist das selbstlose Wesen des Mitgefühls verdächtig. Sie gleicht jenen, die den Buddha aufsuchten, um sich über seine Lehren zu beklagen, oder die Sokrates vorsichtshalber töteten, weil sie Angst hatten, Klarheit könne ihnen ihre Kinder stehlen.

Spüren Sie, wie viel kalte Indifferenz unserem manchmal »erbarmungslos vernünftigen Verhalten« innewohnt. Hören Sie stattdessen auf das Herz. Seien Sie völlig irrational und verliebt. Trinken Sie aus Kabirs Tasse. Tanzen Sie mit Rumi.

Die Heilung ist nie zu Ende. Schauen Sie sich in die Augen und sagen Sie zu sich: Ich verzeihe dir – und meinen Sie es wirklich.

Der Grund dafür, dass selbst die äußerst hingebungsvollen, »selbstlosen« Aspiranten, die im Buddhismus als Bodhisattvas bekannt sind, gelegentlich nicht erkennen, dass auch sie zu jenen fühlenden Wesen gehören, die sie zu befreien geschworen haben, besteht vielleicht darin, dass wir im gegenwärtigen Stadium menschlicher Evolution *oft das Gefühl haben, nicht besonders real zu sein.*

Der gewöhnliche Geist findet andere manchmal realer als sich selbst, denn wenn wir »Ich« sagen, beziehen wir uns auf ein flimmerndes Muster, das aus Gedanken, Vorstellungen und Ängsten besteht, und nicht auf eine beständige, unveränderliche zentrale innere Gestalt. Wir finden in unserem Inneren keine permanente Wesenheit, nur einen breiten Strom von Bewusstsein, durchmischt von Gedankenströmen, die versuchen zu erschaffen, zu definieren und zu projizieren, wer wir sein zu sollen glauben oder wer wir denken zu sein oder sein zu können, wenn wir eine Chance bekommen. Wir tun so, als seien wir real. Wir üben das im großen Probenraum des Kortex vor dem Spiegelbild unseres Selbstbildnisses.

Aber wie sehr wir uns auch abmühen, wir werden natürlich nicht durch falsche Vorspiegelungen real. Nur Liebe macht die Dinge real.

Je mehr wir lieben, desto realer werden wir.

Wir sind uns unserer selbst kaum sicher und klammern uns an die Vernunft. Bei dem Versuch, gesund zu sein, sind wir verrückt geworden. Wir beharren darauf, dass wir nicht »mehr tun können, als zu verstehen.« Aber Verständnis reicht nicht aus. Es ist nur ein Anfang. Tatsächlich können wir nichts, was wir erfahren, nicht auf einer noch tieferen Ebene erfahren.

Wenn wir ignorieren würden, was ein Lehrer als »unseren vergrabenen Schatz« bezeichnete, würden wir einen schrecklich hohen Preis dafür zahlen, einfach nur vernünftiger zu erscheinen, als der gewöhnliche Geist es unseres Wissens nach ist.

Sie müssen über die Vernunft hinausgehen, um bei Vernunft zu bleiben und Ihren gewöhnlichen Geist für Ihr außergewöhnliches Herz zu öffnen.

Der gewöhnliche Geist verbringt sein ganzes Leben im Schädel; aus diesem Grund bezeichnen wir die Identifikation mit seinen Inhalten als »kleinen Geist«. Wenn wir dann so tun, als wäre der, der da Ausschau hält, jemand von Wert, gehen wir an der kostbaren Wahrheit von unserer wahren Weite des Seins vorbei.

Verstellung ist die allgemeine Lüge, ist eine Vorführung unserer vorherrschenden Überlebensstrategie. Der Wunsch, als jemand anderes dazustehen, als der oder die, die wir – wie wir wohl wissen – sind, sitzt tief. Selbst jetzt noch erhasche ich hin und wieder einen Blick auf den Verstand als ausgehungerten Zweijährigen, der eine Show abzieht, um belohnt zu werden. Wir leben diese Lüge, weil sie die einzige Wahrheit ist, die wir kennen. In unserer üblichen Verwirrung begehen wir den Irrtum, Wissen für Weisheit zu halten. Es heißt, wir könnten Gott erfahren, aber nicht Gott sein. In Wirklichkeit ist es natürlich genau umgekehrt. Wir können Gott sein, doch sind wir für den kleinen Geist zu groß, als dass dieser Worte dafür finden könnte.

Der Wille zu leben, zu haben, zu sein, erhält die allgemeine Lüge am Leben. Er ist süchtig danach, etwas zu werden. Und er beharrt darauf, dass nur äußere Dinge uns glücklich machen können.

Der Wille zum Mysterium offenbart uns eine tiefere Wahrheit.

Interessanterweise geht das Gerücht um, dass die Weisheit, um derentwillen Adam und Eva aus dem Garten Eden verstoßen wurden, in der Aufdeckung der allgemeinen Lüge bestand. Die Wahrheit, von der Schlange übermittelt, durch die Äste des Apfelbaumes verbreitet, besagte, dass der Tod nicht existiert. Sie lautete, das himmlische Königreich ist in uns; wir müssen nichts anderes tun, als innerlich voll Mitgefühl und frei zu sein.

Auch wenn im Mythos von Feigenblättern und Genitalien die Rede ist, wurden Adam und Eva verbannt, weil sie vor Gott ihre Köpfe bedeckten. Weil sie erkannten, dass wir Liebe sind, dass wir Gott sind und damit nicht mehr und nicht weniger als »Es selbst« selbst.

Der gewöhnliche Geist möchte uns glauben machen, dass Nichtwissen Glückseligkeit bedeutet und Majas Eden das Paradies war. Er möchte uns einlullen, damit wir in die Gartenfalle tapsen. Die allgemeine Lüge lautet, dass alles gut ist, so lange ich es nicht bin, der Schmerz empfindet. Der Wille zum Mysterium besagt, wie Suzuki Roshi es formuliert: »Alles ist vollkommen, aber es ist immer Platz für Verbesserungen.«

Der gewöhnliche Geist erschafft sich eine Realität, die unseren verfehlten Wahrnehmungen entspricht.

Nichts davon ergibt wirklich einen Sinn. Doch um keinen Aufruhr anzuzetteln, tut der gewöhnliche Geist einfach, als wäre das der Fall.

Manchmal lügen wir selbst dann, wenn wir eigentlich die Wahrheit sagen wollen. Manchmal sagen wir die Wahrheit und wissen es noch nicht einmal, wie ein Blinder, der die Farbe der Rosen rät, indem er deren Duft einatmet; der sie als »Atem Gottes« bezeichnet und damit nie fehlgehen kann.

Wir hoffen, eines Tages die Wahrheit zu sagen. Aber zuerst einmal müssen wir herausfinden, wie sie lautet.

Und auch wenn wir unseren Weg Tausende von Malen aus den Augen verloren haben, vertraut und probiert das Sehnen unmittelbar hinter den Grenzen des gewöhnlichen Geistes weiter. Wir sind unvernünftig hoffnungsvoll, und genau das ist oft erforderlich.

Der Weg, der über die üblichen Lügen hinausführt, liegt direkt vor uns.

Der gewöhnliche Geist, der so damit beschäftigt ist, etwas zu werden, hat uns die meiste Zeit unseres Lebens gedrängt.

Zuerst dringt er auf Überleben, dann auf Überlegenheit. Getrieben von Ehrgeiz, passt er sich mit seiner eisernen Haltung der Angst an, während in seinem Bauch der Ego-Hunger knurrt. Nicht imstande, zwischen Vergnügen und Schmerz klar zu unterscheiden, wechselt er ständig seine Form, um zum Schlüssel zu werden, der zum Herzen des anderen passt.

So lange kämpfen wir schon um einen Platz in der Warteschlange, dass uns das Steuer aus der Hand geglitten ist und wir unzufrieden geworden sind. Immer sind wir auf Vorteile aus bei Freund und Feind, bei Lob und Vorwurf, Erschaffung und Zerstörung, bei Frauen, Männern, Tieren und Geistern, bei Ackerland und Pflanzen, Zeit und Raum.

Selbst bei unseren Gebeten und auf unserem Meditationskissen rechnen wir uns Vorteile aus. Damit wir von Gott etwas bekommen, verneigen wir uns vor dem Heiligen, suchen mit jedem Atemzug Serotonin, während uns die Augen vor Anstrengung schmerzen. Ob Jesus oder Buddha, Tod oder Jüngstes Gericht, wir sind versessen auf unseren Vorteil.

Selbst in meinen Träumen fühlte ich mich getrieben, etwas zu werden, bis ich mich eines Nachts dabei antraf, wie ich mit einem gekochten Hund auf meinem Schoß dasaß. Während ich an seiner Wange zu naschen begann, selbst im Traum überrascht, dass ich zu so etwas imstande war, nahm ich wahr, dass er süßer schmeckte, als ich mir je hätte vorstellen können.

Als ich etwas bestürzt erwachte, flüsterte das Herz mir zu, es sei an der Zeit, die Welt, in der jeder jeden fraß, hinter mir zu lassen. Es war Zeit, mich hinzusetzen und mich einfach nur mit meinem eigenen inneren Schweinehund zu beschäftigen!

Das war eine Rücktrittserklärung!

Über den gewöhnlichen Geist hinausgehen heißt, tiefer zu gehen, als die Gedanken reichen.

Im Buddhismus wird Unwissenheit oft definiert als Glaube, wir seien der konditionierte Geist.

Wir haben einen Geist, ebenso wie wir einen Körper haben, doch beide sind Manifestationen des Bewusstseins. Das, was die Gedanken im Geist bewegt, bringt auch die Wolken am Himmel in Bewegung. Alles ist Teil ein und derselben Kontinuität der sich entfaltenden Schöpfung. Geist und Körper treiben an der Oberfläche der Weite des Seins.

Über den Geist hinauszugehen heißt ebenso irrational wie vernünftig unsere Konditionierung hinter uns lassen, bis wir an den Platz, den Logos, gelangen, wo spontan bedingungslose Liebe aufkommt.

Sie müssen mehr sein als rational, um das Mysterium anzunehmen und hier zu Hause zu sein. Sie müssen die Wahrheit in all ihren ebenso wilden wie zarten und unbeschreiblichen Formen lieben.

Wir müssen mit dem Herzen lauschen, wenn wir uns behutsam dem Mysterium zuwenden.

Der Geist sinkt in das Herz

Mein Geist schlüpft immer wieder aus der linken Seite meines Kopfes. Er strebt weg von der verletzenden Vernunft, die kalt sich selbst schützt und, wie auch die meisten Religionen, darauf beharrt, sie sei der einzige Weg.

Der kleine Geist wird verwirrt und bekommt Platzangst, wenn er mit der Weite seines eigenen Großen Wesens konfrontiert ist. Er wird gezwungen, in seinen Spurrillen innezuhalten und tiefer zu lauschen, dem, das weiß, dass nicht Gott tot ist, sondern der an gebrochenem Herzen leidende Nietzsche mit seinem qualvoll rationalen Versuch, weniger zu lieben, weniger zu fühlen und sich als Zielscheibe kleiner zu machen.

Wenn der Geist über das Gewöhnliche und damit über seine Konditionierung und sein beschränktes Wissen hinausgeht, überflutet er seine Ufer und wird zum Herzen. Die Grenzen des Rationalen lösen sich auf in ein Gefühl von großer Weite, jenem Seinszustand, von dem es im Neuen Testament heißt: »Der Frieden, der über jedes Verstehen hinausgeht.«

Diese Weitläufigkeit unmittelbar jenseits des Verstehens unseres kleinen Selbst ist eine Freude, die für ihre Existenz nichts braucht, eine zeitlose Klarheit, die keine Geschichte hat, weder Vergangenheit noch Zukunft, nur die lebendige Gegenwart des Seins, das So-Sein von »Es selbst als es selbst«.

Die Ironie ist, dass wir wahre Vernunft eher im Herzen als im Geist finden. Das, was für alle fühlenden Wesen das Beste sucht. Ein Hang zur Heilung, der selbst unseren Schmerz als wertvoll anerkennt. Dieses Etwas lernt loszulassen und dem Prozess zu vertrauen. Es weiß, dass es eine Alternative gibt zu unserem gut gepanzerten Leiden.

Es erkennt die Liebe.

Das Mysterium ist in der Stille am besten vernehmbar.

Der große indische Heilige Ramana Maharshi sagte, wie auch Jesus: »Seid still und wisset.« Selbst hinter der »kleinen, leisen inneren Stimme« liegt eine noch tiefere Stille. Eine Stille, die, wenn wir sie einmal erfahren haben, bewirkt, dass alles, was weniger ist als das Ganze, uns fast wie eine Tragödie vorkommt.

In einem Zustand des Friedens, der sämtliche Zellen durchdringt und die kriegerische Welt besänftigt, kann selbst der angenehmste Gedanke zur unwillkommenen Unterbrechung werden. Für die Liebe, die keinen anderen als getrenntes Gegenüber kennt, ist alles, was weniger ist als Liebe, einfach nur Leid. Ist Ruhelosigkeit und Angst, von unserem eigenen Großen Wesen getrennt zu sein. Gefangen in einem Geist, der sich für zu gering hält und der Weite des Seins nicht vertraut, die sich direkt unter seiner Schädeldecke ausbreitet.

10

Die Seele wiederfinden

Die Überwindung dessen, was in der Sprache des Buddhismus Hindernisse heißt, jener Eigenschaften des Geistes, die das Leuchten unserer Buddha-Natur verdunkeln, könnte im Sprachgebrauch der Andacht als Wiederfinden der Seele bezeichnet werden.

Ein altes Sprichwort lautet: »Du kannst deinen Arsch oder deine Seele retten, aber nicht beide.« Lange Zeit hatte ich das Gefühl, meine Seele verwirkt zu haben.

Aber wie das Herz kann auch die Seele niemals verloren gehen, nur verdunkelt werden. Wie die Sonne scheint das Herz immer. Wir müssen nichts tun, um es zum Scheinen zu bringen. Achtsamkeit strahlt aus sich selbst heraus. Wir müssen lediglich loslassen, was ihr zum Hindernis wird.

Und ein weiterer Finger der Faust, die sich um unsere Essenz geschlossen hat, lockert sich und lässt los. Lässt los, »geliebt zu werden«, würde ich gern sagen, aber das wäre eine weitere jener Lügen, die wir erzählen, wenn wir vorschnell von der Wahrheit sprechen. Vielleicht betrifft das Loslassen eher das, was unsere Fähigkeit zu lieben behindert. Mit jedem Finger, der sich in diesem Prozess öffnet, wächst unsere Fähigkeit zu lieben. Kommt die Essenz des Seins zum Vorschein.

Die Frage nach dem Wesen der Seele scheint immer wieder ziemliche Diskussion auszulösen. Offensichtlich existiert da keine Übereinstimmung. Was in einem Glaubenssystem als Seele bezeichnet wird, kann für eine andere Denkweise etwas völlig anderes bedeuten. Für manche ist die Seele die geistige Kraft, die in uns wohnt. Für andere das karmische Bündel, das aus sämtlichen früheren Taten, Einstellungen und Absichten besteht, die diese und zukünftige Inkarnationen gestalten.

Manche glauben, die Seele sei ewig; andere gehen davon aus, dass die Zeit als solche unbeständig ist. Die Ewigkeit kann, je nach Beschaffenheit des Gucklochs, durch das wir spähen, völlig unterschiedlich definiert werden.

Für manche bedeutet Ewigkeit ein Aufenthalt im Paradies mit den Menschen, die sie lieben; für andere ist Ewigkeit die Zeit, die erforderlich ist, und die Geburten, die wir auf uns nehmen müssen, um ganz und gar in unsere unbeschreibliche ursprüngliche Gnade umgewandelt zu werden.

Wie ein Bursche sagte: »Eine Seele ist groß genug für uns alle. Tatsächlich ist sie das Eine, auf das sich so viele einzelne Glaubenssysteme beziehen.«

Manche sagen, dass wir unsere Seele wenige Augenblicke nach dem Tod wiederfinden. Das klingt gut, aber ich konnte einfach nicht so lange warten. Tatsächlich ist es ratsam, mit der Suche nach der Seele anzufangen, sobald es Ihnen nach der Geburt einfällt.

Die Definition von Seele, die der tiefsten Erfahrung der meisten Menschen am meisten zu entsprechen scheint, ist die des »Zeugen«, der Achtsamkeit hinter allem Geschehen, der Präsenz in der Präsenz.

Die Seele als Beobachter, als Achtsamkeit, die sich mit dem verbindet, was dem Erzeugen von Bewusstsein nahe kommt.

Die Seele wiederfinden heißt Bewusstsein wiederfinden. Deswegen sprechen wir von »Erleuchtung«.

Dieses Erwachen ist nicht Erleuchtung, wohl aber Vorbedingung für diese. Erwachen heißt, die Trance, in der wir blind unserer Konditionierung folgen, durchbrechen. Heißt, dass Sie zu sich selbst kommen, um herauszufinden, wer und was das sein mag.

Wir sind im wahrsten Sinne des Wortes außer uns geraten (oder niemals zu uns gekommen) und unbewusst geworden. Jetzt müssen wir wieder zu uns kommen (ganz geboren werden) und das Bewusstsein im Körper/Geist verankern. Wir müssen mit Barmherzigkeit und Achtsamkeit das Licht herbeilocken.

Zuerst muss die Achtsamkeit zurückkehren in den Körper – wir müssen unsere Gefühle fühlen.

Dann müssen wir gewahr werden, dass wir gewahr sind.

Und ganz allmählich müssen wir Vergebung und Güte für uns selbst und vielleicht auch für den Anderen zumindest in Erwägung ziehen.

Und schließlich sogar den Anderen lieben, ihn sogar lieben wie uns selbst.

Und letzten Endes gelangen wir dahin, alles zu lieben, was auch immer es sein mag, ohne Grund, von ganzem Herzen, unvernünftig.

11

Geboren werden

Als ich im Laufe meiner Seelensuche zum ersten Mal von meinem »inneren Kind« hörte und diesem in der Meditation nachspürte, sank ich durch ein, zwei Schichten und fand stattdessen mein Schattenkind, den hungrigen Geist.

Wo ich glaubte, das Herz des inneren Kindes zu finden, war eine große Leere. Nicht die spirituelle Leere, auf die ich gehofft hatte, in der sich alle Grenzen auflösen und die jede Spaltung aufhebt, sondern deren Gegenteil. Ich stieß auf eine psychische Leere, die sich willig mit den Grenzen abfindet, die vor langer Zeit errichtet und seitdem ständig verstärkt wurden und in deren Umzäunung ein Gefühl von Hoffnungslosigkeit, Ohnmacht und Nichtigkeit herrscht. All das wollte ungeboren bleiben.

Als ich mich dem Mysterium zuwandte und meine Geburt schließlich abzuschließen suchte, fand ich jenes Kind, das wünschte, niemals geboren worden zu sein, immer noch festgeschnallt in seinem Kinderstühlchen, voller Angst, seine Füße auf den Boden zu setzen.

Während ich mit der großen Schatzsuche nach meinem Leben fortfuhr, machte ich diesen eher bestürzten als ärgerlichen Geist langsam mit der Möglichkeit bekannt, die engen Grenzen seines umzäunten Selbstbildnisses zu durchbrechen.

Durch dieses achtsame Forschen wurde es mir allmählich möglich, selbst mit ziemlich schmerzlichen Emotionen umzugehen. Als ich mich auf die Gefühle konzentrierte, die hochkamen, wenn ich mich dem innerlich verlorenen Kind näherte, wurde ziemlich deutlich, dass jede Emotion, jeder Geisteszustand sein eigenes, deutlich erkennbares körperliches Muster aufweist.

Selbst wenn die immer noch vorhandene Angst oder der Ärger des Kindes sich in Entsetzen oder Wut verwandelte oder eine »quälende« Emotion es beherrschte, konnte ich mich diesen Gefühlen mit Barmherzigkeit und Achtsamkeit nähern, ohne von den verführerischen Gedanken abgelenkt zu werden, die sie begleiteten, indem ich mich zuerst auf die Empfindungen konzentrierte, die jeder Gefühlszustand im körperlichen Bereich auslöst.

Wenn ich mich innerlich sammelte, konnte ich die Geisteszustände des Kindes bei ihrer Wanderung durch meinen Körper verfolgen.

Indem ich zunächst auf die Körperempfindungen des Kindes achtete – dies ist ein gutes Beispiel dafür, was es heißt, sich, statt sich *mit* einem Objekt im Bewusstsein zu identifizieren, *auf dieses* zu beziehen und dadurch über die auf Gewohnheit beruhende Identität hinauszugelangen –, konnte ich mich *auf* dieses Kind beziehen und seine Gedanken und Gefühle wahrnehmen, statt mich *wie* dieses Kind zu verhalten. Und allmählich deren ständiges Kommen und Gehen als natürlichen Prozess erkennen, der im Grunde unpersönlich war. In der Stille der Meditation konnte ich die Energien wahrnehmen, aus denen diese Gedanken und Gefühle bestanden, und ihnen mit Barmherzigkeit begegnen, statt sie zu fürchten und zu verurteilen.

Wenn wir Emotionen als Körperempfindungen wahrnehmen, verschwindet der Widerstand, der die Schwelle der Zensur zwischen den Ebenen des Bewusstseins aufrechterhält, und die Heilung geht tiefer.

Im Verlauf dieser ganz allmählichen Wiedergeburt kam das Schattenkind eines Tages in der Meditation in Gestalt des völlig unzuverlässigen zwölfjährigen Straßengauners, der des Lebens bereits überdrüssig war, ins Blickfeld.

Obwohl es ihm lieber war, wenn man ihn fürchtete und verurteilte, weil er sich dann noch realer fühlte, versuchte ich mich *auf* ihn zu beziehen, statt mich *wie* er zu verhalten.

Als völlig autonome Persönlichkeit auftretend, wandte er sich an mich, den Beobachter, und versuchte tatsächlich, mir einen gebrauchten Wagen zu verkaufen.

Das war eine perfekte Heilungschance; sich mit barmherziger Achtsamkeit auf das beziehen, was sich einsam und ungeliebt fühlt, statt ihm mit Urteil und Angst zu begegnen. Aber ich empfand zunächst keine Liebe, sondern nur Peinlichkeit, Scham und Angst.

Ich wünschte mir, seine Geburt in einem Turm oder Gefängnis zu verbergen. Ihn abzutreiben oder zumindest zu verhindern, dass er geboren wurde und mich in meiner gut gebastelten Verstellung beschämte.

Er wandte sich in der Meditation aber nicht nur dieses eine Mal direkt an mich, um mir ein Auto zu verkaufen, das wahrscheinlich gestohlen war. Ein anderes Mal, als sein Bild erschien und ich halbherzig vorgab, ihn zu akzeptieren, sagte er zu mir: »Selbst du liebst mich nicht!« Und mein Bauch wurde hart wie Stein.

Ich konnte an dieser Reaktion des Verschließens sehen, wie Sprache und Handeln immer noch aus der Schicht unterhalb der Ebene des Bewusstseins aufstiegen, wo ich sie hingestopft hatte.

Doch wenn wir aufmerksam sind, bietet uns das Mysterium immer wieder neue Chancen, Mitgefühl zu üben und unsere Geburt abzuschließen.

Als ich versuchte, mich zu überreden, einen gebrauchten Wagen zu kaufen, fing ich spätnachts im Meditationsraum fast laut zu lachen an. Mein Bauch verspannte sich vor Anstrengung, in der vollkommen stillen Halle, in der etwa vierzig Menschen zum nächtlichen Meditieren zusammengekommen waren, an mich zu halten.

Als ich mich beobachtete, wie ich mir dafür gratulierte, dass ich die Stille nicht gestört hatte, begann zwei Reihen vor mir ein Sitzbänkchen zu knacken, brach mit Ach und Krach zusammen und knallte laut auf den Boden! Während sein Sitz unter ihm verschwand, rief der Meditierende, der auf dieser Bank gesessen hatte, unwillkürlich aus: »Oh, Scheiße!« Mit diesen Worten sprach er für uns alle, die wir mit leuchtender Seele um zwei Uhr nachts Himmel oder Hölle beobachteten und in lautes Gelächter ausbrachen.

Es ist faszinierend, beim Prozess unseres Erwachens zu beobachten, wie Hindernisse wegfallen, was zutiefst heilsam ist.

Als ich mit dieser verschütteten psychischen Triebkraft zum ersten Mal in Kontakt kam, nannte ich sie mein Schattenkind. Aber als es anerkannt und näher an das wärmende Feuer von Klarheit und Güte gerückt wurde, wanderte jenes Schattenkind tiefer ins Herz, welches in ihm mitfühlend das in die Enge getriebene Kind sah, das sich nach dem Licht sehnte.

Dieses Bild des ungeliebten, nur halb geborenen Aspektes meiner selbst, der die Bereitschaft entwickelt, sich umzudrehen und sich sein unerschlossenes Potenzial anzuschauen, signalisierte die Möglichkeit, mir selbst aufrichtig zu verzeihen und mich vielleicht sogar zu lieben.

Für das in die Enge getriebene Kind ist die Möglichkeit der Befreiung äußerst verlockend.

Wenn dieses Kind anfängt zu heilen, wenn es lernt zu atmen und sich in der Liebe statt im Wasser des Teiches des Narziss zu spiegeln, erwächst daraus eine völlig andere Einstellung zu den Hindernissen, die es in schmerzlichen Identitäten gefangen halten. Der Schatten drängt ans Licht.

Reinigung ist ein Prozess, bei dem wir alles loslassen, was uns daran hindert, unsere Geburt abzuschließen.

Als ich das Bild und die Gedankenwelt des in die Enge getriebenen Kindes von Augenblick zu Augenblick im Prozess seiner Entfaltung achtsam erforschte, konnte ich seine Entwicklung bis zu ihrem Ursprung verfolgen, der bei dem Außenseiter mit dem gebrochenen Herzen lag. Der hungrige Geist, das Gesicht gegen die Fensterscheibe gepresst, voller Sehnsucht, geboren zu werden und seine Geburt abzuschließen.

Während ich diesen Geist in meinem System mit barmherziger Achtsamkeit erforschte, fing ich an, den wütenden, ja, kriminellen Straßenbengel als das zu sehen, was er war – der Archetyp einer gequälten Existenz. »Ein Leck, durch welches das Schattenlabyrinth sichtbar wurde«, nannte ich das später im Heilungsprozess der dunklen Nacht der Seele.

Eine gut ausgeprägte, gewöhnliche Personifizierung, deren verführerische Bilderwelt wir im Verlauf der Wanderschaft durch die Niederungen des Bereiches unterhalb des Traumes abschreiten müssen.

Wir nennen diesen Bereich unterhalb des Traumes meistens das Unbewusste, doch das nur, weil wir unaufmerksam sind.

Wenn wir in der Meditation still werden, kommen Gedanken in unser Blickfeld, die gewöhnlich zu schwach sind, um von uns wahrgenommen zu werden. Vieles von dem, was als »unbewusst« gilt, zeigt sich dort, eingebettet in nahezu transparente Kommentare. Unter dem Groben befindet sich das Feine. Unter jedem Gedanken, der laut genug ist, um unsere Aufmerksamkeit auf sich zu ziehen, befinden sich die feinen mitwirkenden Faktoren, die ihn an die Oberfläche drängten: die Tendenzen, denen er entsprang. Mit diesem subtilen Sehen bekommen wir Zugang zum »Labyrinth des Unbewussten«, wie die Anfänger unter den Theoretikern es nennen mögen, in dessen Mitte ein Licht, das psychospirituelle Äquivalent des Geburtskanals, zum Mysterium aufflammt, um seine Geburt abzuschließen.

Als Dante seine Schattenwelt durchwanderte, wollte der Held, so meine Vermutung, in Wirklichkeit nicht seine Geliebte retten, sondern sich selbst. Um seine Seele, seine Klarheit zurückzugewinnen, stieg er hinab. Das ist nicht möglich mit unserem Wissen, sondern nur mit unserer Art zu lieben. Als ihm seine Seele entglitt, sang Orpheus inbrünstig zur Sonne und wanderte in die dunkle Nacht, um das Licht zurückzubringen.

Die Wege der Schattenwelt und des strahlenden, willigen Herzens überschneiden sich im Verlauf der Heilung ständig und fließen manchmal sogar zusammen, bis der Weg des Herzens die Angst überwindet. Und (an guten Tagen) bereitet das Alte den Boden für das Wachstum des Neuen.

Wenn das Herz sich für dieses Schattenkind, dieses ständig umherwandernde Gespenst (Grund dafür, dass wir den Geist nicht bewegen können, mit Denken aufzuhören) öffnet, lädt die Achtsamkeit es ein, seine Geburt abzuschließen und heil und ganz in diese Welt zu kommen.

Wenn das verlorene Kind ins Leben zurückkehrt, findet es schließlich zu der Heilung, um derentwillen es ursprünglich die Geburt auf sich nahm. Und diese Klarheit und Freude sind neue Antriebskraft für die Geburt, während es allmählich und geradezu gewissenhaft beginnt, sich selbst zu akzeptieren. Einschließlich jener Seiten, die uns keine guten Dienste erweisen und die den befleckten Pfad durch die Hindernisse zum Herzen säumen.

Sind dem in die Enge gedrängten Kind seine Hemmnisse genommen, macht es vor Freude einen Luftsprung in die Freiheit. Es wird zum freien inneren Kind, das kaum erwarten kann, an die frische Luft zu kommen und zu spielen. Das, wie die Gnade, immer um die Ecke gewartet hat. Geboren, um jener kleinen, leisen Stimme zu lauschen, spürt das befreite Kind seine Knochen im Brustkorb schmelzen, wenn das sich öffnende Herz Flammen schlägt.

Manche sprechen von einer zweiten Geburt oder sogar von einer Neugeburt, doch ich nehme an, hier wird lediglich ein Prozess abgeschlossen, der vor langer Zeit unterbrochen wurde.

Und wie wenige von uns werden geboren, bevor sie sterben!

Und schließlich konnte ich das einstmals in die Enge gedrängte Kind freudig als mein »karmisches Bündel« (ein unter Buddhisten geläufiger Begriff) betrachten.

Während wir unsere Geburt abschließen, erfahren wir manchmal, was im Buddhismus als »ursprüngliches Antlitz des Geistes vor seiner Geburt« bezeichnet wird, den Geist vor jedem Denken, die grenzenlose Weite, in der sich jedes und alles manifestieren kann.

Diese unbedingte und bedingungslose Offenheit ist in einem ganz konkreten Sinne Anfang und Ende von allem, was existiert. Sie ist der grenzenlose Geist vor seiner Konditionierung und Sozialisierung, vor der Entstehung seiner Vorurteile und Schrecken. Sie ist der weite Raum, in dem Liebe und Mitgefühle geboren werden.

In der *Bhagavad Gita* heißt es, das größte Glück sei, aus dem Schoß einer vollendeten Yogini geboren zu werden. Aber die Zeiten haben sich geändert, und heute sind wir aufgerufen, uns selbst zur Welt zu bringen.

Überall um mich herum sehe ich in die Enge gedrängte Kinder, die in Buddha-Reiche geboren werden. Und ich sehe in jedem das Kind durchschimmern, das im Begriff ist zu heilen.

In einem sehe ich das Kind, dessen Vater starb und niemand sprach mit ihm darüber. Er hat gelernt zu sehen und zu lieben, hat aber immer noch Angst vor seinen eigenen unbedachten Worten.

In einem anderen sehe ich den Kraftprotz, ein Kind, das den Schlaf fürchtete und Klassensprecher wurde, nur um sich zu beweisen. Er lernt sich völlig neu beobachten. Er schaut langsam zu, wie seine Handfläche ins Blickfeld kommt. Er glaubt in der Praxis alles zu finden, was er braucht, und dann wird alles gut mit ihm. Wenn er den Meditationsraum verlässt, muss er den leisen Zwang unterdrücken, die große Metallglocke des Lehrers zu läuten.

Am anderen Ende der Halle sitzt in einer Ecke das kleine Mädchen, eine Frau, die so schwer misshandelt wurde, dass sie mit Inbrunst an zu wenig glaubt. Doch ohne dass sie es weiß, beschreibt ihr ein Weisheitsengel flüsternd den Weg, der sie durch das Labyrinth führen wird. Er brachte sie an diesen Ort der Stille. Ihr Kind wird bald geboren werden.

Und dort, auf seinem psychischen Tigerfell, liegt regungslos das puritanische Kind, dem man einredete, Lust sei etwas Teuflisches. Er kann einfach nicht verstehen, warum der alte Mönch sagte, er würde lieber mit Jesus in der Hölle weilen als ohne diesen im Himmel. Er trägt nur Weiß und meint das auch. Er befolgt das Gesetz und sagt die Wahrheit, außer wenn es um seinen wiederkehrenden Traum geht, in dem Moses die Wasser des Meeres schließt, statt sie zu öffnen.

Und auf der anderen Seite von mir sehe ich den sitzenden Buddha, dessen inneres Kind die ganze Nacht lang von den saufenden Eltern ausgesperrt wurde. Da er sich bis zum Sonnenaufgang in den Seitengassen von Houston herumdrücken musste, hat er auf zwei, drei Atemzüge pro Minute heruntergeschaltet.

So wie der Vietnam-Veteran, der schon lange praktiziert und still wie Raum neben ihm sitzt, ist er natürlich und entspannt geworden wie das Gras im Frühling. Doch tragen beide noch immer das Bild des Dolches in sich, der in ihrem Stiefel steckt.

Da ist das Drillingskind, im Mutterleib und zu Hause eng zusammengepfercht mit anderen; für sie gibt es keinen Schoß. Sie hat in ihren Armen Platz für Tausende von sterbenden Kindern geschaffen. Eigentlich meditiert sie nicht gern. Sagt halb scherzhaft, das habe sie bereits in einem anderen Leben erledigt, erzählt, in einem sei sie eine Irre gewesen, sie kennt sich aus. Hat für Millionen das Totenbett weich geklopft.

Und das Kind auf dem schwarzen *Zafu* (Meditationskissen) in Priesterrobe, einziges überlebendes Geschwister einer einst großen, lebhaften Familie. Er meditiert wie ein Waisenkind; das ist gut für sein Sitzen. Er fürchtet das Feuer in seinem Bauch nicht mehr. Er heißt alles in der Gastfreundschaft seiner Praxis willkommen. Und von den Kindern weiß ich, dass er die besten Gute-Nacht-Geschichten erzählt, die sie je zu hören bekamen.

Und die, die bei der Geburt starb und niemals wieder Appetit auf das Leben bekam, bis ihr tief vergrabenes Kind lebendig wurde, als es »die Flöte hörte«, die der von Gott trunkene Kabir als Tor zum Wunderbaren bezeichnete. Die Musik war Gott und sie war Lazarus, der sich aus seinem Bett erhob, um einen brandneuen Tag zu feiern! Vorbereitet auf jedes Gespenst, das ihren Weg kreuzen mochte.

Und auf dem *Zafu* neben ihr das hungrige Gespenst, das lernt, andere zu nähren.

Der Buddha sagt, es sei nicht wichtig, wie lange du vergessen hast, es kommt nur darauf an, wie bald du dich erinnerst.

Wenn das hungrige Gespenst satt ist, quillt sein Herz über und es beginnt zu singen. Es war überhaupt nicht sein Magen, der leer war. Wenn das Gespenst Seele wird, sind wir ganz geboren.

In der klassischen hinduistischen Schrift *Ramayana* schaut Lakshman, Ramas Bruder, als er am Fluss sitzt und sich bereit macht, seinen Körper in den Tod loszulassen, zurück auf sein Leben und sagt: »Es war wie etwas, das ich einst träumte, vor langer, langer Zeit, weit weg.«

Und die himmlischen Gefilde öffneten sich, um ihn aufzunehmen, denn er wünschte nirgendwo anders zu sein.

Was an der Ampel in Mexico City aufbrach, führte weg vom Alten. Ein Prozess war im Gang. Mit einem Schwur, der bis auf den heutigen Tag wirkt.

Ein tieferes Leben wecken

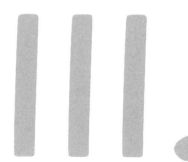

# 12

Die sechziger Jahre in San Francisco

Aber bevor ich mir selbst zu weit voraneile:
Nach einer Zeit der karmischen Beschleunigung kam ich in der ersten Woche des Jahres 1965 in San Francisco an. Ich verbrachte das Jahr mit Lyrik-Lesungen und lernte von der außergewöhnlichen Lyrik-Szene des North Beach. Ich schloss die Kapitel ab für die Veröffentlichung von *Synapse: Visions of the Retinal Circus* und fügte Illustrationen aus zahlreichen verschiedenen alchimistischen Texten ein. Es war ein Jahr mit einem neuen, wachsenden Sinn für Gemeinschaft und gemeinsame Aktionen.

Das in die Enge gedrängte Kind hatte sein Gesicht dem Licht zugewandt.

Während ich half, eine kleine Zeitschrift herauszubringen, wurde ich 1966 eingeladen, mich dem Redaktionsteam des neu erscheinenden psychedelischen *San Francisco Oracle* anzuschließen. In der Haight-Ashbury-Gemeinschaft von Suchenden, Visionären und vereinzelten intergalaktischen Abgesandten fand ich ein Umfeld, das ganz meinem Wesen entsprach. Das war genau die Familie, die zu finden ich mein Zuhause verlassen hatte.

Es war eine bemerkenswerte Zeit. Überall im Land taten sich Menschen aller Altersstufen, Klassen, Rassen und Geschlechter für eine gemeinsame Sache zusammen, um dem Krieg in uns und um uns herum ein Ende zu bereiten und Frieden zu suchen. Auch wir in den elysischen Gefilden am anderen Ufer der Bucht konnten sehen, dass dem Krieg nur Einhalt zu gebieten war, wenn wir es Arjuna aus der *Gita* gleich taten, der zwischen den kämpfenden Fraktionen stand, auf beiden Seiten Menschen, die seinem Herzen nahe waren, und uns riet, zuerst unseren eigenen inneren Kampf zu beenden. Und uns daran erinnerte, dass der wirkliche Feind nicht wir selbst oder der Andere war, sondern die tödliche Verbreitung der allgemeinen Lüge und damit das Beharren darauf, dass wir in unserem Wesenskern nicht Friede sind.

1967 schrieb ich in den »Notes from the Genetic Journal« im *Oracle*: »Irgendwo zwischen Supernova und atomarem Derwisch schwebend, bin ich der Mensch schlechthin, Mittelpunkt des Universums, der Kopernikus schließlich doch widerlegt, ein kosmischer Akrobat, der im Seiltanz auf seine Wiedergeburt zubalanciert. Die Waage haltend zwischen surrender Masse an beiden Enden der Unendlichkeit.« Ich glaube, das beschreibt meinen damaligen Zustand ziemlich gut.

Die Zusammenarbeit mit so vielen visionären Künstlern und Autoren stärkte meinen Sinn für eine Weltgemeinschaft, die tatsächlich imstande war, Frieden zu schaffen und anderen zu dienen. Die höchsten Werte dieser Gemeinschaft waren Selbsterkenntnis und Anteilnahme am Schicksal der Schwächsten und am meisten Entrechteten unter uns.

Das *Oracle*-Team, bestehend aus Poeten und Visionären, traf und tauschte sich aus mit einigen der wichtigsten und maßgeblichsten Persönlichkeiten dieser Zeit: Allen Ginsberg, Alan Watts, Ken Kesey, Michael McClure, Gary Snyder, Lew

Welch, Leonore Kandel, Gavin Arthur, Richard Grossinger, Sun Bear, Richard Brautigan, Lawrence Ferlinghetti, Ali Akbar Khan und Timothy Leary, die uns genau zu der Zeit, als die Arbeit des Dienens mich wieder in die Gesellschaft holte, aufforderten, uns einzustimmen, anzuturnen und auszusteigen.

Das Dienen begleitete mein Erwachen.

Ich begann unter dem Namen *Unity Press* Meditationsbücher zu drucken und unentgeltlich zu verteilen und bekam dabei Hilfe von Freunden von Ron Polte bis zu Bill Graham sowie die Unterstützung vieler Gruppierungen in San Francisco, vom *Kingston Trio* bis zu den *Grateful Dead*, die Geld für das Papier und das Binden zur Verfügung stellten. Später veröffentlichten wir die Gedichte eines Todeskandidaten im Staatsgefängnis von Nevada, dem ich als Verbindungsmann zu den Medien und den Gerichten diente, um sein Fasten bis zum langsamen Hungertod aus Protest gegen die Todesstrafe ins nationale Bewusstsein zu bringen. Nach einigen Wochen fingen sie an, ihn zwangszuernähren und schickten mir einen Brief, in dem stand, dass meine Sondererlaubnis für Besuche und der Kontakt mit ihm gestrichen seien, weil ich einen »schlechten Einfluss« auf ihn ausübte.

Eines der Phänomene dieser Zeit war »der Acid-Test«, ein surrealer Karneval der Bewusstseinsspiele, durch Drogen unterstützt. Meistens lieferten die *Grateful Dead* die Begleitmusik live dazu. Die herumgereichte Erfrischung bestand in einem Getränk aus einer Pulvermischung, das aus einer durchsichtigen neuen Abfalltonne aus Plastik geschöpft wurde. Der psychedelische Weltklasse-Tourenbus der Merry Pranksters, *Further*, stand draußen hinter dem Haus; nicht weit davon entfernt zog Neal Cassaday, der ihn manchmal fuhr, enge Derwischkreise. Wir feierten die Freude an der Gemeinschaft und an der Begleitung von »Weggenossen«, ein Begriff, der inzwischen eine völlig andere Bedeutung hatte als einige Jahre zuvor bei den McCarthy-Anhörungen.

Nach L.A. zum Acid-Test der Watts eingeladen, wohnte ich mit dem ganzen Zirkus in Wavy Gravys Haus. An jenem Abend stand ich, als die Karnevalisten auf die Tanzfläche strömten, in dem von Flashlights erhellten, vor Musik dröhnenden und vor Energie platzenden, mit Batikfarben umgestalteten ehemaligen Lagerhaus neben einem Freund, der Ampullen von reinem LSD aufbrach und in den eisgekühlten Pulvertrunk gab, als mir jemand einen Besenstil in die Hand drückte, damit ich das kosmische Gebräu umrührte. Als ich zum zweiten Mal umrührte, spritzte die konzentrierte Flüssigkeit, die in den Behälter gegossen wurde, auf meine Handrücken und der große Deckel drohte hochzugehen.

Die *Grateful Dead* nahmen jedes ihrer sechs Stücke auf und unterlegten damit das jeweils nächste (so kam es mir damals jedenfalls vor). Gegen Ende des Abends beim sechsten Stück, bei dem die vorigen fünf Stücke gleichzeitig im Hintergrund liefen, gönnte ich meinen überhitzten Sinnen draußen beim Bus in Neals Gesellschaft etwas Abkühlung. Mit am bemerkenswertesten an Neal war, dass sich nie klar sagen ließ, ob er »angeturnt« war oder nicht. Er war »doppelt normal« und hatte einen Realitätssinn, der für viele Menschen schon lange faszinierend auf ihre rechte Gehirnhälfte wirkte. Als ich einmal unmittelbar nach einer Lesung von Gedichten unzufrieden war und mich fragte, ob ich nicht dramatischer vortragen sollte, sagte er zu mir: »Lies einfach so, wie du geschrieben hast.« Die Direktheit, mit der er simple Wahrheiten aussprach und die an Zen erinnerte, war oft inspirierend.

Einmal hielt er beim Einsammeln von verrosteten Schrottteilen, die er eines Nachmittags auf einem kahlen Acker gefunden hatte und hinten in meinen Kleinlieferwagen warf, weil es »eine Schande sei, das Zeug verkommen zu lassen«, plötzlich inne. »Oh, Scheiße! Wir müssen zu einer Buchparty im Haus meiner Exfrau.«

Wir waren damals ein bisschen benebelt im Kopf, deswegen fand ich nie heraus, für welchen Autor seine Exfrau ihr Haus öffnete. Aber ich erinnere mich sehr gut daran, wie ich zu seinem beträchtlichen Bekanntenkreis stieß, Poeten aus San Francisco und ihr Anhang, Leute aus der New Yorker Medien- und Buchwelt, selbst ernannte Kunstkenner und einige Galeristen, die mit uns am Purple Dragon lehnten. Diese Zusammenkunft war ein Mittelding zwischen einer Leonard Bernstein Soirée in der Park Avenue und einem Treffen der Ortsgruppe der Hell's Angels. Die Atmosphäre war äußerst angenehm, jedenfalls »so lange keiner der Dichter gewalttätig wurde«, wie ein Motorradfahrer krächzte.

Als ich Neals Freundin und deren Freundin einmal im Auto mitnahm und wir von San Francisco die Küstenstraße Richtung Süden fuhren, um uns mit ihm in Keseys Bude in La Honda zu treffen, wo eine ziemlich große Zusammenkunft geplant war, fiel mir auf, dass der Wagen anfing zu schlingern. Die Steuerung des Volkswagenkäfers reagierte in der Kurve nicht. Der Wagen rutschte eine kurze Strecke an der Leitplanke entlang, segelte einen Augenblick in der Luft, kippte hinüber, rollte die steile Böschung hinunter und kam auf halbem Wege zum Pazifik auf dem Dach liegend zum Stillstand. Glücklicherweise flog ich aus dem Auto, bevor das Dach über dem Steuerrad einknickte. Die Frauen hatten erstaunlicherweise kaum einen Kratzer abbekommen.

Erst später, als die Highway-Patrouille, nachdem sie das Wrack untersucht hatte, berichtete, mit der Steuerung sei alles in Ordnung, erzählten mir die Frauen, möglicherweise seien sie Schuld an dem Unfall gewesen. Als ich erwiderte, das sei wohl kaum möglich, verrieten sie mir, dass sie halbherzig an einer Art Schwarzer Messe mit einem in Verrufenheit geratenen lokalen Satanisten teilgenommen hatten, der, als sie beschlossen zu gehen, ihnen in seinem Ärger drohte: »Wenn ihr fahrt, werdet ihr fliegen!«

Schwer zu sagen, was an der Sache dran war. Ein weiteres großes »Keine Ahnung« vom Mysterium. Aber im Kontext der damaligen Zeit scheint es weniger überraschend.

Später erfuhr ich, dass sich in Keseys Wohnung – die wir nie erreichten – ein wahres Zeichen dieser Zeiten manifestierte: So viele hatten die Toilette benutzt, dass sie schließlich verstopfte. Allen Ginsberg wurde von der Toilettenschüssel, die fast überfloss vor Fäkalien, schachmatt gesetzt. Vor der unbenutzbaren Toilette stehend, die er dringend benutzen musste, begann er zu singen. Neal, der vorbeiging, schaute zur Tür herein und sagte: »Tz, tz, Allen, ich dachte, du glaubst an gar nichts?!«

Neal und ich sprachen oft von Mexiko. Er hatte den großen Wunsch, »so schnell wie möglich da runter zu kommen.« Er begann zu strahlen, wenn er in tropischen Phantasien schwelgte, und wollte mich überreden mitzukommen. Da ich jedoch befürchtete, dass mich meine illegalen Mätzchen von vor drei Jahren da unten wieder einholen könnten, sagte ich, ich würde lieber darauf warten, dass er mir bei seiner Rückkehr von seinen märchenhaften Erlebnissen erzählte. Einen Monat später brach er mit den tapferen Merry Pranksters über die Grenze nach Süden auf. Und einen Monat später starb er.

Beim sehr unregelmäßig erscheinenden *Oracle* eröffneten die Begegnungen mit bemerkenswerten Männern und Frauen mir die Möglichkeit einer Welt, die mit sich in Frieden war. Hier traf ich Richard Alpert, unmittelbar bevor er zu Ram Dass und ein lebenslanger Freund wurde, sowie Rolling Thunder, einen Medizinmann der Shoshone, dessen prophetische Randbemerkung über meine Zukunft gerade richtig kam. Auch Chinmayananda, dessen leuchtendes Hindu-Herz uns erwärmte, lernte ich hier kennen; und die Zeit mit Buckminster Fuller, dessen vier- bis fünfstündige genial chaotische Vorträge eine frei fließende harmonische Beziehung zwischen den Hemisphären des Gehirns auslösten, war mir sehr kostbar.

Und Alan Watts, das liebenswerte Herz, einer der ersten Interpreten des Zen-Buddhismus, auf dessen Hausboot ich wohnte und mit Armando Busick an den Illustrationen für ein neues Buch arbeitete; auch in der Nacht, als Alan wenige Meilen entfernt auf der Farm eines Freundes starb.

Eine merkwürdige Szene fällt mir ein, als ich Alan eines Samstagnachmittags besuchte und er mir einen Burschen mit den Worten vorstellte: »Ein großer Mann auf dem Campus in Philadelphia.« Und mir, während er mich beiseite zog, zuflüsterte: »Schaff mir diesen Kerl hier weg. Der ist völlig daneben!«

Als ich diesen Mann zum Essen einlud, erinnerte er mich an jemanden aus einer früheren, wenig vertrauenswürdigen Sippe. Sein Name war Ira Einhorn. Später wurde er des Mordes angeklagt. Es war nicht überraschend, dass Alan etwas von den Schattenseiten dieses Burschen mitbekam. Überraschend oder vielmehr entmutigend war, dass Einhorns ziemlich zahlreiche Anhängerschaft seine dunklen Seiten nicht wahrnahm und so viel Hunger nach wahrer Weisheit und Lebenstiefe in die City of Brotherly Love irre geleitet wurde, wie es in Saigon der Fall war.

13

Dienen heißt zusammen heilen

Als ich im Miami des Jazz lebte, besuchte ich hin und wieder auf dem Sportplatz ein Jai-alai-Ballspiel.

Eines Abends brach ich vor dem Ende des letzten Spieles auf, blieb aber vor den großen Glastüren, die zum Parkplatz führten, stehen, weil ich sah, dass draußen ein monsunartiger Regen fiel. Während ich darauf wartete, dass die Wolkendecke aufriss, bemerkte ich etwa 30 Meter entfernt einen blinden jungen Mann, der im schüttenden Regen stand und versuchte, seinen Blindenhund zurückzuholen, der völlig verängstigt und misstrauisch war. Wahrscheinlich kannten die beiden sich noch nicht lange, da sie ganz offensichtlich nicht aufeinander eingestimmt waren. Jedes Mal, wenn der Hund sich ihm näherte und der Junge einen Schritt auf ihn zu tat, trat er dem Tier auf die linke Vorderpfote. Daraufhin zog der Hund sich jaulend zurück, was den jungen Mann bewegte, noch lauter zu schreien und sich noch angestrengter um das Tier zu bemühen.

Ich wollte schon in den Regen hinauslaufen und den beiden helfen, zögerte jedoch, da sie offensichtlich auf dem Weg waren, sich anzunähern, so dass mein Eingreifen nur neue Verwirrung gestiftet hätte.

Erleichtert sah ich, wie der junge Mann sich schließlich auf das nasse Pflaster kniete und der Hund in seine Arme lief. Sie hielten sich gegenseitig wie Liebende, die sich vor langer Zeit verloren hatten.

Als die Massen den Sportplatz zu verlassen begannen, kamen die Begleiter des jungen Mannes mit Handtüchern und kümmerten sich freundlich um ihn.

Solche Augenblicke der Anteilnahme ließen am dringenden Wunsch des Herzens, das Leiden zu mildern, keinen Zweifel. Aufgrund des wachsenden Gefühls, Teil einer größeren Gemeinschaft, der Großfamilie des Herzens zu sein, verspürte ich den Wunsch zu dienen.

Lange nahm ich mehr, als ich gab.

Wo ich einstmals glaubte, niemand zu sein, wenn ich nicht Nummer eins war, begann ich die Welt allmählich mit freundlicheren Augen zu sehen. Wo ich Menschen einstmals daraufhin taxiert hatte, was ich von ihnen bekommen konnte, fragte ich mich jetzt, was sie wohl brauchten.

Die Öffnung des Herzens, Karma Yoga, besteht in der Umkehr gierigen Nehmens. Karma Yoga ist die Kunst, alles zu seiner Quelle zurückzuführen, nichts fern zu halten vom Herzen und so zu handeln, dass es allen Beteiligten zum Wohle gereicht.

Die verwundete Energie, die sich einst in verletzendem Verhalten geäußert hatte, die Wirkungskraft (ein besseres Wort für Karma kann ich mir nicht vorstellen), die einst nur wenigen zugute kam, schlug jetzt erleichtert und zuversichtlich den Weg mitfühlenden Dienens (Karma Yoga) ein.

Die beiden Aspekte meines Weges, die mich voranbrachten, beruhten auf der Praxis des Dienens.

Wenn ich zunächst meditierte, um ein guter Meditierer zu sein, verwandelte sich diese Absicht mit der Zeit in den Wunsch, ein vollständiges menschliches Wesen zu sein.

Um ein vollständiges menschliches Wesen zu werden, müssen wir zuerst mit der Erde und dem Geist der Tiere, die diese bewohnen, ins Reine kommen.

Dann können wir den Menschen dienen, die in Krankenhäusern, Gefängnissen und Heilungszentren leiden. Wir können präsent sein für die Trauernden und gemeinsam wachsen.

Vielleicht werden wir, statt Geister zu sein, erst dann zu wirklichen menschlichen Wesen, wenn wir so viel geben, wie wir nehmen. Ondrea, meine Frau und spirituelle Partnerin, spricht in diesem Zusammenhang vom »Geschenk der Wunde« – dem Aspekt unserer Verletztheit, der uns im Laufe unserer Heilung dazu bringt, das Leid der anderen um uns herum zu erkennen. Indem ich die Angst vor *meinem* Schmerz in Mitgefühl für *den* Schmerz wandele, indem ich mich vom Persönlichen zum Universellen begebe, erwächst aus einer Erfahrung, die uns kleiner machen kann, das Gefühl, Mitglied einer größeren Familie zu sein.

Um die Heilung mit anderen zu teilen, tun wir einen weiteren barmherzigen Schritt auf den Schmerz und das Mitgefühl der Welt zu.

In den ersten Jahren der Praxis als Reinigung, in denen ich mich immer noch von Aktivitäten des hungrigen Geistes entgiftete, wachte ich nachts manchmal auf und mein Körper strahlte eine intensive Hitze ab. Das war kein Nachtschweiß, auch wenn dieser bei der Alchimie der Entgiftung des Schweren zum Leichten eine gewisse Rolle spielen mag.

Die Hitze ließ mein Fieber sinken.

Es dauerte oft bis zu einer Stunde oder mehr, bevor diese »Hitzewellen« abkühlten und ich wieder einschlafen konnte.

Bei dieser Alchimie ist Hitze, wie bei vielen chemischen Reaktionen, ein Katalysator, denn die wahre Alchimie ist die, welche den Alchimisten transformiert. Einmal erwacht, destilliert sie oder er die materielle Welt zu ihrer leuchtenden Essenz.

Es geht darum, die heilsame Macht des Dienens zu erkennen. Beim Prozess des Heilens vereint das Dienen das Innere mit dem Äußeren.

Wenn wir uns anfangs mit unserer Rolle als Gebende oder Gebender identifizieren, kann selbst diese positive Identität uns kleiner machen. Es gibt nur die Begegnung zweier Verstandesmenschen. Sehr zweidimensional! Sehr dualistisch: Gebender und Nehmender, Ich und der Andere, Erfolg und Versagen. Da ist nicht viel Platz für mehr.

Aber wenn die Absicht zu dienen im Lauf der Zeit reift, tauschen wir uns von Herz zu Herz aus. Heiler und Heilender begegnen sich in der intuitiven Weiträumigkeit des gebenden Herzens. Das Gewahrsein wird zum Gewahrsein des Anderen hingezogen, und so entsteht ein umfassenderes Bewusstsein.

Der Dienst an Sterbenden unterscheidet sich nicht von anderen Formen menschlicher Beziehung – zwei Menschen, die zusammen sind. Aber wenn wir uns als *Kalayana Mita*, als spiritueller Freund verhalten, heißt das mehr als Kissen ausklopfen.

Der Weg des Dienens beginnt mit der Verpflichtung, andere nicht zu verletzen, wie sie im Hippokratischen Eid zum Ausdruck kommt: Füge als Dienender niemandem Schaden zu.

Und erinnere dich an das, was der Kyoto-Zen-Meister sagte: »Der höchste Dienst, den wir anderen erweisen können, besteht darin, sie an das Allumfassende ihres eigenen Großen Wesens zu erinnern.«

Vor der Osmose des Herzens und bevor die Energie fließen kann, ohne durch Selbstgratulation oder Besitzdenken blockiert zu werden, müssen wir lernen, »königlich« zu teilen, wie es heißt. Wir müssen Großzügigkeit praktizieren, indem wir manchmal das Beste geben, was wir zu geben haben, bis sich das Geben zusammen mit dem vielleicht sogar stolzen Gefühl, dass ich es bin, der da gibt, in Dankbarkeit auflöst.

Während sich die Kluft zwischen dem Ich und dem Anderen, die durch das Dienen überbrückt wurde, allmählich schloss, war ich nicht mehr eifrig damit beschäftigt, den Bedürftigen zu dienen und stolz darauf zu sein. Das Dienen stand in meinem Lebenslauf nicht mehr an erster Stelle. Ich war nicht mehr an erster Stelle »froh zu helfen«, sondern gab meine Energie einfach dorthin, wo sie gebraucht wurde.

Zuerst dienen wir, dann werden wir zum Dienen. Ganz ähnlich wie beim Beten: Zuerst betest du, doch mit der Zeit wird dein Leben zum Gebet. Zuerst singst du, dann wirst du zum Gesang. Gandhi sagte: »Mein Leben ist meine Botschaft.«

14

Heiligtum Natur

Bei meinen ersten Begegnungen mit spirituellen Lehrern begann etwas in mir in Schwingung zu geraten. Dieses Etwas wollte mit der Stirn den Boden zu ihren Füßen berühren. Ich wusste, wir hatten gemeinsame Arbeit vor uns.

Aber bevor ich diese Arbeit tun konnte, musste ich mich mit der Erde verbinden, »die Erde als Zeuge anrufen«, wie der Buddha es laut Überlieferung tat, als er den Boden berührte, um die Ablenkungen zu zerstreuen, die auf ihn einstürmten. Auf dem Weg zum vollständigen menschlichen Wesen durchlaufen wir viele Initiationen, aber die erste und letzte besteht in unserer Verbundenheit mit der Erde und dem Geist der Tiere.

Da ich nach den Jahren beim *Oracle* und der Parties in Haight-Asbury den Boden sämtlicher fühlender Wesen mit diesen teilen wollte, trat ich in den Dienst der Erde.

Meinen Platz in der Nahrungskette findend, hütete ich als Naturschützer das Heiligtum des Canelo-Hills-Naturparks im Süden Arizonas. Ich hatte ein Pferd, ein Dienstabzeichen und eine Schreibmaschine.

In den Tagebüchern, die später zu dem Buch *Planet Steward* wurden, schrieb ich:

Auf der grünen Wiese pflückte ich Äpfel, Birnen und Quitten, ein Geschenk des Besitzers der angrenzenden Parzelle, der seit achtzig Jahren unter der Veranda begraben liegt. Das Bellen des Schlittenhundes lockte mich durch das schulterhohe Aleppobartgras, vorbei an den Walnussbäumen, die das Gelände einfassen, und über den Fluss. Ich kletterte einen vorspringenden, von Flechten überzogenen Felsen hinauf und lief in den Wald aus immergrünen Eichen. Dort sah ich den Hund mit wedelndem Schwanz sitzen. Er hatte einen Kleinen Nasenbären auf einen Baum gejagt. Der über einen halben Meter lange, peitschende Schwanz des Tieres ließ mich zuerst glauben, der Hund habe einen Puma aufgestöbert, bis der Nasenbär seine lange Rüsselschnauze in meine Richtung schwenkte. Sein scharfes, warnendes Schnattern der Abwehr brachte den Ast zum Schwanken, auf den er zurückgewichen war. Seine katzenrunden Augen starrten flehentlich und voller Todesangst in meine, obwohl er diesem Hund, der so fröhlich mein Lob erwartete, leicht den Garaus hätte machen können. ... Stattdessen ließ meine schneidende Stimme die Ohren des Hundes auf den Fellkopf klappen und er kroch verwirrt zu Fuße. Ausgeschimpft im warmen grünen Schatten seines Sieges, zog der Eroberer sich zurück. Der Kleine Nasenbär, eine größere, tropische Spielart des Waschbären, sprang weiter nach oben in höhere Gefilde, in die Sicherheit von Großmutter Eiche. Ließ mitten im Heiligtum sein lautes Plappern erschallen.

Nach Hause zurückgekehrt, suchte ich in den Nachschlagebüchern nach weiteren Angaben zu diesem goldenen Geschöpf, dem ersten, dem ich begegnet war. Ich ging ins Vogelhaus, um den zweiten Vogel zu füttern, den ich in den zwei Monaten, in denen ich dieses Stück heiliger wilder Natur hütete und von ihm gehütet wurde, aufgenommen hatte. Der erste war eine Nachtigall gewesen, die ich während eines heftigen Sommerregens bei Donnerschlag unter einem Apfelbaum fand und die sich längst erholt hatte und freigelassen worden war, obwohl sie sich immer noch in der Nähe aufhielt. Manchmal flog sie von den Pappeln herunter, um eine Rosine aus meiner Hemdtasche zu picken. Dutzende von Malen am Tag wurde sie, ein weiteres Mitglied der Planetenfamilie, so gefüttert.

Der neueste Schützling war ein verletzter Königsvogel, den ein Nachbar vor zwei Tagen gebracht hatte. Getroffen von Kugeln aus dem Luftgewehr seines elfjährigen Bruders. Seine Flügelknochen waren gebrochen, das Fleisch unter dem linken Flügel zerfetzt. Gerade an diesem Morgen schien er sich, nachdem er gefressen und beinah die Rosine genommen hatte, die ich ihm anbot, etwas zu erholen. Jetzt war er tot – immer noch warm, vor weniger als einer Stunde aus seinem Körper geschieden. So nahm ich ihn wieder mit nach draußen, um ihn zu begraben.

Auf dem Weg zum Fluss schmiegte sich sein Rücken in meinen Handteller, seine gelbe Brust war dem leeren Himmel zugewandt. Er erinnerte mich an das goldene Fleisch der zehntausend Kinder, die in den Dschungeln von Vietnam brannten. Erinnerte mich daran, dass die Kraft, die diesen Vogel umbrachte, auch den Menschen umbringt. Dass der Geist, der sich in dem Finger äußert, welcher den Abzug drückt, und der versucht, sich mit dem Tod des anderen zu beweisen, der Selbstmord des Bewusstseins ist. Die Abspaltung des menschlichen Wesens und Unwesens von der Natur, nicht mehr in Berührung mit der durchsickernden Lebenskraft. Was diesen langsam steif werdenden Vogel tötete, tötet den Planeten, tötet sich selbst, erobert den Menschen, sperrt ihn in die Niederungen des Geistes ein, kettet ihn an seine Ängste. Ausgeschlossen vom Licht des Lebensstromes, in dem er seine Freude finden könnte.

Der Vogel, zur Ruhe gelegt in der Astgabelung einer alten Pappel am Fluss, bedeckt mit der toten Rinde uralter Trauerweiden ... alle weißen Büffel abwesend ... sich selbst überlassen, um dorthin zurückzukehren, wo er entsprang.

NAMO AMIDA BUTSU.

Manchmal muss ich bei Vollmond an Kühe denken.

Als ich eines Morgens auf dem hoch gelegenen, Gras bewachsenen Plateau im Naturschutzgebiet erwachte, schallte über einen kalten Oktoberhimmel die wachsende Klage von Müttern, denen man ihre Kinder raubte, wie Whitmans spätes Lamento, vom Flieder erhört.

Es war der Tag, an dem sie die Kälber verluden.

Von einer Ranch in der Nähe drang das Geschrei der Cowboys und das ängstliche Brüllen des Viehs. Ein knallroter Mehrfachanhänger wurde zur Ladebahn hochgezogen.

Kälber wurden getrennt von Mutterkühen, in Futtergehege gezerrt, gemästet wie Weihnachtsgänse. »Anderthalb bis zwei Kilo pro Tag.« 360 kg bis zum Zeitpunkt ihrer Tötung in fünf Monaten. »Die bislang höchsten Preise für das Kilo! Zwei Cent mehr für Ochsen, einen Penny für Färsen. Stierfleisch ist zarter, Färsen werden schneller fett ...«

Mit Antibiotika und weiteren Medikamenten vollgepumpt, so dass das Fieber nie kommt, bis der Tod im Morgengrauen mit langsamem Blick naht wie ein französischer Henker, um die brüllenden Tiere in den Adrenalinnebel des Schlachthauses zu zerren. Damit das ächzende Schlachten beginnen kann. Der Schlachtkolben oder die verstohlene Pistole direkt zwischen die Augen gesetzt. Und schon gehen sie zu Boden, Fleisch, getränkt mit zitternder Furcht, den mürrischen, übersättigten Kunden des überfüllten Supermarkts über den Essenstisch gereicht. Wohlgeformte Messer und Gabeln, die dem Mord Würde zu verleihen suchen. Der Allesfresser, der mit Tischmanieren den Pflanzenfresser verschlingt. Angst vor der Dunkelheit in einer Bratpfanne.

Auf dem morgendlichen Weg zum Briefkasten begleiten mich die kräftigen, schwingenden Nacken junger Stiere. Rosa gerandete Augen lugen durch Gitterstäbe. Gläserne braune Augen starren in meine. Ziehen sich dann wieder zurück, resigniert.

Und das erste Gebet wird über ihrem Fleisch rezitiert, während ich anfange, Köpfe zu zählen, dann aufhöre, da ich weiß, dass ihr Leben für das Sterben gezüchtet wurde. Ihre Empfängnis ist ausgerichtet auf die »Kalbsernte«.

Diese breitköpfigen Hereford-Rinder, unbewusst gekaut und geschluckt von Amerikanern mit breiten Gesichtern und gebrochenen Herzen. In das dunkle Innere geschluckt, welches das verdaute Bewusstsein des Tieres annimmt. Der rituelle Kannibalismus des Heiligen Abendmahls, das Fleisch Christi essen, um seine Weisheit zu empfangen, ein paar Oktaven tiefer gesunken in die rosaäugige Welt der Burger und den Herdengeist der City.

Mir kommt der Gedanke, dass, als der Wald Schauplatz eines stillen Jagens war und für unseren Lebensunterhalt sorgte, der City-Pueblo eine Gemeinschaft war, die ein Herz für diesen Planeten hatte und dem Wesen nach den liebenswerten Wildtieren verwandt war, die das Leben der Menschen erhielten und deren Religion prägten.

Der Jäger wird zu dem, was er jagt, der Schlachter zu dem, was er schlachtet, der Räuber zur Beute. Mit jedem Bissen entfernen wir uns einen Schritt weiter von der Sonne.

Die Mutterkühe brüllen in den Abend, ihre Leiber wölben sich, frisch geschwängert, wieder voll von frischem Fleisch.

Brüllen nach den Kälbern, die am Nachmittag in dem roten Anhänger abtransportiert wurden. Schmerzende Euter voll mit Milch für die Säuglinge, die sie, mit der »besten Seite nach oben« in Zellophan verpackt, an den Supermarkt verloren haben.

Die ganze Nacht eine einzige Drangsal, das Schreien hoch zum Halbmond. Die ganze Nacht das Rufen der Kühe, eine brüllt beharrlicher als die andere, untröstlich.

Zwischen dem Haus des Farmers und den leeren Laderampen manchmal nur ein Schrei, dann wieder brüllen drei, vier Tiere gleichzeitig, und ihre Schreie gleichen nicht dem Rufen der Vögel oder dem Jaulen der Wölfe, die ihr Revier abstecken oder sich paaren wollen, sondern sind ein ernstes, fast feierliches Brüllen der Verzweiflung, wie das gebrochene Schluchzen, mit dem wir manchmal aus dem Schlaf erwachen.

Die ganze Nacht vor einem Feuer aus Wacholderholz sitzen in dem weiten Raum mit der Decke aus Riesenkakteen. Eingehüllt in Choräle der Klage. Sinnend, dass es nicht darum geht, Fleisch zu essen oder kein Fleisch zu essen, sondern um unsere verschlafene Blindheit und das unnötige Leid unserer Mittiere.

Am ersten offiziellen »Tag der Erde« 1970, ich lebte noch immer mit großer Freude im Heiligtum des Naturschutzgebietes, war ich zu Vorträgen an die Universitäten von Cornell und Syracuse eingeladen.

Der Gedanke, den grünen Luxus des Friedens auf Erden zu verlassen und mich in den Missklang ängstlicher Anspannung zu begeben, wie er an Universitäten herrscht, machte mich schon etwas nervös.

Aber es war herzergreifend zu erleben, wie für manche der Studentinnen und Studenten »Tag der Erde« bedeutete, liebe deinen Nächsten wie dich selbst. Und dass möglicherweise alles diese Bedeutung hatte.

Es war eine große Freude zu erleben, dass viele anfingen, anderen zu dienen und Teil des Ganzen zu werden.

Jedes Jahr werde ich daran erinnert, dass ein weiterer Tag der Erde näher rückt. Zusammen mit dem Wind vom Ende der Welt erinnert mich jeder Gesang eines Vogels daran. Jeder Fuchs und jedes Eichhörnchen, jeder Rabe und jedes Enkelkind, das lacht oder weint, erinnert mich an meinen irdischen Körper. Und an den Geist, der von nichts abhängig ist, der verdunkelt, aber nicht vergiftet werden kann. Auch den Geist der Schildkröte, die im Mythos unserer Ahnen auf ihrem Panzer die Erde durch die Jahreszeiten des Mysteriums trägt.

15

Kostbare Lehren

Im tibetischen Buddhismus spricht man vom Dharma, der Lehre, als »unschätzbarem Juwel, der Perle, deren Wert mit nichts aufzuwiegen ist.« Das größte Geschenk, mit dem wir geboren werden, ist wahrscheinlich die Sehnsucht nach einer tieferen Wahrheit, die Wertschätzung der Weisheitslehren. Und der Wille, sie umzusetzen.

Kürzlich erzählte uns ein Therapeut von einem Mann, der in Auschwitz gewesen war und nach dem Krieg bei seinem Heilungsprozess sehr schwierige Zeiten durchmachte. Bei all den heftigen Themen und Erinnerungen, mit denen er sich auseinander setzen musste, schien eine ihn besonders hartnäckig zu quälen und sein Gefühl von anhaltender Gefangenschaft krass zu verkörpern. Wie groß auch die Feindseligkeit war, die er gegen die Wächter im Lager empfand, noch größeren Hass hegte er gegen einen Mitinsassen. Diesem war es gelungen, ein kleines hebräisches Gebetbuch in das Konzentrationslager zu schmuggeln, das viele gern benutzt oder zumindest einmal in der Hand gehalten hätten. Aber er ließ es sie nur halten oder sehen, wenn sie ihn dafür mit Nahrungsmitteln oder Kleidung bezahlten. Vielleicht gaben sie ihm ihr einziges Paar Schuhe. Viele beschleunigten auf diese Weise ihren Tod, weil sie im Tausch gegen einen Blick auf die heiligen Worte ihren letzten Besitz weggaben. Die Bilder ihrer verfrorenen, zu Grunde gerichteten Körper verfolgten den Patienten, und sein Hass auf diesen »Verräter an Gott« kannte keine Grenzen.

Bis ihm eines Tages, Jahre nach Beginn seines Heilungsprozesses, eine bemerkenswerte Einsicht kam. Sein Herz brach auf, als er erkannte, dass die Lektion, die es zu akzeptieren galt, nicht die Erfahrung war, wie entsetzlich ein Mensch andere menschliche Wesen behandeln kann, sondern in dem bestand, was die Entleiher des Buches schon lange wussten: Dass das Wort des großen Geistes, dieser Kontakt mit dem Mysterium, mehr wert ist als das Leben selbst.

Und als er diese tiefe Einsicht in sich einsinken ließ, erkannte er auch, dass das Herz noch kostbarer ist als der Körper.

Mein Rabbi hatte kein einziges Haar am Körper. Der Grund dafür sei, dass er als Kind einmal hohes Fieber gehabt habe, erzählte man mir. Er hatte eine einzigartige, sanfte Ausstrahlung und war einer der ersten wirklich freundlichen Erwachsenen, die mir begegneten.

Wenn ich einige der Grundsätze seines Glaubens anzweifelte – sein Sohn und ich waren Klassenkameraden, so hatte ich hin und wieder näheren Zugang zu ihm –, sagte er immer: »Es ist wichtiger, ein guter Mensch zu sein als ein guter Jude.«

Dass selbst »die Wahrheit« offen war für Diskussionen, erschloss mir neue geistige Perspektiven, denn damit wurden endlich einmal Herzensfragen angesprochen.

Gott und Aristoteles, Moses und Manna waren für alle da, weil, wie mein Rabbi jenseits von Worten demonstrierte, Gnade nicht einer fernen göttlichen Macht entspringt, sondern dem menschlichen Herzen. Seine Präsenz und seine Art, durch das Leben zu gehen, waren ein lebendiger Beweis dafür, dass man auch andere Wege einschlagen kann. Solche Lehren eröffneten völlig neue Welten.

Ich lernte Rudi, meinen ersten spirituellen Lehrer, kennen, als ich beim Herumschlendern in der Seventh Avenue stehen blieb, um im Schaufenster seines Ladens für asiatische Kunst einen zwölf Meter langen, liegenden Buddha aus Bronze zu betrachten. Als ich das Geschäft betrat, wandte sich mir eine runde Engelsgestalt mit rotem Gesicht zu und sagte: »Wissen Sie, Jesus war nicht nur Weißer!« Ohne sich weiter vorzustellen, nahm er mich bei der Hand, führte mich zu einer Glasvitrine und holte aus dieser eine ziemlich alt wirkende Schriftrolle hervor. Er rollte sie auf, um mir einen asketischen asiatischen Jesus zu zeigen, der auf das Kreuz drapiert war.

Er hätte keine fesselndere Einleitung finden können. Ich vertraute ihm auf der Stelle; er verkörperte für mich wahre Spiritualität statt falscher Religion.

Unsere Beziehung dauerte einige Jahre. Oft saßen wir auf Klappstühlen auf dem Gehsteig gegenüber von seiner Orientalischen Galerie und beobachteten die Menschen, die zwischen uns und dem liegenden Buddha entlanggingen. Rudi sagte, man könne »Menschen als geistige Zustände betrachten« und brachte mir im Lauf der Zeit bei, diesen Zustand zu entschlüsseln, während sie an uns vorbeiliefen.

Eine der ersten und für mich äußerst notwendigen Lehren, die er mir Dutzende von Malen wiederholte, lautete: »Setze nie etwas voraus!« (Was eine erste Einführung in die Lehren vom »Nichtwissen« war, die ich später in verfeinerter Form von Zen-Meister Sueng Sahn erhalten sollte und die einer endlosen Öffnung und Vertiefung gleichkamen.)

Einerseits brachte Rudi mir bei, meine Intuition zu benutzen und von Herz zu Herz zu kommunizieren, während er mich andererseits ermahnte, nichts von alledem für die ganze Wirklichkeit zu halten. »Stelle alles in Frage und lausche mit dem inneren Ohr.« Er wies mich beharrlich an, mich an keinerlei Wissen zu klammern und nur dem Verständnis zu vertrauen, das den Geist ins Herz bringt.

Rudis ziemlich großer Kopf wechselte ständig seine Form. Er forderte mich immer wieder einmal auf, seinen Kopf zu überprüfen, um sicher zu sein, dass er sich das nicht einbildete. Das Gefüge seiner Schädelknochen verschob sich tatsächlich. Er hätte ein traumhaftes Untersuchungsobjekt für einen Phrenologen abgegeben.

Durch meine mit ihm verbrachte Zeit erweiterte sich das Universum und meine Definition von Schwerkraft veränderte sich allmählich.

Die Schwerkraft dehnte sich kontinuierlich aus, während ich in den Tagen von Haight-Ashbury morgens meistens dasaß und drei verschiedene Übersetzungen der *Bhagavad Gita* (dem »Gesang des Erhabenen«) parallel durchsah, um die lebendige Wahrheit zu suchen, indem ich die ungleichen Hauchlaute verschiedener Übersetzer miteinander verglich. Dabei erweiterte sich diese lange, hinduistisch gefärbte Morgenstille allmählich zu einer buddhistischen Meditationspraxis, einem verbindlichen Einlassen auf die heilsamen Wunder des Gewahrseins.

Wie gut das Mysterium durchkonstruiert ist, dass ich, obwohl der Buddhismus Mitte der fünfziger Jahre als erster das Erwachen postuliert und meine Vorstellungskraft angeregt hatte, zehn Jahre später mit der *Bhagavad Gita* im Schoß auf dem Fußboden meines Schlafzimmers saß und mein Körper fortfuhr, mich in Meditation zu unterrichten.

Während der Geist beim Lesen des großen heiligen Buches mit Macht ins Herz gezogen wurde, schien sich der Atem, als ich die Augen schloss, durch mein Herz selbst ein- und auszuatmen. Das kam für mich einer Anleitung zum Meditieren näher als alles, was ich zu der Zeit an Instruktionen erhielt.

Die Lektüre des *Gesangs des Erhabenen* beruhigte den hungrigen Geist und öffnete mein hungriges Herz. Sie machte die Welt zum Heiligtum, in dem ich mich sicher genug fühlte, um das Ein und Aus des Atems in der Mitte meines Brustkorbs weiter zu erforschen.

Ich praktizierte dieses Atmen durch das Herz mit Unterbrechungen einige Jahre, bis 1967 ein Dichterfreund, mit dem ich mir Jahre zuvor in New York zusammen die Nadel gesetzt hatte und der zur gleichen Zeit wie ich an Hepatitis erkrankte und inzwischen buddhistischer Mönch geworden war, mir bei seiner Rückkehr aus Burma ein Exemplar des *Satipattana Sutras* und die Achtsamkeitslehren von Mahasi Sayadaw mitbrachte. Und damit nahm eine lebenslange Meditationspraxis in Achtsamkeit ihren Anfang.

Er sagte, das seien die besten Lehren, die er im Kloster erhalten habe. Und das Beste, was er weitergeben könne. Das stimmte. Die Abhandlung zog mich dermaßen in den weiten Raum meiner Mitte, dieses leuchtende Feld des Gewahrseins, dass wir sie später als eines der ersten kostenlosen Bücher in unserer *Unity Press* herausbrachten.

Ich begegnete meinem ersten buddhistischen Meditationslehrer, Sujata, nachdem ich fünf Jahre ohne solch wohltuende Anleitung meditiert hatte. Ich hatte mich von den ramponierten Fotokopien von Mahasi Sayadaws Instruktionen zu *Vipassana* (Achtsamkeits- oder Einsichtsmeditation) führen lassen.

Auch wenn die *Vipassana*-Meditation, die Praxis der Achtsamkeit, ursprünglich nicht der psychischen Heilung, sondern der Entwicklung eines nicht urteilenden, klarsichtigen, »unterschiedslosen« Gewahrseins diente, ist sie eines der wirkungsvollsten Werkzeuge für die Klärung psychischer Muster, die uns zur Verfügung steht. Beim Durchdringen der Hindernisse, die einer klaren Sicht und der Öffnung des Herzens im Wege stehen, werden diese durch Achtsamkeit deutlich und damit zugänglich für Heilung.

Wenn wir dem Geist von Augenblick zu Augenblick mit barmherzigem Gewahrsein begegnen, kommt das Objekt der Achtsamkeit ins Gleichgewicht. Achtsamkeit bringt sämtliche Teile von uns in Harmonie mit dem Ganzen. Im Aufdämmern eines stillen Verstehens wird eine der großartigsten Einsichten der spirituellen Praxis und besonders der Praxis der Achtsamkeit vermittelt: *Gewahrsein heilt.*

Erwachen

Erwachen heißt gewahr werden.

Gewahr werden heißt, mit diesem Gewahrsein hinarbeiten auf weitere Augenblicke des Erwachens, die zur Befreiung führen.

Wir werden geboren mit einem Geist, der beobachtet werden muss.

Wir können den Geist nicht sich selbst überlassen. Er wandert ständig weg, fühlt sich von fast jedem glänzenden Firlefanz angezogen. Gerät in Trance durch Licht und Bewegung. Mehr als einmal musste ich ihn aus dem grell beleuchteten, lauten Plauderzimmer wegzerren.

Der Geist verändert sich ständig von selbst.

In einem Augenblick will er dies, im nächsten genau das Gegenteil. Er denkt das eine und sagt etwas völlig anderes. Er wechselt zwischen Zu- und Abneigung gegenüber ein und denselben Personen, Orten oder Dingen. Er ist sogar imstande, ein und dasselbe zu lieben und zu hassen. Er ist oft zerrissen. In einem Moment will er einen Eisbecher mit Früchten, um dir eine Viertelstunde später zu sagen: »An deiner Stelle hätte ich den nicht gegessen!«

Er ist unendlich unsicher und lebt in permanenter Ungewissheit. Er schneidet die Wahrnehmung auf den Traum zu, der diese ersetzt.

Der Geist hat seinen eigenen Kopf.

Er möchte als ein anderer erscheinen, als er seiner Einbildung nach ist. Er sucht in der Intelligenz nach dem Echo eines wahren Gottes oder eines fest umrissenen Selbst, doch wenn er niemandem begegnet, erzeugt die Einsamkeit das Bild von einem, der lauscht. Wir sind diese Idee, die wir von uns selbst haben.

Süchtig nach Verstellung und der allgemeinen Lüge, hat der Geist sich systematisch entfernt von dem, was er in Wirklichkeit ist. Und dann vergisst er.

Jede Idee, wer wir sind, ist zu klein für unsere Ganzheit.

Wir sind die unvollendete Evolution auf dem Weg zu ihrer Vollendung. Prahlend und sich duckend, voller Urteile und falscher Schachzüge, kämpft der oberflächlich konditionierte, gewöhnliche Geist trotzdem darum, über sich selbst hinauszugelangen. Der Wille zum Mysterium birgt den Drang zu vereinen, zu lieben und geliebt zu werden, das Mysterium des Selbst und des Anderen zu betreten. Über diese Dualität hinauszugehen zum Einen, das jenseits von Gedanke oder Denkendem liegt, zum Herzen der unaussprechlichen Ganzheit und dem Entzücken, das unsere innere Ankunft geduldig erwartet.

Wir leiden an einem Fall von falscher Identität.

Wir halten uns fälschlicherweise für »nur Geist«, für den Inhalt unseres Geistes. Wir versuchen, »jemand« zu sein, weil wir befürchten, niemand zu sein.

Der zerrissene Geist schleppt den Aspekt seiner selbst, den er nicht lieben kann, zum Therapeuten. Der Therapeut hilft ihm, die wiederkehrenden Muster seines Inhalts zu erkennen und zu sehen, was von diesen er in seiner Vorstellung zu sein glaubt und was er ablehnt. An guten Tagen kann er zulassen, dass sich das Herz mit dem verbindet, dem das Herz gesunken ist.

Wenn wir diesen Zustand mit Hilfe eines spirituellen Freundes ein wenig gründlicher erforschen, wird der Prozess, der diese Muster erzeugt, vielleicht deutlich. Und wir sehen, dass wir nur dann denken, wir seien der Inhalt unseres Geistes, wenn wir uns *mit* diesem Gedanken identifizieren. Aber wenn wir uns *auf* ihn beziehen, sehen wir, dass dieser Gedanke nur ein Aufblitzen unter der Schädeldecke ist. Ein einzelnes Bild im geistigen Film, ein Augenblick des Inhalts im Denkprozess. Wir beobachten, wie die Gedanken sich selbst denken, sich von Augenblick zu Augenblick ganz von allein entfalten.

Wenn Sie glauben, der Geist zu sein, dann SOFORT aufhören damit ... Oder setzt der Geist seinen Kommentar von alleine fort?

Um dieses Theater beobachten zu können und nicht einfach weiter »auf der Bühne zu stehen«, um zu dem Raum zu werden, in dem sich unser Drama entfaltet und uns nicht fälschlicherweise für den Dialog oder die Regieanweisungen zu halten, müssen wir zu der Energie vordringen, die alledem zugrunde liegt und es mit Leben füllt.

Für Ausdrücke wie »der Geist des Augenblicks« gibt es viele verschiedene Ebenen von Bedeutung; wir bedeuten jede von ihnen.

Wenn wir den Unterschied zwischen Gedanke und Denken kennen, beginnt das Mysterium sich selbst zu enträtseln. Der Gedanke ist das Anfangsbild des Filmes; was folgt, die ganze Entfaltung des komischen Dramas, ist das Denken.

Die Ursünde besteht im Anhaften an unserem gewöhnlichen Leiden.

Wir nageln uns selbst ans Kreuz, weil wir vergessen haben. Die Nägel werden innerlich hergestellt. Sie wachsen durch die Handflächen nach außen. Unsere Weigerung, uns selbst zu verzeihen, dient als perfektes Stigma. Wir sagen, das müsse so sein, weil wir auf irgendwelchen Wegen zu der Überzeugung gelangt sind, dass es einfacher ist, sich kreuzigen zu lassen, als zu lieben.

16

Sujata

Nachdem mir die Gnade eines dreizehnmonatigen Aufenthalts im Heiligtum des Naturschutzgebietes und der Geburt meines zweiten Kindes zuteil geworden war, hoffte ich, Menschen zu dienen.

1971 verließ ich das Naturschutzgebiet und kehrte zurück nach Santa Cruz, Kalifornien, wo wir schon bald die *Unity Press*, die freie Presse, die kostenlos Bücher zu den Themen Meditation und soziales Bewusstsein vertrieben hatte, in einen konventionellen Verlag umwandelten.

Im Laufe der nächsten fünf Jahre veröffentlichen wir neben künstlerischen Werken und Heilungsbüchern mehrere zeitgenössische Lehrbücher für Meditation.

Nachdem ich einige Jahre mit verletzten Vögeln gearbeitet hatte – bei Rettungsaktionen des Naturschutzbundes, bei denen wir verölte Seevögel säuberten sowie Habichte und Eulen verarzteten, die in Hochspannungsleitungen geflogen waren und sich dabei die Flügel gebrochen hatten –, arbeiteten wir sogar an der Veröffentlichung von Mae Hickmans weit vorausblickendem Buch *Care of the Wild Feathered and Furred* mit.

Anfang der siebziger Jahre übte Sujata, ein junger buddhistischer Mönch, dessen Buch ich herausgab, starken Einfluss auf mich aus, »mit der Praxis tiefer zu gehen«. Seine Anleitung wurde für meine Entwicklung von entscheidender Bedeutung.

Zusätzlich zu der täglichen verbindlichen Praxis von Achtsamkeit und gelegentlichen längeren Meditationsretreats bekam ich für diesen Weg jetzt noch weiteren Antrieb.

Bei meinem ersten intensiven stillen Meditationsretreat saßen und gingen wir achtzehn Stunden am Tag im Wechsel und hatten jeden Nachmittag ein halbstündiges Interview mit dem Lehrer.

Nach dem Retreat und meinen ersten Einblicken in die Leere, die egolose Weite der Mitte, fragte ich mich, während ich meine Wagenschlüssel hervorholte, mit einem entzückten Erstaunen: »Ich werde mich jetzt ans Steuer setzen, aber wer wird nach Hause fahren?«

Manchmal ist Gnade keine durchweg angenehme Erfahrung, aber immer bringt sie uns unserer wahren Natur näher.

Unsere Geburt abzuschließen kann ein ziemlich vertracktes Unternehmen sein.

Im ersten Jahr »intensiver Praxis« mit Sujata bildeten sich auf meinem Rücken dicke Furunkel. Ohne zu der Zeit viel vom tieferen Prozess der Reinigung und Ausbalancierung zu verstehen, der durch die Praxis möglich wird, war ich anfangs doch ziemlich aufgeregt, denn ich hatte das Gefühl, etwas erreicht zu haben, auch wenn das eine ziemlich eitrige Angelegenheit war. Ich hätte nicht sagen können, ob diese Art von Stolz eine Reaktion auf oder Ursache für die Beulen war.

In dieser Zeit erinnerte ich mich daran, dass der griechische Autor Nikos Katzantzakis, als er unermüdlich am Manuskript seines Buches *Die letzte Versuchung* (Reinbek: Rowohlt 1988) arbeitete, ebenfalls große Furunkel am Körper bekam. Als er seinen Berater nach der möglichen Ursache für diese Vergiftungserscheinungen (oder vielleicht auch Entgiftungssymptome) fragte, erzählte ihm dieser von den Erfahrungen der Wüstenväter. Diese meditierenden Mönche, die ihr Leben der Reinigung der Seele oder dem widmeten, was manche die absolute reine Sicht nennen, bekamen im Verlauf ihrer intensiven Praxis ebenfalls brennende Beulen, die ihren Körper verunstalteten.

Vielleicht äußerten sich die Hindernisse, die barmherzig angenommen statt angstvoll abgewehrt wurden, auch körperlich. Der Körper wurde entschlackt vom Gift der vielen Betrügereien und Grausamkeiten gegen die eigene Person.

Niemand kann aufrichtig behaupten, die Praxis sei leicht, doch sie befreit uns mit Sicherheit von vielen Unannehmlichkeiten anderer Art.

Der Buddha sagte, tausend Feinde auf dem Schlachtfeld zu überwältigen sei leichter, als die Hindernisse zu überwinden.

Wenn der Abend naht

Im Verlauf unserer spirituellen Praxis kann es passieren, dass wir uns, bevor die unendliche Morgenröte als Möglichkeit aufsteigt, bei unserer intensiven Reinigung in einer langen, dunklen hoffnungsschwangeren Nacht wiederfinden.

Bei unserer spirituellen Praxis gehen wir durch einige dunkle Nächte. Wenn wir zur Erfahrung der Einheit erwachen, nehmen wir, sobald Mitgefühl und Weisheit durchbrechen, auch Anteil an der Traurigkeit der Welt.

Als meine Praxis im Laufe der nächsten Jahre, in denen ich bei Sujata in die Lehre ging, tiefere Wirkung zu zeigen begann, bekam ich 1973 mehr, als ich erbeten hatte, und genau das, was ich brauchte.

Als ich in meinem Steinhaus in der Nähe des Santa Cruz Point in Hörweite des Pazifiks auf meinem Meditationsbänkchen in der Ecke meines Schlafzimmers saß, konnte ich spüren, wie sich die »Ehr-Furcht gebietende, befreiende Wahrheit« näherte.

Da ich jahrelang geübt hatte, die Hindernisse für ein tieferes Sehen loszulassen, waren Grenzen und die Schranken des Urteils überschritten worden. Das Gewahrsein sank tiefer und tiefer in unerforschtes Gelände, deckte das verdrängte und unterdrückte Material eines, wenn nicht vieler Leben auf.

Obwohl im Laufe der Jahre bereits viel psychologische Klärung passiert war, während in der Meditation weitere Ebenen aufgedeckt wurden, wartete weitere Heilung auf mich, die noch wundersamer und schmerzvoller war.

Während die Widerstände und falschen Posen eines ganzen Lebens dahinschmolzen, fiel ich in die unterdrückte, aber nicht länger verdrängte Dunkelheit.

Eine Ebene tat sich auf, die mir wie Tausende von Leben voller Verlust und Enttäuschung vorkam und wo ich mich im Reich primitiver Angst und uralter ungelöster Trauer wiederfand.

Ich löste mich auf im Reservoire der Traurigkeit, dem großen salzigen Ozean, in dem sich laut dem Buddha sämtliche Tränen sammeln, die wir über sämtliche Verluste in unseren sämtlichen Leben vergossen haben. Und so wie Wachstum fast immer passiert, sank ich durch ganze Welten der Trauer vom Persönlichen zum Universellen.

Und das Herz erinnerte sich der Kachinas (den Menschen wohlgesonnene Geister in den Mythen der Hopi-Indianer, Anm.d.Ü.), Medizin-Buddhas und der Lehre aus so vielen Traditionen, die auf die Notwendigkeit verweisen, in Zeiten der Traurigkeit das Herzzentrum neu auszurichten. Und sich dem äußerst empfindsamen Punkt in der Mitte des Brustkorbs zuzuwenden, der in einer Tradition als Kummerpunkt, in einer anderen als verwundetes Herz-Chakra und in einer weiteren als Empfängnis 17 bezeichnet wird.

Dieses Vorgehen entwickelte sich mit der Zeit zu einer sehr tief greifenden therapeutischen, geistig aufschlussreichen Meditation auf die Traurigkeit, wenn ich zusätzlich mit dem Daumen auf die äußerst empfindsame Stelle in der Mitte meines Brustbeins drückte. Dieser Kummerpunkt wird, während sich hier viel Energie löst, zum Berührungspunkt des Herzens. Wenn unser universelles Herz langsam unsere persönliche Traurigkeit annimmt, ertönt der große Seufzer des Loslassens.

Aber bevor *mein* Schmerz sich in *den* Schmerz auflöste, musste ich einen Ozean voll Traurigkeit überqueren.

Im Buddhismus lautet das Wort für Leiden *Dukka*. Traurigkeit ist *Dukka*, Enttäuschung ist *Dukka*, Verlust ist *Dukka*. *Dukka* gilt als Folge der Anhaftung, als Folge des Festhaltens an den Inhalten des Augenblicks und/oder des Widerstands gegen diese Inhalte. Wenn das, was wir wollen, nicht eintritt, oder das, was wir lieben, geht, erfahren wir *Dukka*. Fragt der Schüler jedoch: »Wenn *Dukka* persönlicher Schmerz ist, wie nennen wir dann die universelle Unzufriedenheit, die aus dem angeborenen Sehnen aufsteigt, das manche ›existenzielle Angst‹ nennen, diese eigentliche Traurigkeit über unsere Unvollkommenheit?«, dann lächelt der Lehrer das Lächeln, das diese schreckliche/wunderbare Welt annimmt, und sagt einfach: »*Dukka, Dukka!*«

Was jetzt hochkam, war nicht nur meine Traurigkeit, sondern *die* allgemeine Traurigkeit. Nicht nur die persönliche, sondern die universelle Sorge. Die unendliche Unsicherheit des Geistes, der keine Mitte hat. Eine qualvolle Angst, die so groß war, dass sie sowohl den lebenslang gesammelten Verlusten als auch dem Schrecken galt, nicht zu existieren.

Alles, woran ich als Sicherheitsseil festhielt, verbrennt, während es im ständigen Wechsel der Dinge meinem Griff entgleitet.

Durch die Nacht, Urangst und Hilflosigkeit. Ohnmächtige Wut und Misstrauen. Scham, Zweifel und Hoffnungslosigkeit: Der gleiche Chor der Traurigkeit und der Sehnsucht, der unter dem Schattenbaum des Buddhas erklang. Aber der

Buddha berührte mit der Hand den Boden und »rief die Erde als Zeugen an« für die Reinheit seiner Absicht.

Mich blind durch das raue Schattenspiel tastend, wurde offensichtlich, dass alle Schuld, aller Ärger, alle Furcht, Zweifel und Misstrauen Manifestationen ungelöster Trauer sind, sowohl der persönlichen als auch der universellen Trauer. Letztere ist der Preis dafür, geboren zu werden, erstere der Preis, den wir zahlen, wenn wir diesen Prozess nicht zum Abschluss bringen.

Im Laufe der nächsten Tage erlebte ich manchmal hoffnungslos und scheinbar hilflos innerlich und um mich herum wieder und wieder eine Welt des Leidens. Und selbst die Ursprünge jenes früheren Grollens von Selbstmordimpulsen auf dem Grunde der Schicht unterhalb des Traumes durchlebte ich noch einmal.

Das Alte brach weg, ohne dass das Neue in Sicht kam. Ich war verloren in Zwischenreichen, die manchmal die dunkle Nacht der Seele zu sein schienen.

Gelegentlich hatte ich das Gefühl, dass ich den Mund zu voll genommen hatte und ein gewisser spiritueller Übermut mich in die Irre leitete. In solchen Augenblicken wäre ich gern bereit gewesen, die verblüffend neue Klarheit gegen mein altes Unwissen und meine Verleugnung einzutauschen.

Ich ging mir selbst im Bereich unterhalb des Traumes verloren, der sich direkt unter den wohl formulierten Inhalten des gewöhnlichen Geistes befindet. Der Geist wanderte auf dem Grunde des Es herum, durchstreifte die Gänge des Schattenlabyrinths, die dunkle, oft unangenehme, manchmal gewalttätige, auf Überleben ausgerichtete, gegenwärtige Cro-Magnon-Bilderwelt, die sich in den vorbeiziehenden Schatten wiederholte. Und die eine Folge dessen ist, dass wir in unserer augenblicklichen, evolutionär unvollkommenen menschlichen Form geboren wurden. Ein Reich des Bewusstseins, das, wie Krieg oder Frieden, immer präsent ist, aber selten erkannt und anerkannt wird; das, tief im Schatten verborgen, verschlüsselte Botschaften als Impulse an die Oberfläche schickt.

Ich wanderte durch ein Reich, das für Christen zum Fegefeuer oder zur Hölle und für Buddhisten vielleicht zum Reich der zornigen Gottheiten wird, wenn wir in der Identifikation mit unserer Bilderwelt stecken bleiben, die ironischerweise unpersönlich und trotzdem bedrohlich ist. Vielleicht hätte der Buddha diese Welt auch einfach »nur Geist« genannt.

Was, wie ich glaubte, ein paar Tage des Forschens dauern würde, setzte sich in diesem horizontlosen Flachland monatelang fort.

Nach fast einem Monat psychischer Höhlenforschung, die durchsetzt war von täglichen Intervallen der Angst und Verwirrung, geleitet von einem Vertrauen in Thomas Merton, der versichert, dass »wir erst dann wirklich beten lernen, wenn das Gebet unmöglich geworden ist und das Herz sich in Stein verwandelt hat«, fragte ich einen Freund, ob ich seine leer stehende Hütte in den Redwoods für einen kurzen Retreat benutzen dürfe.

Als ich mitten in dunkler Nacht in der Berghütte eintraf, zündete ich eine Kerze an und meditierte bis zum Morgengrauen. Ich rief die Buddhas und Bodhisattvas, von denen das Gerücht geht, dass sie ernsthafte Pilger auf dem Pfad unterstützen, um Hilfe an.

Als ich mich in der Hütte umsah, tauchten auf einem verstaubten Bücherregal wieder einmal genau an der richtigen Wegkreuzung die richtigen Reiseführer auf.

In einem, einer chinesischen Sage, hieß es, jeder Mensch müsse sich einen Tiergeist suchen, der ihn beim kontinuierlichen Wachsen seines Geistkörpers zur Seite stehen und unterstützen kann. Manche wählen einen Bullen oder ein Arbeitspferd, andere einen Elefanten, einen Wal oder gar einen Drachen. Die Listigen entscheiden sich für einen Fuchs.

Aber als ich in den nächsten Tagen in den Wäldern und in meinem Geist nach einer passenden Unterstützung für meinen unterernährten Dharma-Körper suchte, schien nur die kleine graue Maus, die auf den verwitterten Holzplanken der Veranda von einem Sonnenflecken zum nächsten sprang, das Potenzial für grenzenlose Angst oder grenzenlose Freude ganz zu verstehen.

Ich nahm mir die Maus zu Herzen.

Die Maus schlug vor, ich solle ein kürzlich von der Lama Foundation erhaltenes Geschenkpaket, das ich mitgeschleppt hatte, öffnen. Darin befand sich ein Exemplar von *Sei jetzt hier* (Berlin: Sadhana Verlag 1996) von meinem Bekannten vom *Oracle*, Richard Alpert, der inzwischen zu Ram Dass geworden war. Durch dieses Buch fiel mir wieder ein, dass diese Welt noch sehr viel mehr zu bieten hat als Schmerz.

Seite für Seite lösten sich bei der Lektüre alte Vertäuungen und ich zog hinaus aufs Meer, überquerte den Horizont und gelangte durch das große Herz von Ram Dass bis in die Arme seines großartigen Lehrers, Neem Karoli Baba, liebevoll und respektvoll als Maharaji bekannt (was oft übersetzt wird mit »Großer König« oder in diesem Fall noch besser mit »Großer Geist«).

Tiefer denn je erreichten mich die Worte des Buddhas: »Du suchst in der ganzen Welt vergeblich nach jemandem, der es mehr verdient, geliebt zu werden, als du selbst.«

Atemzug für Atemzug begann ich meinen Weg zu finden. Das, was mein Herz so lange blockiert hatte, brach allmählich zusammen.

Den liebenswürdigen und weniger liebenswürdigen Seiten von mir mit Barmherzigkeit und Gewahrsein statt ständiger Unterdrückung zu begegnen kam der Unterweisung gleich, mein Herz in der Hölle zu öffnen.

Ich lernte lieben, indem ich beobachtete, wie lieblos ich bislang gewesen war.

Ich war so erstaunt und beschämt über meine bisherige Unbewusstheit, dass ich erst einmal einen Schritt zurücktreten und tief Luft holen musste.

Als ich mein Herz in der Hölle öffnete, löste sich die verhärtete Abwehr gegen Zustände wie Angst auf. Ich nahm sie wahr mit dem Ausruf: »Große Überraschung! Hier kommt wieder die Angst!« und akzeptierte sie allmählich. Der erstarrte Geist weichte auf und wandelte sich in Barmherzigkeit und Gewahrsein.

Es heißt, dass die blutrünstige Göttin Kali sich in die goldene Göttin Durga verwandelt, wenn wir unserer Furcht mit liebender Güte begegnen.

Tatsächlich schenkte mir die Praxis der kontinuierlichen Hingabe und Öffnung bei dieser Erfahrung, ganz gleich wie schrecklich, unbedeutend, wundervoll oder gewaltig sie sich gestalten mochte, das beharrliche Gefühl, all dies *mit* all denjenigen und vielleicht, wenn ich es jemals in Worte fassen konnte, vielleicht sogar *für* all diejenigen zu tun, die ebenfalls darum kämpfen, ans Licht zu kommen. Und vielleicht barg dieser ganze Prozess die Möglichkeit einer gemeinsamen Heilung, die an Befreiung grenzte.

Es war wie eine Fahrt stromaufwärts auf einem dunklen Fluss, aber nicht ohne Ruder.

Nie war die Macht des Verzeihens transzendenter gewesen.

Die höllischen Anklagen, Bekenntnisse und flehentlichen Bitten um Erlösung kamen an ihre Grenze und zerschmolzen allmählich. Ich begann in einer Kraft zu treiben, die gütiger und weiträumiger war als der kleine enge Geist. Mitten in Erfahrungsräumen, die zu manchen Zeiten die Hölle zu sein schienen, flehte ich nicht um Verzeihung, sondern begann selbst zu verzeihen. Dem hungrigen Geist, der die Seele wegdrängte, schickte ich Wünsche für sein Wohlergehen. Ich erinnerte den zitternden Geist an das wahre Licht seiner Großartigen Natur, das er mit seiner Angst und der Selbstverurteilung, mit der er die Hölle zementierte, verdunkelte. Und an den Verlust natürlicher Anteilnahme. Den Verlust der großzügigen Perspektive, aus welcher der Große Geist die Enge des kleinen Geistes betrachtete.

Jeden Morgen machte ich in den erstaunlichen Redwood-Wäldern einen Spaziergang und saß eine Meile von der Hütte entfernt auf einer Lichtung an einem kleinen Teich. Als ich eines Tages mit der Meditation des Verzeihens begann, die von Buddhisten oft als Teil der Entwicklung liebender Güte praktiziert wird, wandte ich mich, wie schon Hunderte von Malen zuvor, an mich (unergründliches Mysterium, das ich war) und sagte: »Mögest du glücklich sein, mögest du frei sein von Leiden.« Diesmal begann mein Körper zu beben.

Als ich etwas verwirrt fortfuhr zu meditieren, konnte ich spüren, wie sich die Sinne öffneten. Etwas, das tiefer ging als die Traurigkeit, wandte sich mit dem Mitgefühl des Buddhas nach innen und sich selbst zu. Sich selbst gütig in die Augen blicken wie ein lange verloren geglaubter Freund. Ein Gefühl von Richtigkeit und Dankbarkeit kam auf, wie ich es selten erlebt hatte.

»Mögest du, ja du, frei sein von Leid. Mögest du in Frieden sein!« Ich zitterte und begann zu weinen. Nie hatte ich einen solchen Raum des Seins betreten, nie so viel liebevolle Fürsorge für mein eigenes Wohlergehen erlebt.

Dieses große Loslassen der Identifizierung mit der untersten Ebene meines Selbstgefühls, meiner stolzen Selbstablehnung, ging immer noch tiefer. Irgendwo im Brustkorb, nicht weit entfernt vom Herzen, konnte ich hören und körperlich spüren, wie eine große Tür aufflog. Die Knochen in meinem Brustkorb, die Furche meines Brustbeins, gaben einen lauten Knall von sich. Freudentränen tränkten meinen Bart.

»Möge ich frei sein von Leid. Möge ich in Frieden sein.« Der erregte Atem beruhigte sich. Eine Wärme durchströmte meine Glieder, breitete sich in meinem ganzen Körper aus und ließ sich in meinem Herzen nieder. Wo einst Angst und Urteil geherrscht hatten, war jetzt nichts als absolute Stille.

Mein Geist und mein Körper wurden so ruhig wie der Wald, der mich umgab. Während ich etwa eine Stunde an dem

Teich saß, schaute ich einmal nach unten und sah, wie ein glitzernder Salamander lässig über meinen Turnschuh spazierte. Fasziniert beobachtete ich, wie sich die Sonne auf einzigartige Weise im Spiel jedes einzelnen Muskels des Tieres spiegelte. Sein Rückgrat, das sich langsam schlängelte, brauchte Äonen, um meinen Fuß zu überqueren.

Und etwas in mir wandte sich an mich, als hätte es seit Ewigkeiten sein Gesicht versteckt, und sagte: »Stephen, ich liebe dich.« Und nach einer Pause: »Ich verzeihe dir.«

Es sprach von Liebe mit der Stimme, von der ich mein Leben lang Liebevolles hatte hören wollen – meiner eigenen. Die einzige Stimme, der ich Glauben schenken konnte.

Erst als ich hörte, wie diese Liebe mit meiner eigenen Stimme zu mir sprach, konnte ich auch von anderen wirklich Liebe annehmen. Tatsächlich konnte ich gar nicht wirklich oder aufrichtig lieben, bevor ich diese Liebe nicht zumindest bis zu einem gewissen Grad für mich selbst empfand.

Bis zu diesem Zeitpunkt hatte ich nicht begriffen, dass »Liebe« bei weitem mehr war als ein Geisteszustand. Es war ein weiterer entscheidender Augenblick des Zusammentreffens von Liebe und Gewahrsein. Zum ersten Mal hatte ich in einem Raum, der tiefer war als das Denken, erfahren, dass Liebe ein müheloser, aus sich selbst heraus strahlender, natürlicher Zustand des Seins ist.

Ich begriff, dass Liebe reines Gewahrsein ist, Bewusstsein, das von seiner Selbstgeißelung und seinem selbst gemauerten Gefängnis frei ist. Absolute Offenheit.

Und als ich Sujata von meinen jüngsten Kämpfen und Durchbrüchen erzählte, sagte er in fast dem gleichen Tonfall wie der Teich im Wald: »Ein Tag, an dem wir oberflächlich verzeihen und an dem unser Herz leicht dahinfließt, ist nicht das Ende, sondern der Anfang der Arbeit, die getan werden muss. Fahre ein, zwei Jahre täglich fort, ganz gleich, wie schwierig es manchmal werden mag, und sieh dir an, was in dieser Zeit zusammenbricht. Sieh dir an, was bleibt, wenn Verwirrung und Selbstablehnung nicht länger das überschatten, was zu schön ist für Worte.«

Als ich ihn fragte, wie es sein könne, dass ich so viel Liebe erlebt habe und immer noch nicht frei sei, sagte er, dass das, was ich mehr fürchte, als mein Herz zu verschließen, was es auch sei, mich für immer von meiner Erleuchtung fern halten werde.

Und die Heilung, die kein Ende hat, ging weiter. Ich entdeckte, dass die aufgebauschte, theatralische Bilderwelt auf dem Grunde der Schicht unterhalb des Traumes tatsächlich »nichts Persönliches« war, sondern lediglich die Aspekte unserer beängstigenden ursprünglichen Gaben darstellte, die wir in Millionen von Jahren der Evolution unterdrückt hatten.

Wenn wir uns diesen Aspekten unseres Selbst, den liebenswürdigen wie den weniger liebenswürdigen, mit Barmherzigkeit zuwenden und sie uns selbst verzeihen, statt sie ständig weiter zu unterdrücken, werden wir in diesem Prozess Stück für Stück mehr geboren.

Was wir so schmerzlich persönlich nahmen und was Gegenstand und Inhalt so vieler Urteile war, wird einfach zur Entfaltung einer universellen Dynamik, die sich in vertrauten Begriffen äußert. Eine Einladung zu Achtsamkeit, Güte und Verzeihen.

Beim Auftauchen aus der dunklen Nacht wurde in der Morgendämmerung vermerkt, was ich zu der Zeit nicht erkannte: Dass viele Grenzen, die beim Hinabsteigen überschritten wurden, auf dem Weg hinaus offen blieben.

Ich war etwas grenzloser – und voller Liebe.

17

Verzeihen

Während ich mich in liebender Güte übte, wurde deutlich, dass ich nichts loslassen konnte, was ich nicht akzeptierte.
Verzeihen heißt unerledigte Geschäfte erledigen.
»Ich bitte jeden und alles, dem ich bewusst oder unbewusst Schmerz zugefügt haben mag, um Verzeihung.«
Verzeihen war wesentlich für das Aufdecken meines ursprünglichen Wesens. Es bedeutete, Hindernisse für klares Sehen, wie die Identifizierung mit selbstverherrlichendem Stolz und beschämender Selbstverurteilung, loszulassen.
Zulassen, dass mir verziehen wurde, hieß zulassen, dass mein Panzer mit Sandstrahl weggeblasen wurde.
Manchmal öffnete sich das Herz dadurch für Stunden. Dann wieder hielt diese Öffnung noch nicht einmal bis zum Ende der Meditation an. Manchmal hatte ich das Gefühl, mit Alligatoren zu kämpfen. Und wenn ich mich mit der Wunde identifizierte, wurde ich bei lebendigem Leibe aufgefressen, weil ich mich zu sehr oder nicht genug anstrengte. An einem wirklich guten Tag trieb ich in einem überraschend barmherzigen Universum Seite an Seite mit meinem Alligator dahin.

»So wie ich mir wünsche, glücklich zu sein, wünschen sich sämtliche fühlenden Wesen, glücklich zu sein. Mögen auch sie anderen verzeihen und möge ihnen verziehen werden. Mögen wir alle unseren Weg nach Hause finden.«

»Ich verzeihe jedem, der mir absichtlich oder unabsichtlich Schmerz zugefügt hat.«

»So wie ich mir wünsche, man möge mir verzeihen, dass ich anderen Schwierigkeiten bereitet habe, wünsche ich anderen, dass ihnen verziehen wird, damit wir die Last der Vergangenheit ablegen und eine neue, leichtere und gütigere Gegenwart antreten können.«

Um Verzeihung bitten und selbst Verzeihen üben, heißt unsere Heilung vertiefen. Wir gewinnen dadurch Teile von uns zurück, die lange tief vergraben waren und von denen wir uns abgewendet hatten. So kommt mehr von uns auf den Tisch. Wir gewinnen mehr von jener geistigen Klarheit, für die nur das Wort Liebe zu passen scheint. Wir geben und empfangen mehr Liebe.

Wenn wir uns selbst verzeihen, entsteht Raum für den Anderen.

Wenn wir anderen verzeihen, entsteht mehr Raum für den Rest der Welt.

Durch Verzeihen gewinnen wir allmählich das Herz zurück und damit ein Gefühl für all die anderen Herzen, die in diesem Augenblick darum ringen, ans Licht zu kommen.

Vielen östlichen Lehrern, einschließlich Seiner Heiligkeit des Dalai Lamas, war es anfangs unbegreiflich, wie stark wir im Westen von Scham geprägt sind. Viele unserer einfühlsamsten Berater und Therapeuten konzentrieren sich darauf, »die Scham durchzuarbeiten«. Und das tun sie zu Recht, wenn wir bedenken, wie sehr Scham unsere Klarheit trübt und wie magnetisch und verführerisch sie die Identifikation mit dem Herzen zu verhindern mag. Und offensichtlich hat eine primitive Spielart von religiöser Pedanterie unserer Gesellschaft, die – wie manche sagen – »auf Scham basiert«, noch eine zusätzliche und weit verbreitete Gnadenlosigkeit eingeimpft.

Die Heilung, die wir empfangen, wenn wir in das Mysterium eintauchen, um tieferen Einblick in unser eigenes Inneres zu gewinnen, diese Fortsetzung unserer Geburt, dient mit Sicherheit dem Wohle aller. Wir arbeiten innerlich daran, uns von der Schuld und dem Selbsthass zu heilen, die, bleiben sie unerforscht, in einer Gesellschaft so oft Gewalt und Missbrauch nach sich ziehen.

Wenn wir anfangen, die Praxis des Verzeihens ernst zu nehmen, verlangt die Schuld natürlich nach Barmherzigkeit und Behutsamkeit, damit die unwillkürlich hochkommenden schmerzlichen Emotionen gelindert werden. Wir lernen, mit seelischem Schmerz ebenso freundlich umzugehen wie mit körperlichen Beschwerden, da wir inzwischen wissen, wie wirkungsvoll diese Form der Zuwendung ist.

Interessanterweise gilt das Empfinden, das wir als Scham bezeichnen, in den Schriften zur buddhistischen Meditation nicht als so ungesund wie bei uns im Westen. Scham, einhergehend mit Mitgefühl und rechtem Handeln, wird hier als eine Mahnung verstanden, die uns zeigt, wie weit wir uns vom mitfühlenden Grund unseres Seins entfernen können. Wenn wir unserem Schmerz mit Barmherzigkeit und Gewahrsein statt mit Angst und Verurteilung begegnen, verhärten sich unsere Schuldgefühle tatsächlich nicht zu Scham, sondern lösen sich auf in Reue. Und damit entsteht das Gefühl, es beim nächsten Mal besser zu wissen und entsprechend handeln zu können.

Scham ist ein Aspekt einer ungesunden, negativen Anhaftung, Reue Wesenszug eines gesunden Gewissens. Aus Reue erwächst Achtsamkeit für die Gefühle anderer sowie die Fähigkeit, selbst unseren eigenen Angstreaktionen gütig zu begegnen, statt sie zu verurteilen oder besorgt abzuwehren. Das Potenzial des Verzeihens zeigt sich am deutlichsten, wenn wir anfangen, unsere Schuldgefühle leichter zu nehmen (»Schau mal an, da taucht wieder Schuld auf!«). So trifft das immer wieder gleiche Alte auf etwas Zeitloses und Neues. Und damit eröffnet sich die Möglichkeit der Befreiung.

In solchen Augenblicken klarer Betrachtung, in denen der Grund des Seins deutlich wird, ist, wie Ondrea sagt: »Der da, der wir sind, und der Rest ist das, was wir erworben haben.« Wir tauchen ein in den grenzenlosen Grund des Seins, den Raum, in dem alles geschieht, das Unsterbliche. Alles andere ist das Labyrinth der Persönlichkeit. Wir begehen nicht mehr den Fehler zu glauben, wir seien unsere wechselnden Gedanken und Gefühlszustände. Und das Verzeihen sickert durch die Risse unseres Panzers, der uns gefangen hält.

Der Dalai Lama, der unser Vertrauen in unsere eigene grenzenlose, unverletzte und unverletzbare Essenz stärkt, weist immer wieder darauf hin, dass wir unter alledem das Eine Licht der Buddha-Natur sind. Dass unsere wahre Natur erleuchtete Güte ist.

Ein Beweis für dieses mühelose natürliche Gutsein ist tatsächlich, dass Menschen, die nicht gestresst sind, auch ihr Herz nicht verschließen: Sie zeigen eine natürliche Freundlichkeit und werden bemerkenswert schön.

So unterstützt uns die Praxis der Meditation darin, den Unterschied zwischen Spiel und Spieler zu erkennen und zwischen Tat und Täter zu trennen.

Wir lernen in anderen und in uns selbst das Wesen zu erkennen, das reines Gewahrsein ist und das in einem Gewirr von schmerzlichen Konditionierungen verloren gegangen war. Das heißt nicht, dass wir Eigenschaften wie Grausamkeit verzeihen oder unterstützen. Aber wir lernen mit fortlaufender Praxis allmählich unter verletzendem Verhalten das Wesen zu spüren, dessen wahre Natur von widerstreitenden Wünschen überschattet wurde.

Das alte Sprichwort, »Der Mensch ist nicht besser als das, was er sagt«, stimmt nicht. Jeder von uns ist besser als die Worte, die er von sich gibt.

Wenn der Geist sich für das Herz öffnet, begreifen wir, dass es in Wirklichkeit keine herzlosen Wesen gibt, nur herzloses Verhalten. Und ebenso gibt es keine Erleuchteten, sondern nur erleuchtetes Verhalten. Sobald *jemand* erleuchtet ist, existiert auch die alt bekannte sperrige »Jemandheit«, die beschämt werden kann.

In der Welt, doch nicht von der Welt sein heißt, vom Grund unseres Wesens die Luftschlösser wahrnehmen, in denen die meisten von uns wie Gespenster leben. Gejagt vom eigenen Selbstbild, gelangen wir zu barmherzigem Gewahrsein wie zu heilendem Wasser, um von unserer ständigen Selbstbezogenheit rein gewaschen zu werden. Wenn wir in diesen heilenden Gewässern treiben und zum Ufer schauen, finden wir dort keinen Narziss vor, der unseren Blick erwidert.

Viele beginnen im Verlauf von spiritueller und psychischer Heilung ihre Erleichterung sowie ihre wachsende Begeisterung für die Meditation des Verzeihens an andere weiterzugeben.

Sie gehen über das Rationale hinaus und lieben so sorgsam, dass sie überfließen von dem Gefühl, vieles sei jetzt möglich. Manchmal fangen sie an, geliebten Menschen, die vor ihnen nach »drüben« gegangen sind, beizubringen, sich zu verzeihen, damit ihnen ihr nächster Evolutionssprung leichter fällt. Verzeihen scheint besonders für jene nützlich zu sein, die unerledigte Geschäfte haben.

Durch diese Praxis werden kontinuierlich bislang verborgene Schichten des Geistes freigelegt und für die Heilung zugänglich gemacht.

Selbst beim Schreiben dieser Worte nehme ich, Jahre nach der Erfahrung am Teich in den Redwoods, wahr, dass aus meinem karmischen Bündel immer noch einige lose Fäden hängen. Sie gleichen offenen Schnürsenkeln, die mich daran erinnern, achtsam zu sein, um nicht ins Stolpern zu geraten.

Es dauerte eine Weile, bevor durch die Praxis des Verzeihens die Heilung von der persönlichen Traurigkeit des kleinen Geistes einsetzte, den wir auch »mein Geist« nennen und der lange Jahre konditioniert wurde sowie sehr eng und meistens mit irgendetwas identifiziert ist. Das Bewusstsein musste Schwerarbeit leisten, bevor der Große Geist mit seiner nicht konditionierten Offenheit imstande war, sich mit ganzem Herzen der Verwirrung des kleinen Geistes zuzuwenden.

Durch Verzeihen entwickelte sich das Große Herz. Durch das Große Herz entwickelte sich der Große Geist.

18

Die Befreiung des Großen Geistes

Obwohl ich nicht beschloss, wie Orpheus und Dante in das Schattenspiel der Unterwelt hinabzusteigen, um das Schöne vom Schrecklichen zurückzuerobern, geschah genau das.

Wenn der forschende Geist und das wachsende Herz uns dem »Unnahbaren« näher bringen, können wir uns selbst barmherzig in die Augen schauen. Und wenn wir schließlich Tee trinken mit dem, was manche ihre »Dämonen« und andere ihre »gefallenen Engel« nennen, heißen wir schließlich sogar unseren Schmerz von Herzen willkommen. Einem Herzen, das nicht einmal die Hölle von seiner Barmherzigkeit ausschließt.

Als der Prozess der dunklen Nacht sich entfaltete, ging ich vorübergehend im Sumpf der Psyche verloren und suchte vergeblich nach einer festen Mitte. Gelegentlich brach die Maus des Vertrauens vom kleinen zum Großen Geist durch. Und aus dem Herzen stieg die Erinnerung an die Sicht des Großen Geistes auf, die das Ganze umfasst. Klarheit und Mitgefühl, die sich von einem Gewahrsein aus, in dem ein verängstigtes Bewusstsein treibt, beziehen, leiten eine Öffnung ein, in der sich alles Festgehaltene löst.

Nicht die innere Ausrichtung veränderte sich. (Das geschieht ganz von selbst, wenn wir nicht mehr darauf bestehen, dass unser Leiden das einzige Reale ist.) Sondern eine Öffnung passierte, in der sich die Gedanken und Gefühle in der Weite eines klaren Gewahrseins entfalteten.

Und daraus erwuchs eine wunderschöne Wahrheit:

Unser Schmerz beruht überwiegend auf einem Mangel an tieferer Wahrheit.
Das Gegenteil von Schmerz ist nicht Lust, sondern Klarheit.

Wenn wir den kleinen Geist vom Großen Geist, das Persönliche vom Universellen, *unseren* Geist von *dem* Geist aus betrachten, kann uns das von unseren tiefsten und schmerzvollsten Illusionen befreien.

Beobachten, wie die Tendenz zu Identifizierung, die Schmerz in Leid verwandelt, sich erneut zu behaupten versucht. Die üblichen, den Geist verengenden Tendenzen, die sich selbst noch realer machen, indem sie versuchen, »mein Leid« an die dramatisch schmerzende Brust zu reißen.

Der Unterschied zwischen der Beobachtung schmerzlicher Neigungen mit Barmherzigkeit und Gewahrsein und der Identifizierung damit, ist der Unterschied zwischen Freiheit und Gefangenschaft.

Wenn ich in Augenblicken der Klarheit beobachtete, wie Emotionen wie Angst mit Barmherzigkeit und Gewahrsein aufgenommen wurden, sah ich deutlich, dass ich nur dann ängstlich werden konnte, wenn ich mich in Form von Widerstand gegen die Angst mit dieser identifizierte.

Wir brauchen den Großen Geist, *den* Geist, um ohne Identifizierung mit dem kleinen Geist beobachten zu können. Und der Raum, in dem wir uns selbst entdecken können, weitet sich aus. Da die Verkrampfung zu offensichtlich ist, um sie zu ignorieren, lassen wir unseren Schmerz los in *den* Schmerz. Wenn es *mein* Leid ist, kann dies unerträglich werden. Ich bin gefangen in der dunklen Nacht meiner Hilflosigkeit und Verwirrung. Ist es *das* Leid, habe ich Raum zu atmen. Ich wachse über die Verkrampfung hinaus, die das Elend umgibt. Wenn *mein* Schmerz zu *dem* Schmerz wird, findet die Verleugnung von Schmerz, an der wir uns alle beteiligen, ein Ende und wahres Mitgefühl beginnt.

Sich vom kleinen Geist aus beziehen heißt, sich mit jedem Jonglierakt in der laufenden Vorführung identifizieren. Wenn Ärger auftritt, werden Sie ärgerlich. Wenn Erinnerungen hochkommen, entfernen Sie sich Lichtjahre von der Gegenwart.

Der kleine Geist ist ein Glaubenssystem: die falsche Vorstellung, wir seien lediglich der gewöhnliche Geist, der Inhalt, statt das Gewahrsein, aus dem das Bewusstsein hervorgeht. Der kleine Geist glaubt felsenfest, dass alles klein ist. Der Große Geist identifiziert sich noch nicht einmal mit dem Gedanken, dass er groß ist. Er beobachtet einfach, wie Gedanken im Licht des Gewahrseins aufsteigen und sich auflösen.

Wenn wir uns *auf* einen Gedanken beziehen, statt *von* diesem ausgehend, identifizieren wir uns nicht *mit* diesem, sondern identifizieren ihn einfach. Wir nehmen seinen Inhalt zur Kenntnis, nehmen vielleicht sogar seine spezielle Ausdrucksform wie »habe Angst, habe Angst« wahr. Und registrieren ihn möglicherweise mit einer gewissen Leichtigkeit: »Große Überraschung, wieder einmal Angst!«

Sich auf Gedanken beziehen heißt diese erforschen, statt in sie zu investieren.

Aber wir müssen sorgfältig darauf achten, dass wir dieses machtvolle Werkzeug, welches das Universum widerspiegelt, nicht missbrauchen.

Wir fanden es bedenklich, als wir kürzlich hörten, dass einige der besten buddhistisch orientierten Psychotherapeuten meditierende Patienten, die ihren Rat suchten, wieder zurückführen mussten zu »*meinem* Schmerz«, weil diese Menschen durch die frühreife Anwendung der Haltung, es sei »*der* Schmerz«, den sie wahrnehmen, von ihren eigenen Problemen abstrahierten und diese vielleicht sogar wegschoben, bis sie nicht mehr greifbar waren.

Bei keiner Heilung können wir die Wunde zu lange abdecken und dann erwarten, dass sie nicht eitert. Wir lernen nur langsam, persönlichen Schmerz aus einer umfassenderen Perspektive zu betrachten, und dieser Prozess geht einher mit einer tiefen psychischen Heilung, bei der wir uns der Fluchttendenzen durch Verleugnung und Abstraktion bewusst sind.

Die barmherzige Erforschung von persönlichem Schmerz eröffnet den Weg zu *dem* Schmerz, bevor dieser zu *meinem* Leid wird.

Der Große Geist fängt klein an. Er öffnet sich im Umfeld des kleinen Geistes und es fällt ihm leichter, sich auf Gedanken und Gefühle zu beziehen, bei denen die Identifikation weniger eine Reaktion als eine Möglichkeit von vielen ist. Mit »Fünf-Kilo-Gewichten« beginnend, gleicht die Öffnung des Geistes der Aufwärmphase in einer Turnhalle. Schnappen Sie sich nicht gleich das 200-Kilo-Gewicht, um aus Ihrer Schwäche heraus zu beweisen, dass Sie stark sind, sonst holen Sie sich lediglich einen Bruch.

Wie Milarepa sagte: »Beeilen Sie sich langsam.« Wir können den ganzen Tag lang mit den kleinen, zwei Kilo schweren Ängsten und Wünschen trainieren, die wir so gekonnt zu unterdrücken gelernt haben.

Wenn wir uns ihnen aufrichtig zuwenden, kann uns selbst eine fünf Kilo schwere Angst tiefe Einsichten in das Wesen von Angst bringen. In den Großen Geist hineinwachsen heißt, sich all das zu Herzen nehmen, was der kleine Geist so geschickt zu unterdrücken gelernt hat. So werden wir achtsam für all die kleinen Ängste und Beschwerden, die wir so gut »kontrollieren« können, dass es uns Kraft nimmt.

Wenn wir uns *auf* Bewusstsein beziehen, treibt der, den wir zu fürchten gelernt haben und der wir zu sein glauben, wie ein Traum in der Weiträumigkeit des Gewahrseins.

Wenn wir mitten im Traum gewahr werden, dass wir träumen, wird es uns möglich, luzide zu beobachten, wie der Traum sich von Augenblick zu Augenblick entfaltet und schauen diesem Ablauf mit einem offenen, ja unterschiedslosen Gewahrsein zu. Kein Urteil, kein Festhalten oder Verdammen.

In diesen erweiterten Zuständen, in denen der kleine Geist im Großen treibt, ist alles, was auftritt, lediglich Teil einer flüchtigen Vorführung. Selbst der schwerste Zustand hat keinerlei Auswirkungen, sondern zieht einfach ungestraft vorbei.

Der Große Geist, in dem selbst qualvolle Zustände einfach dahintreiben, birgt einen noch größeren Frieden als der kleine Geist, der die Festungswälle seines Himmels abwandert und sich dabei immer am Rande eines heiligen Krieges bewegt.

Kleiner Geist ist Hölle. Großer Geist braucht keinen Himmel.

19

Blau anlaufen vom tiefen Durchatmen

Nachdem ich aus der Hütte in den Redwoods zurückgekehrt war und die zwei Monate lange Phase der »Läuterung des Herzens durch Aufdeckung des Geistes«, wie Sujata es im klassischen Sinne nannte, abgeschlossen hatte, unterzog er meine Meditationspraxis einer Prüfung.

Auch wenn er von meinen Kostproben vom Großen Geist nicht so beeindruckt sei wie ich, wie er sagte, habe er das Gefühl, mit etwas mehr Konzentration könne es mir durchaus gelingen, zur nächsten Ebene durchzubrechen. Er empfahl mir eine blaue *Kasina*.

Eine *Kasina* ist eine runde »Meditationsscheibe«, in die man sich vertieft, um sich zu sammeln und alle durchziehenden Gedanken und jedes Festhalten aufzugeben und eine tiefere Ebene des Gewahrseins aufzudecken. Einsiedlermönche benutzen dieses Werkzeug seit Tausenden von Jahren, um die

Form von Konzentration zu entwickeln, die dem Geist Stärke und dem Herz Standfestigkeit verleiht.

Die Sammlung auf die *Kasina* gehört zu den über vierzig Meditationstechniken des Buddhas, die wir uns durch Yoga-Praxis aneignen. Ausnahme ist die ebenso einfache wie brillante Achtsamkeits-/Einsichtspraxis, von der es heißt, sie gehe direkt auf Buddhas Erleuchtungserfahrung zurück.

Kasinas sind visuelle Meditationsobjekte, auf die wir uns kontinuierlich ausrichten, um uns subtilere Ebenen des Bewusstseins und offensichtlichere Reiche des Gewahrseins zu erschließen. Indem der umherwandernde Geist mit Hilfe der Kasina Ablenkungen immer wieder loslässt und zur inneren Sammlung zurückkehrt, gelangt er zu tiefer Fokussierung. Diesen Prozess bezeichnet man als *Meditation auf ein Yantra*. Er ähnelt der Praxis mit einem Mantra, wo wir mit Klangbildern arbeiten, nur dass wir hier visuelle Darstellungen benutzen.

Yantra Meditation

Als Gegenstand von Konzentration und Kontemplation ist ein *Yantra* die visuelle Entsprechung zum Mantra; man könnte sagen, das Mantra bedient sich der Ohren des Herzens, während das Yantra dessen Augen benutzt. Bei buddhistischen, hinduistischen und Yoga-Praktiken haben Yantras oft die Form von heiligen Kreisen, *Mandalas* genannt, die sowohl die kreisförmig angelegten tibetischen Landkarten psychischer Reiche umfassen als auch symbolische Darstellungen der Himmel- und Höllenreiche sowie die geistigen Zustände und Seinszustände, die diese Reiche erschaffen.

Diese kreisförmigen Yantras sind Bestandteil der meisten spirituellen und religiösen Praktiken. Vielleicht könnte man sie als Einblick in den kollektiven Kortex bezeichnen. Sie reichen von den Sandmalereien der Navajo bis zu den Bodenmosaiken und der Gestaltung der Kuppeln vieler Kirchen, Synagogen, Moscheen und Kathedralen.

Yantrisch gestaltete spirituelle Räume erzeugen eine Atmosphäre, in der das Herz sich der Befreiung des kleinen Geistes hingibt und dem Großen Geist, der bislang nicht vernehmbar war, eine Stimme verliehen wird.

Jedes Yantra enthält viele Schichten, die wir als »Bedeutung« interpretieren könnten. Aber ein Yantra ist sehr viel mehr als Bedeutung. Mehr als nur die anfängliche Spiegelung unserer mentalen Projektionen.

Wir richten den Blick nicht lediglich *auf* ein Yantra, sondern versenken uns so weit wie möglich *in* dieses und lassen dabei die Bedeutungen und den Stolz, verstanden zu haben, hinter uns, um weiter zu gehen.

Wir versenken den Blick in ein Yantra, um tiefer in die äußere und innere Welt hineinzuschauen.

Anfangs kann diese Versenkung ähnlich sein, als würden wir in ein Feuer starren oder hochschauen zu den vorbeiziehenden Wolken, wobei unsere formlosen Gedanken Bilder in die ständig wechselnden Formen des Universums projizieren. Wenn wir lernen, durch wiederholtes Loslassen künstlicher Bilder tiefer zu gehen, tauchen wir unter die Oberfläche der Welt. Dieser Vorgang gleicht der Untersuchung einer Spiegeloberfläche, ohne dass wir uns dabei in das diskursive Denken verlieren oder uns von unserem Bild, das aus dem Spiegel zurückblickt, ablenken lassen. Schicht für Schicht richten wir uns auf die Welt der Erscheinungen aus, bis die Form zusammenbricht und nur deren Essenz bleibt.

Sujata sagte, ich solle die besagte blaue Kasina anfertigen und täglich einige Stunden damit arbeiten. Er wies mich an, »einen vollkommenen Kreis in der Farbe eines tiefblauen Sommerhimmels« herzustellen.

Traditionellerweise wurden Kasinas aus sorgfältig auf einen runden schwarzen Untergrund von 30 bis 35 Zentimeter

Durchmesser aufgeklebten Blütenblättern angefertigt, auf die der Meditierende sich dann aus einigen Schritten Abstand konzentrierte. Die richtigen blauen Blumen zu finden und ihre Farbe beim Anbringen auf der Scheibe zu erhalten war bereits verbunden mit der gleichen Hingabe, welche die Praxis von stundenlanger, intensiver Konzentration erfordert.

Aber in der Mitte des zwanzigsten Jahrhunderts wurde ich angewiesen, mein Zubehör in einem Laden für Künstlerbedarf zu kaufen. Und es musste genau das richtige Blau sein, damit die Farbe ihren Zweck erfüllte.

Über einen Monat lang ging ich in diversen Läden aus und ein, befragte Drucker und blätterte auf der Suche nach »genau dem richtigen Blau« Farbmuster durch. Ein Dutzend oder noch mehr Kreise von 35 Zentimeter Durchmesser rundete ich aus Künstlerpappe mit Sorgfalt »zur Vollkommenheit«. Besprühte jeden mit größter und möglichst gleich bleibender Konzentration mit den ätherischen Nuancen zahlreicher verschiedener Schattierungen von Sommerhimmelblau. Legte ihn nach einigen weiteren Tagen Sujata zur Begutachtung vor, was immer die Möglichkeit barg, an dieser äußerst faszinierenden Praxis noch weiter »dranzubleiben«. Und Woche um Woche hieß es, so sei es noch nicht richtig.

Meine Frustration wuchs, da es nach zahlreichen Versuchen und vielen Stunden achtsamer Arbeit schien, dass ich die Praxis möglicherweise nie machen würde, weil ich einfach nicht »den richtigen Blick« für diese Aufgabe hatte.

Als ich Sujata den wohl zehnten sorgfältig gemalten Kreis vorlegte, den er, wie ich annahm, mit der kurzen Begründung ablehnen würde, ich habe »einfach nicht dieses uralte Blau getroffen«, warf er nur einen kurzen Blick auf mein Werk und sagte: »Jawohl, genau so. Jetzt mach dich an die Arbeit.«

Es war ein wunderschönes Blau und tat gute Dienste, aber ich hatte keine Ahnung, ob es »das Blau« war. Vielleicht zeigte ich ihm sogar einen der Kreise, die ich ihm schon vor Wochen vorgelegt hatte. Klar war, dass es zu meiner Initiation in tiefere Ebenen der Konzentration gehörte, mich kontinuierlich auf eine Sache auszurichten.

Die Anleitung für das Arbeiten mit einer blauen Kasina lautet, sich nicht auf Vorstellungen wie »Konzentration«, »Meditation«, »rund« oder gar »blau« auszurichten, sondern »sich direkt in die Erfahrung von Blau hineinzubegeben«, was für mich zu der Zeit wie eine Comicheft-Version von Zen klang. Doch da bekannt ist, dass die Sammlung der Aufmerksamkeit für längere Zeitspannen das Gefühl von Präsenz verstärkt, stimmte ich bereitwillig zu.

Ich sollte nicht an Blau denken, sondern einfach alles loslassen, was »Bläue« blockierte. Das klang ziemlich eigenartig und etwas plemplem, aber ich vertraute Sujatas Einsicht. Es war klar, dass genau diese tiefere Konzentration anstand.

»Und denk daran, du bist nur auf Bläue schlechthin aus, nicht auf etwas, das Sinn macht; keine Vorstellungen, keine Erleuchtung, einfach blau.«

Nach etwa fünf Wochen, in denen ich täglich einige Stunden mit »seiner kostbaren blauen Kasina« gearbeitet hatte, kam mir allmählich der Gedanke, Sujata läge diesmal wirklich falsch. Ich hatte das Gefühl, mich kaum zu konzentrieren. Diese Praxis schien mir lediglich zu »offenbaren«, wie unkonzentriert ich war.

Ich konnte nicht den Bruchteil einer Sekunde bei dem Blau bleiben, ohne dass mir Gedanken dazu kamen und hoffnungsvolle Selbstinventuren einsetzten. Vielleicht wollte Sujata mir einfach nur zeigen, wie schwer es war, gewahr zu sein und zu bleiben. Vielleicht war das hier eine listige Unterweisung in Geduld, die mein grausamer, nicht vertrauenswürdiger Lehrer sich ausgedacht hatte, um mich in meine Grenzen zu verweisen. Natürlich taucht auf dem Weg nach unten und innen oft die eine oder andere Paranoia auf. Wer war dieser Gauner, der auf dem Unmöglichen beharrte? Ein Geist, der immer noch existierte? Niemals!!! Wie »schaute man direkt geradeaus, ohne an blau, rund, Dharma oder Konzentration zu denken? Wenn Gedanken kommen, einfach loslassen und wieder zurückkehren zum Blau«?

Nicht an Blau denken, sondern loslassen in das, was ist, bevor es »blau«, »Farbe« oder auch nur »sehen« genannt wurde. Nicht jemand sein, der Blau erlebt, sondern einfach Blau an sich. Kein seiner selbst bewusster Mensch, der meditierte, nicht einer, der »geheilt wurde«, einfach blau. »Lasse alles los – bis auf blau.« Sich innerlich Stunde um Stunde Tausende von Malen wieder zu Blau zurückholen, stundenlang auf Blau konzentrieren.

Dann ein winziges Aufglimmen von grenzenlosem Blau. Eine egolose Bläue, sofort verdrängt von Erwartung und der Gier nach mehr ... Verloren gegangene Bläue ... und wieder zurück zum blauen Kreis.

Ich dachte, das kriege ich nie *wirklich* hin. Und ich nahm diesen Gedanken wahr, wie er zwischen dem inneren Auge des Gewahrseins und einem rein blauen Hintergrund trieb. Wenn der Geist mit seinen Kommentaren anfing, kehrte ich mit meiner Aufmerksamkeit vielleicht zum zehntausendsten Mal zurück, tat wieder den Glaubenssprung in die blaue Kasina, in die Mitte ohne Mitte, kein Boden, sondern blau, niemand, der war, kein Ziel, das es zu erreichen, nichts, was es zu tun gab. Ihre schimmernde Oberfläche durchdrungen von blauem Gewahrsein.

Und der Geist hielt inne!!!

Der letzte Gedanke war dahin, wurde nicht wie seit ewig vom nächsten ersetzt ... nicht einmal die Erkenntnis, dass das Denken innehielt, keine mentale Bewegung, nichts ... absolute Leere/Stille, die das, was ich früher einmal Frieden genannt hatte, rückblickend als eine gewisse Nervosität erscheinen ließ.

Die Stille in der Stille, so vollkommen, dass kein reflektierender Gedanke, nicht einmal ein Erlebender, kein »jemand« darin herumpolterte, um die Erfahrung zur Kenntnis zu nehmen ... bis das Denken mit einem Ruck, der durch den ganzen Körper schoss, wieder einsetzte.

Schwerfällig wie eine Lokomotive, die sich in der Bahnhofshalle in Gang setzt, war dieser erste Gedanke. Wie ein Erdbeben in der stillen Weite.

Es war eine Nichterfahrung, die erst zur Erfahrung/Erinnerung wurde, als jener erste Gedanke erkannte, dass kein Gedanke da gewesen war. Einen Augenblick lang hatte das Bewusstsein aufgehört.

Ziemlich unerwartet war, dass nicht das Innehalten des Geistes die größte Einsicht vermittelte, sondern die Gelegenheit zu beobachten, wie der Geist sich selbst rekonstruierte, während er seine Tätigkeit wieder aufnahm, Schicht für Schicht, Gedanke für Gedanke, Identität für Identität.

Die seit langer Zeit vermittelte Lehre, dass »Gedanken sich selbst denken«, erwies sich als vollkommen wahr. Der Prozess setzte sich ganz von alleine fort. Ich war einfach der Raum, in dem er sich entfaltete, das Gewahrsein, das ihn erfuhr.

Noch Wochen nach dieser Erfahrung/Nichterfahrung war der Körper/Geist durchströmt von Wärme und Geduld. Der Geist irrte verloren im Herzen herum, beobachtete in jener endlosen Klarheit, dass das, wonach wir immer geschaut haben, das ist, was schaut.

Und kein Gedanke war stärker als die Dankbarkeit, die ich für das Dharma, für die Lehren empfand, für Sujata, für Blau und noch mehr für das, was jenseits von Blau, völlig jenseits von Blau liegt, *Bodhi Swaha!*

Ein Yantra ist ein Meditationsmotor, der von Aufmerksamkeit angetrieben wird. Je konzentrierter das Gewahrsein, desto höher die Zahl der Umdrehungen, desto reibungsloser läuft der Motor.

Ist der Fokus ganz auf ein einziges Objekt gerichtet, so heißt es, läuft der Motor optimal. Es gibt weder Reibungen durch das Denken noch Energieverwirrungen, die aus dem Herumprobieren entstehen. Der Motor wird zum Perpetuum mobile, dessen Antriebskraft durch Hingabe verstärkt wird. Die Essenz des Loslassens, die uns der lebendigen Wahrheit näher bringt.

Wie ein Praktizierender sagte: »Rücke diesen Motor in die Nähe deines Herzens und er bringt dich an dein Ziel, ganz gleich, welches Fahrzeug du benutzt.«

Nach der Arbeit mit der Kasina ging meine Praxis der Achtsamkeit aufgrund der intensiveren Konzentration sehr viel tiefer.

Während ich weiter täglich zwei Stunden praktizierte und im Jahr vier oder fünf zweiwöchige Meditationsretreats machte, wurde das Gewahrsein allmählich zum Grund des Seins.

Etwa ein Jahr, nachdem ich angefangen hatte, diese tägliche Meditationspraxis zu entwickeln, wurde mein Körper so unruhig, dass er nicht still sitzen konnte. Meinem Geist fiel es schwerer denn je, sich zu konzentrieren. Also suchte ich Sujata auf und bat ihn um Rat. Ich erwartete, er würde sagen, was ich ihn zu anderen hatte sagen hören: »Mach mal Pause. Du mühst dich zu sehr ab.« Aber stattdessen sagte er: »Wenn es dir schwer fällt, eine Stunde zu sitzen, dann sitze zwei Stunden.« Und es funktionierte.

Einige Monate später bat mich Sujata, ein Zusammentreffen mit Ram Dass zu organisieren, da er hoffte, dass dieser einen Kommentar zu seinem neuen Buch schreiben würde.

Obwohl Ram Dass mit seinem Buch *Sei jetzt hier* mitten in meiner schwierigen Zeit präsent für mich gewesen war und mir sehr weitergeholfen hatte, war ich ihm seit den Tagen von Haight-Ashbury und dem *San Francisco Oracle* nicht begegnet.

Da ich aus der flüchtigen Bekanntschaft vor einem halben Dutzend Jahren keinen Vorteil ziehen wollte, schlug ich Sujata vor, er solle Ram Dass selbst schreiben. Aber er beharrte darauf, dass ich es tat.

Ram Dass schrieb herzlich zurück und lud uns ein zu kommen.

Nachdem wir unten im Haus respektvoll unsere Schuhe ausgezogen hatten, brachte uns jemand in Ram Dass' Zimmer. Wir saßen auf Kissen auf dem Boden, und ich hörte zu, wie er und Sujata sich unterhielten. Das Gespräch kam nicht richtig in Gang. Sujata war ungewöhnlich unruhig mit seinem Anliegen, was verhinderte, dass sie wirklich in Kontakt kamen.

Ziemlich unerwartet tauchten Ram Dass und ich, als unsere Blicke sich begegneten, in einen tiefen Tunnel voller Licht ... die Zeit hört auf zu existieren, und was sich bewegt, ist auf ewig still. Ich dachte, ich würde mich überhaupt nicht wieder einkriegen, aber mit etwas Anstrengung konnte ich mich »in diese Zeit zurückholen«, zurück in den Körper, in den Raum und zu jenen Augen.

Als wir nach unten gingen und uns verabschiedeten, lag auf dem Haufen Schuhe ein großer schwarzer Hund und knurrte. Ram Dass warnte, wir sollten uns ihm nicht nähern, da er erst kürzlich jemanden gebissen habe. Alle hielten sich von dem Tier fern.

In einem jener Augenblicke, in denen die Verwirrung dem Mysterium weicht, vertraute ich einer inneren Stärke und kniete mich vor die zornige Gottheit, die den heiligen Hügel der Schuhe bewachte. Eine sanfte Hand zu dem strengen Hund ausstreckend, berührte ich seine Wange. Er lächelte, und als er sich in die Berührung schmiegte, fingen wir beide wieder an zu atmen.

Ich habe oft gedacht, dass dieser Hund einfach das Passwort meines Herzens testete, während er ein bisschen Theater machte, um die Anwesenden zu beeindrucken.

Ram Dass schlug mir vor wiederzukommen. Und das tat ich. Wir begannen zusammen an einem Buch zu arbeiten (*Schrot für die Mühle*. Berlin: Sadhana Verlag 1995). Und schließlich fingen wir an, gemeinsam zu unterrichten.

Sujata starb zu Beginn der achtziger Jahre an Aids.
Mit tiefer Dankbarkeit verneige ich mich vor ihm.
Ein tiefes *Gasho*, ein tiefes *Gasho*, ein tiefes *Gasho*.

20

Kalayana Mita – Ein spiritueller Freund werden

Durch das gemeinsame Meditieren mit Weggefährten und spirituellen Freunden vertieften viele von uns Mitte der siebziger Jahre die Praxis der Achtsamkeit unter Anleitung von Lehrern wie Joseph Goldstein, Sharon Salzberg und Jack Kornfield. Nachdem ich Sujatas und Mahasi Sayadaws Anleitungsbücher für Meditation herausgebracht hatte, bot ich an, auch ihre Lehren zu veröffentlichen.

Als ich Josephs und Jacks erste Bücher in der *Unity Press Mindfulness Series* herausbrachte, dabei über manche Absätze minutenlang meditierte und mich von ihren Lehren durchdringen ließ, kam das manchmal einer »Übermittlung« gleich, einer direkten Übertragung von Weisheit von einem Bewusstsein auf ein anderes.

Bei meinem vierten zweiwöchigen Retreat mit Jack und Joseph spürte ich nach etwa einer Woche eines Abends in einem ganz stillen Augenblick, wie mein Bauch sich entspannte. Es fühlte sich an, als öffnete sich eine Faust, die sich lange um meinen Unterleib geschlossen hatte. Als habe eine Hand, die durch meinen Oberkopf nach unten griff, um meine Gedärme zu umklammern, sich zurückgezogen. Ich saß da mit weichem Bauch und einem Gefühl von körperlicher und emotionaler Freiheit, wie ich es selten erlebt hatte. Das war mehr als lediglich ein Nachlassen körperlicher Anspannungen.

Da geschah mehr, als dass Hartes weich wurde. Was als körperliche Entspannung begann, entwickelte sich zu einem Prozess, bei dem immer tiefere Ebenen aufweichten. Ein Weichwerden und Loslassen von Augenblick zu Augenblick. Ein langsam wachsendes Gefühl von Freiheit. Ebene für Ebene weich werden ... das Herz begegnet dem, der sich bislang kein Herz gefasst hat ... Ebene für Ebene loslassen ... Gedanken treiben wie Blasen in der Weite. »Es gibt nichts zu tun, niemand zu sein, nirgendwo hinzugehen«, pflegte ein Lehrer zu sagen. Nichts, was verhindert, dass die nächste Ebene auftaucht und wieder verschwindet, kein Festhalten nirgends. Von Augenblick zu Augenblick weicher werden, Gedanke und Gefühl, Erinnerung und Absicht im Gewahrsein treiben lassen, statt danach zu greifen.

Bis zu jenem Augenblick des tiefen Loslassens war mir nicht klar gewesen, wie rigide ich im Unterleib festhielt. Das erinnerte mich an einen Burschen, dem ich bei einem Retreat mit der äußerst qualifizierten Ruth Dennison begegnete, die in Europa geboren war und immer reizende Umhänge trug. Er fragte sie, wie er mit dem Klingeln in seinen Ohren umgehen solle, das ihn ärgerte. Als sie ihn fragte, wie lange er das schon habe, antwortete er: »Nun, ich nehme an, schon mein ganzes Leben lang, aber es ist mir erst vor einigen Minuten aufgefallen.«

Diese Erfahrung des Loslassens im Unterleib ebnete den Weg für die Meditation auf den weichen Bauch, die von vielen auf ganz unterschiedliche Weise und auf vielen verschiedenen

Ebenen praktiziert wird: Von denen, die aus der Hölle befreit werden möchten, bis zu denen, die Eingang suchen in die grenzenlose Weite des Himmels. Sie ist besonders geeignet, über den Körper den mentalen Zustand des Loslassens herzustellen.

Von Augenblick zu Augenblick weicher werden heißt auch zu spüren, dass die Verhärtung im Bauch in einem direkten Zusammenhang steht mit der Panzerung des Herzens. Wird der Bauch weicher, beginnt auch das Herz zu schmelzen; Wellen von Dankbarkeit steigen auf. Der Körper öffnet sich ... der Bauch wird weicher und weicher ... das Herz öffnet sich ... der Geist klart auf ... Friede und das, was in Frieden zum Ausdruck kommt.

Diese Öffnung brachte eine Flut von Einsichten.

Nachdem ich einige weitere Jahre praktiziert hatte, schlug Jack mir vor, die Einsichtsmeditation zu unterrichten. In der Tradition des südasiatischen Buddhismus heißt der, der das Dharma weitervermittelt, *Kalayana Mita*, spiritueller Freund. Als ich fragte, warum er mich auswähle, wo es doch viele andere gäbe, die schon Jahrzehnte länger praktizierten, sagte er: »Wegen deiner Lebenserfahrung.«

Er gab mir eine Kopie der Aufzeichnungen für seine Vorträge, schickte mir ein paar seiner Kassetten und die Interviews, die Sharon mit Schülern bei langen Retreats über die Anwendung geschickter Mittel gemacht hatte.

Ich begann zu unterrichten und lernte dabei weiter, Menschen zu dienen, die neu geboren wurden oder die in Gefängnissen, Krankenhäusern und Meditationshallen jene Geburt abzuschließen suchten.

Wie viel wir bei dem langsamen und (für uns und andere) schmerzlichen Aufstieg durch die Reiche des hungrigen Geistes lernen können! Voll Dankbarkeit sah ich, wie ein Leben, das mir heute fast wie das Leben eines anderen Menschen vorkommt und das manchmal eine einzige, nicht enden wollende Verwirrung zu sein schien, zum Wohle anderer fühlender Wesen in Klarheit und Mitgefühl gewandelt werden kann. Ich wusste diese Entwicklung immer wieder neu zu schätzen.

Als ich Josephs Buch *Einsicht durch Meditation* (Joseph Goldstein: *Einsicht durch Meditation*. München: O.W. Barth 1996) herausgab, fragte ich ihn, was er davon hielte, wenn ich im Soledad-Gefängnis Meditationskurse anbot.

Joseph sagte: »Das wäre wahrscheinlich eine gute Sache.«

Daraufhin fragte ich: »Was soll ich sagen?«

Joseph antwortete einfach: »Wenn du diese Aufgabe übernimmst, wirst du schon wissen, was du zu sagen hast.«

Um die Lehren, die mir selbst so liebevoll vermittelt worden waren, hinter Gitter zu bringen, wo die Wahrheit am dringendsten gebraucht wird, gab ich ein kleines Stück von meinem Gefühl auf, »nicht genug zu sein«.

Dieser Weg glich dem des Lamas, der seine Schüler beharrlich aufforderte, darum zu beten, dass er in der Hölle wiedergeboren wird, »denn dort werden Mitgefühl und Weisheit am dringendsten gebraucht.«

Ich fragte mich, ob es mir jemals gelingen würde, das Leiden so zu lindern und das Verständnis so zu vertiefen, wie meine Lehrerinnen und Lehrer es taten.

Wie damals gegen Ende eines langen Meditationsretreats, als durch die kontinuierliche Öffnung für das Neue und das Wegfallen des Alten der Boden selbst, auf dem ich lernte, achtsam zu gehen, unter meinen Füßen wegzugleiten begann.

Mitten in einem immensen Augenblick des kontinuierlichen Prozesses der Neugeburt, wo ein Gedanke nach dem anderen von der schwarzen Tafel des Geistes glitt, alte Vorstellungen abgeschält wurden wie verblasste Etiketten von verrosteten Dosen, schien alles, was ich bislang gekannt hatte, völlig unzureichend und unwirklich zu sein.

Nichts Festes in der Hand und keinerlei Vergangenheit, voll Hoffnung, einen Menschen zu finden, der mir sagte, ob ich überhaupt existiere oder das alles nur ein Traum sei, suchte ich Sharon Salzberg auf.

Sie zog ihre Schultern so hoch, dass es einer Verbeugung gleichkam, hob eine Augenbraue und nickte bestätigend. Lächelte und lächelte und tätschelte mir den Kopf.

Ich stand vor ihr mit jener Verwirrung, die manchmal einem Durchbruch vorangeht, und fragte: »Was ist wirklich?«

Ihre Herzenswärme war wie eine Sonne, die hinter den Wolken hervorkommt. Sharons Lächeln sagte alles: Liebe war wirklich.

Ich hoffe, ich habe in all den Jahrzehnten des Lehrens auch nur annähernd so viel vermitteln können wie sie in diesem Augenblick.

Diese direkte Übermittlung von Herz zu Herz erlebte ich auch, als ich eingeladen wurde, mit einem Menschen zu unterrichten, dessen Einfluss auf unsere Praxis hoch geschätzt war, dem Träger der Linie des koreanischen Buddhismus, Sueng Sahn. Während der Mittagspause bestellte er das Essen für uns in seine private Unterkunft.

Während der Mahlzeit, die angenehm verlief und bei der wir über nichts Besonderes sprachen, wurde mir plötzlich klar, dass ich auf dem besten Weg war, eine unglaubliche Möglichkeit zu vertun. Und ich fragte ziemlich unvermittelt: »Bitte, bringen Sie mir etwas über Koans bei.« Koans sind spirituelle Rätsel, auf die es keine logischen, sondern nur transrationale, intuitive Antworten gibt. Mit ihrer Hilfe wird im Zen der Geist Schicht für Schicht aufgedeckt.

Er lächelte, sagte ein paar Worte wie »keine Erwartungen«, »ganz in der Gegenwart sein«, »einfach geradeaus gehen« und stellte das erste Rätsel.

Ich kann mich nicht mehr an alle Worte erinnern, die in dieser bemerkenswerten Stunde fielen, spüre aber immer noch jene absolut vergnügte Freiheit. Etwas öffnete sich und wir fingen an, ein Koan nach dem anderen platzen zu lassen. Und ich konnte nicht aufhören zu lachen.

Was auch immer ich vom »mysteriösen Zen« befürchtet haben mochte, erwies sich als ein einziger Poch-Poch-Witz, bei dem wir an eine Türe klopfen, hinter der niemand existiert. Das war ein höchst vergnügliches Erlebnis.

Auch wenn ich mich nicht an alles erinnere, was gesagt wurde, wirkte diese Übermittlung von Herz zu Herz noch weiter, als ich in einem ziemlich geläuterten Zustand nach Hause zurückkehrte. Auf der dreistündigen Fahrt vom Flughafen nach Hause erzählte ich Ondrea von dem Erlebnis und von Sueng Sahns Instruktionen. Und sie, die bislang ebenfalls selten mit Koans zu tun gehabt hatte, erlebte nach den ersten unbeholfenen Antworten den gleichen, läuternden Prozess wie ich. Nach wenigen Minuten hatte sich der klare Geist, den ihr unsere Begegnung vermittelte, auch in ihr niedergelassen.

Ondrea erlebte die gleiche Offenbarung des Geistes. Wir lachten, bis uns der Bauch wehtat, und ließen die ganze Fahrt lang ein Koan nach dem anderen platzen.

Das Potenzial für die verblüffende Klarheit, von einem Wesen auf ein anderes direkt übertragen, wie von Sueng Sahn auf mich, erreichte auch Ondrea. Bewusstsein teilte sich mit durch das befreite Herz, was die Essenz spiritueller Freundschaft ist.

Ich ging in die Gefängnisse und unterrichtete über ein Jahr lang im Soledad-Gefängnis eine Gruppe in Meditation, während ich in Santa Cruz weiter regelmäßig meine wöchentlichen Kurse gab.

21

Todestrakt: Eine Bejahung des Lebens

Nachdem ich ein gutes Jahr im Soledad-Gefängnis unterrichtet hatte, schien es Zeit zu sein, dieses Projekt zu erweitern. Ich begann mit Männern im Todestrakt des San-Quentin-Gefängnisses und einigen anderen Haftanstalten zu arbeiten.

Einer der herzlichsten Menschen, denen ich in den Jahren, in denen ich mit den Männern im Todestrakt arbeitete, begegnete, war der bescheidene Wächter des San-Quentin-Gefängnisses.

Als ich ein Interview für *Death Row: An Affirmation of Life* aufnahm, teilte er sich mir mit wie bei einer Beichte und erzählte, wie er von Rechts wegen verpflichtet gewesen sei, in seiner über zwanzigjährigen Amtszeit als Wächter bei 45 Hinrichtungen durch den Strang amtieren zu müssen. Das Licht im Raum veränderte sich, als er mir Einzelheiten der Vollstreckung von Todesurteilen mitteilte, denen er beiwohnte. Als er auf die Hinrichtungen zu sprechen kam, die »falsch liefen«, klopfte sein Herz so heftig, als sollte er selbst hingerichtet werden.

Das Buch über die Todestrakte war, wie die Männer, die im Laufe der Jahre an der Rückgewinnung ihrer Seele gearbeitet und freundlicherweise am Manuskript mitgewirkt hatten, sowohl voll Herz und Einsicht als auch voller dunkler Schatten.

Als der Oberste Gerichtshof 1974 per Gesetz bestimmte, dass sämtliche Schwerststrafen neu bemessen und damit sämtliche Todesurteile überdacht werden mussten, kehrten die meisten Männer aus den Todestrakten zurück zu den übrigen Gefängnisinsassen. Mehrere wurden entlassen, da man fand, sie hatten genug Zeit unter solch horrenden Umständen verbracht.

Ein Bursche, dem ich ziemlich nahe kam, war der »innere Herausgeber« des Buches.

Bei unserer Begegnung wenige Jahre später, unmittelbar nach seiner Entlassung aus einer zwölfjährigen Haft im Todestrakt, war er so rührend und unbeholfen, so voller Dankbarkeit, Hoffnung und Sehnsucht nach Leben und nach Gott, wie ich es bislang fast bei keinem erlebt hatte. Er akzeptierte sein früheres Leben von ganzem Herzen und hatte lange auf die Menschen meditiert, denen er Schaden zugefügt hatte. Damit waren seine unerledigten Geschäfte erledigt. Er hatte diese Inkarnation im wahrsten Sinne des Wortes abgeschlossen. Jetzt war er wie ein Neugeborenes, dem irdische Beine wuchsen.

Er gehörte zu den wenigen, deren Entlassung aus dem Gefängnis ich miterlebt hatte, den man als nahezu wirklich freien Mann bezeichnen konnte. Er hatte seinen Schatten angenommen. Nicht alle, die damals entlassen wurden, hatten ihre Vergangenheit so gründlich bewältigt.

Einer der Männer, die am Buch mitwirkten und der sich am stärksten zur Spiritualität hingezogen fühlte, war ein großer blasser Bursche, der vor zehn Jahren in einem durch Drogen ausgelösten Geschwindigkeitsrausch jemanden getötet hatte. Er sagte, er habe drei Jahre gebraucht, um aus der »Lethargie durch langen Drogenmissbrauch zu erwachen.« Jetzt sei er zu Vedanta erwacht: »Plötzlich wollte ich den Sinn meiner Existenz hier wissen, wer und was ich als bewusstes Wesen war.«

Er war es, der vorschlug, dass wir das Buch mit einem Zitat aus Edwin Arnolds Übersetzung der *Bhagavad Gita* beenden:

> *Niemals ward der Geist geboren;*
> *Der Geist wird niemals aufhören zu sein.*
> *Niemals war Zeit, noch war sie nicht;*
> *Ende und Anfang sind Träume.*
> *Kein Tod, keine Geburt, kein Wechsel,*
> *der Geist bleibt ewig;*
> *der Tod hat ihn nicht im Geringsten berührt,*
> *wie tot auch sein Haus zu sein scheint.*

Als er 1975 entlassen wurde, holte ihn eine geliebte Frau ab. Er hatte sie vor einigen Jahren über einen gemeinsamen Rechtsanwaltsfreund kennen gelernt und sie gebeten, ihn zu heiraten. Eine sehr gute Arbeit als hoch bezahlter Anwaltssekretär wartete auf ihn.

Sie heirateten, im Büro wurde er respektiert, er hatte ein herzliches und gemütliches Zuhause. Aber nach einigen Monaten wurde er unruhig.

Und noch einige Monate später hatte er einen schlechten Tag. Wie der Wächter sagte, als wir das Staatsgefängnis von Oregon nach einem »spirituellen Workshop« verließen und fragten, was ein sensibler, neunzehnjähriger Junge mit einem offenen Gesicht und wildem Afrolook getan habe, um eine neunzig Jahre lange Haftstrafe zu verdienen: »Er hatte einfach einen schlechten Tag, einen ganz schlechten Tag!« So hatte auch unser Freund einen ganz schlechten Tag.

Nachdem er ohne weitere Vorfälle ein Spirituosengeschäft überfallen hatte, drehte er sich beim Verlassen des Ladens ohne offenkundigen Grund um und erschoss die beiden Angestellten, die hinter der Ladentheke standen.

Er ist einer der wenigen Menschen und vielleicht der einzige in der Strafgeschichte der USA, der jemals zum Tode verurteilt wurde (und vier Mal innerhalb von 24 Stunden vor der angesetzten Hinrichtung eine Begnadigung erlebte), der entlassen wurde, wieder tötete und zum zweiten Mal im Todestrakt inhaftiert wurde.

Und wieder hat er eine Verabredung mit dem Tod. Und wieder wird er sitzen und sein überaus zerbrechliches Herz in der Hölle neu entdecken.

Als ich von seiner erneuten Inhaftierung erfuhr, fragte ich mich, was wohl aus der Seele eines Menschen werden würde, der sich so offensichtlich zur Spiritualität hingezogen fühlte und gleichzeitig so viele Hindernisse auftürmte. Würde er seine Seele verlieren?

Und das Namenlose Zeitlose erwiderte:

Kein Tod, keine Geburt, kein Wechsel,
der Geist bleibt ewig;
der Tod hat ihn nicht im Geringsten berührt,
wie tot auch sein Haus zu sein scheint.

Einige Jahre später rief der FBI mich an, um zu fragen, ob ich etwas über den Aufenthalt eines der anderen Beteiligten wisse, der vom Todestrakt in ein normales Gefängnis integriert worden und später geflohen war.

Ich hatte seit Jahren nichts von diesem Mann gehört und sagte ihnen das auch, aber ich musste ihn mir unwillkürlich an irgendeinem Strand in Acapulco oder Sardinien vorstellen, wo er Gurdjieff las und versuchte, herauszufinden, wie er vor dreißig Jahren so selbstmordsüchtig hatte sein können, dass er einen anderen Menschen umbrachte.

Und neu geboren, fragt er sich: »War ich es, der all das tat? Doch war es nicht derselbe Geist und damals gab es keine Barmherzigkeit. Wenn ich mir selbst von ganzem Herzen verzeihen kann, kann ich vielleicht sogar meine grausame Kindheit verzeihen.«

Als mich einer der Männer im Todestrakt fragte, was ich tun würde, wenn sie mich in der Gaskammer anschnallen würden, sagte ich: »Ich hoffe, ich kann dann verzeihen.«
 Gandhi rief drei Mal den Namen Gottes an, als er unter den Kugeln eines Attentäters zusammenbrach. Er hatte nicht einfach einen guten Tag. Er hatte seine Augen jeden Morgen für Gott geöffnet, deswegen konnte er seine Augen jeden Abend mit Gott schließen.
 Und wäre denn ich, der hier diesen hochfliegenden Rat erteilt, welcher so leicht zu Heuchlertum führen kann, imstande, meinen letzten Atemzug mit Liebe zu füllen? Würde ich, so festgeschnallt, wie Maharaji lehrte, »die Wahrheit sagen, selbst wenn sie dich steinigen, selbst wenn sie dich kreuzigen, die Wahrheit sagen«?

Monate später, als ich an meinem Schreibtisch saß und die Interviews von den Kassetten übertrug, spielte meine damals zweijährige Tochter zu meinen Füßen. Als die Worte des Wächters das Bild des aufgedunsenen, verzerrten Gesichts eines »schlecht Gehängten« in den Raum malten, stellte ich den Rekorder abrupt aus und schaute in Taras grenzenlos unschuldige, tief forschende Augen. Die Ironie der Überschneidung völlig verschiedener Welten wurde schmerzlich offenbar.
 Dieser Augenblick barg sowohl das fröhliche Summen und Malen einer Zweijährigen als auch den Gegenpol, die Rache der »zivilisierten« Menschheitsfamilie. Es war der Augenblick eines Mitgefühls, das Welt und Zeit überdrüssig und zugleich zeitlos war.

Und wie deutlich in diesem Moment wurde, dass das Göttliche und das Niederträchtige gleich heilig sind. Dass dieses Leben, dieser Augenblick eines Kindes und dieser letzte Moment eines Mörders alle aus einem einzigen Guss sind. Unmittelbar unter der beängstigenden Oberfläche sind wir alle vereint in dem einfachen Wunsch, unseren Weg nach Hause zu finden.

Jesus war ein Geächteter, also züchtigten sie ihn mit Riemen. Gehe nicht über Los, begib dich direkt in deines Vaters Haus, den grenzenlosen Garten deiner Mutter. Der Ermordete und der Mörder, die im Verlaufe von Äonen des Nachsinnens vielleicht beide erleuchtet werden.

Die Sterne der Milchstraße schlagen eine Brücke zwischen unserer Barmherzigkeit und unserer Unbarmherzigkeit, unserer Freude und unserer Vergesslichkeit, zwischen unserer abgeschlossenen Geburt und dem nie vollzogenen Sterben ganz in die Liebe hinein.

In der Erbfolge von Jesus und dem Antichristen, von Seele und Körper, Tara ist jetzt 34 Jahre alt und hat selbst vier Kinder, sitze ich an meinem Schreibtisch und erfahre, dass sie letzte Woche in Texas zwei weitere Menschen getötet haben. Aber ich hörte, dass es jetzt, wo wir begonnen haben, selbst unserem Judas zu verzeihen, nicht mehr so einfach ist, jemand zu finden, der den Schalter drückt.

22

Familienheilung

Während sich meine Praxis vertiefte, besuchte ich auf dem Rückweg von langen Meditationsretreats oft meine Eltern. Ich war dann immer sehr gelassen und kontrolliert. So kostbar wie das war, gewann ich doch damit nichts als die Billigung meiner Eltern. Wir räumten keinerlei Hindernisse aus dem Weg. Ich nahm die Pose eines Buddhas ein und wuchs nicht wirklich.

Also begann ich meine Eltern auch auf dem Hinweg zum Meditationszentrum zu besuchen. Und die Arbeit, die nun anstand, zeigte sich ganz von selbst. Die Erschütterung, die nach Achtsamkeit und Barmherzigkeit rief, musste ihre Hausaufgaben noch erledigen.

Verzeihen beginnt zu Hause. Dem Zuhause, das wir vor langer Zeit verließen, um unsere wahre Familie zu finden. Dem Zuhause, zu dem wir zurückkehren, wenn das Herz groß genug geworden ist, um Leid und Gnade gleichermaßen zu umfangen.

Später in der Meditationshalle sogen die Wurzeln, die unter meinem Meditationskissen in die Erde wuchsen, an etwas, das dem schmelzenden Kern noch näher war. Schicht für Schicht heilen. Schicht für Schicht geboren werden.

Ein wunderbares Bild, das Angelis Arrens benutzt, um die Möglichkeiten und Verantwortlichkeiten von Heilung zu beschreiben, stammt aus einer Tradition, in der man davon ausgeht, dass über unsere linke Schulter die lange Reihe unserer Ahnen mütterlicherseits und über die rechte sämtliche väterlichen Vorfahren schauen. Voller Hoffnung ermutigen sie uns mit den Worten: »Vielleicht bist du es, der die Gestörtheit unserer Familie durchbricht.«

Während wir wachsen und erfahren, dass wir zu unserer großen Überraschung tatsächlich selbst eines jener fühlenden Wesen sind, die wir zu befreien geschworen haben, machen wir die noch erstaunlichere Entdeckung, dass auch unsere sonderbare Familie aus fühlenden Wesen besteht. Die derselben Kategorie angehören wie jene, denen wir in einem feierlichen Abkommen unsere Unterstützung bei ihrer Befreiung vom Leid versprochen haben.

In der Nacht, in der sein Sohn geboren wurde, verließ Siddharta seine Familie. Er nannte seinen Sohn Rahula (»Anhaftung/Hindernis«), wandte sich ganz dem Mysterium zu und legte alles ab, was ihn an dem Weg, den er einzuschlagen beabsichtigte, hätte hindern können. Dreizehn Jahre später kehrte er zurück, um seinen Sohn in das Familiengeschäft einzuweisen.

Natürlich ließe sich zu dieser Beziehung von Vater und Sohn viel sagen, aber ihr Fall lässt sich am besten über den inneren Rahula aufdecken. Das Kind, das sich von Gott verlassen fühlt. Das verlorene Kind, der »Ra-Hooligan«, der ständig das Gefühl hat, nichts wert zu sein, und der sich schon vor langer Zeit vom Mysterium abwendete. Unzulänglich.

Nichts von alledem, so wurde mir klar, muss länger als wenige Momente zum Hindernis werden, bevor dann das Mysterium zwischen Gedanken und hinter Vorstellungen sickert und den Klebstoff löst, der die Illusion der Getrenntheit zusammenhält.

Als mein Vater die High School besuchte, hörte er über Kopfhörer Radio, das erst kürzlich erfunden worden war, und zwar aus einem Apparat, den er sich aus Kristall und Draht selbst zusammen gebastelt hatte. Thomas Edison war sein Held.

Unsere geistige Verbundenheit war stark, vor allem teilten wir das Interesse an Wissenschaft. Als ich noch Kind war, hatte er mir geholfen, mir in unserem Keller ein kleines Labor einzurichten, indem er mir Laborschränke und -tische, Regale mit Chemikalien und Reagenzgläser besorgte und seine alten Chemiebücher aus dem College schenkte.

An unserer Herzensbeziehung mussten wir jedoch unser Leben lang arbeiten, bevor sie schließlich zum Blühen gelangte. Aber selbst jetzt noch, Jahre nach seinem Tod, fallen mir beim Schreiben dieser Worte die haarfeinen Risse in unserer Fassade auf, das, was immer noch zum Abschluss gebracht, die Liebe, die immer noch zwischen uns fließen muss.

Im letzten Jahr an der High-School, dem ersten Jahr des Ersten Weltkriegs, wurde er vom Militär als Student der Wissenschaften ausgezeichnet und bekam ein Stipendium am MIT (Massachusetts Institute of Technology, Anm.d.Ü.). Zwei Jahre wurde er intensiv in anorganischer Chemie unterrichtet, wobei die Betonung auf der chemischen Kriegsführung lag. Wenn ich ihn gelegentlich nach den feinen Details einer chemischen Reaktion fragte, sagte er immer: »Das haben wir nie gelernt; unsere Ausbildung war ziemlich einseitig.« Man hatte ihm lediglich beigebracht, auf die schrecklichste Weise eine große Anzahl von Menschen umzubringen.

Das trübte seine Sicht.

Manchmal erweckte er den Eindruck, als lebe er zu lange in dieser Welt und trug dabei seinen Schmerz mit einer Würde, aus der ich immer noch Stärke beziehe.

Da ich meinen Eltern als Jugendlicher einige Probleme bereitete, wünschte ich mir für sie, dass sie die Welt, in der ich jetzt lebte, kennen lernten.

Bei einem Besuch zu Hause ergab sich eine solche verheißungsvolle Gelegenheit. Ein Freund von mir, ein Arzt, der das Hospizprogramm am St. Peter's Hospital leitete, fragte mich, ob ich für einige Krankenschwestern, freiwillige Helfer und vielleicht noch andere Interessierte einen kurzen Vortrag halten würde. Zufällig brach gerade die letzte Woche ihres Ausbildungsprogramms für Hospizarbeit an.

Ich witzelte, ich müsse erst meine Mama fragen, ob ich an jenem Abend Ausgang bekäme. Und wenn sie einverstanden wäre, würde ich sie mitbringen. Obwohl sie einige meiner Texte und ein, zwei Interviews gelesen hatte, war sie nie zu einem meiner Vorträge gekommen.

Nach dem Abendessen ließen wir meinen Vater mit dem *Wall Street Journal* und einer dicken, giftigen Zigarre zufrieden zurück und machten uns auf den Weg zum Versammlungsraum des Krankenhauses.

Beim Eintreten waren wir beide ein wenig überrascht, dass so viele Menschen es hatten einrichten können, auf unsere kurzfristige Ankündigung hin zu kommen. Hin und wieder suchte mein Blick den meiner Mutter, die in der ersten Reihe saß, und ihre Augen strahlten. Als der Abend sich dem Ende näherte, gab ich den Zuhörern gegenüber meine Freude kund, dass meine Mutter anwesend war.

Ziemlich unerwartet für sie, bekam sie daraufhin vom Publikum eine Runde Beifall. Und bevor sie später aufstehen konnte, um zu gehen, suchten mehrere Menschen aus dem Saal sie auf und umarmten sie. Meine Mutter war umgeben von einem Schwall von Liebe, wie sie es wohl nie zuvor erlebt hatte.

Auf dem Weg nach Hause strahlte sie ziemlich, gerührt von der »ungewöhnlichen Herzlichkeit« dieser Menschen. Mit einer Mischung aus Verblüffung und Stolz sagte sie: »Sie waren wirklich so nett« und fügte, wie nach Seinem Skript, hinzu: »Einige haben mir sogar für dich gedankt!«

Eine Verbeugung und ein Augenzwinkern für das Theater des Herzens auf dieser Seite des Vorhangs. Der Kontostand bei der Karma Spar- und Darlehenskasse wurde etwas ausgeglichen.

Manchmal höre ich das Lachen meines Bruders in meinem Lachen. Wir waren uns als Kinder nie nahe, aber jetzt fühle ich sein Leben manchmal in meinem Leben.

Das Lachen unseres Vaters war gewaltig. Unsere Mutter konnte ihn in einer Menschenmenge anhand seines »lauten boston'schen Gackerns« ausmachen.

Unsere Herzen waren sich wahrscheinlich nie näher, als wenn wir beim Essen zusammen lachten. Wenn wir beim Essen auch zusammen geweint hätten, hätten wir wahrscheinlich alle nicht so lange gebraucht, um die Schranken des Herzens zu überwinden.

Aber schließlich verliebte ich mich in meinen Vater. Manchmal machten wir sogar gemeinsam einige leicht mystische Zufallserfahrungen, was uns beide überraschte und ein Zeichen dafür war, dass unser Weg direkt vor uns lag.

Und als wir zum letzten Mal zusammen saßen, er war damals 91, ich 54 und Ondrea 45, ließ er seinen Kopf auf meine Schulter fallen und gab mit einem langen, gründlichen Seufzer alles auf, was uns jemals getrennt hatte.

Als er sich wenige Wochen später nach dem Frühstück vorbeugte und starb, konnte ich – und kann selbst heute noch – seinen Kopf auf meiner Schulter spüren.

Auf dem Kühlschrank eines Morgens, als in diesem Haus noch Kinder ein und aus gingen, die Worte unseres ältesten Sohnes, James:

Liebt diesen Jungen von stürmisch-rauer Schönheit!

In der Woche darauf wurde er 21 Jahre alt in seiner alten, braunen Lieblingslederjacke, sein Haar wellte sich bis zu den Schultern. Die Augen weich wie das abgetragene Leder, alter Schmerz wie smaragdgrüne Tupfer in jenem tiefen Mahagoni. Das stolze Kinn des Kämpfers. Die breiten Schultern des Liebenden. Hände des Zweifels und der Barmherzigkeit.

Bei der Heldenreise des Geistes beugsam, lächelt er, hält vorsichtshalber sämtliche Unterteile bedeckt. Aus sich selbst geboren, kommt er stark und freundlich in die Welt. Kommt, um alle, die er liebt, vor Einsamkeit und Unerwartetem zu bewahren.

Ein Krieger, der nachsinnt über das Ende des Krieges.

Ein weiterer wunderschöner Zufall ist, dass unser jüngster Sohn Noah, der jetzt Meditation in Juvenile Hall unterrichtet und im Spirit Rock Meditation Center das Programm für Jugendliche leitet, und ich gleichzeitig an ähnlichen Büchern schreiben. Wir lesen uns am Telefon gegenseitig einzelne Kapitel vor und gehen aus ähnlichem Antrieb durch die gleichen Initiationen.

Wir lernen uns immer noch neu kennen. Ich höre, wie er in schwierigen Lebensphasen überlebte, er hört, wie ich mich durchboxte. Wir schätzen das Dharma bei unserem Weg durchs Leben besonders, weil wir uns weit verirrten und fast die Kurve nicht bekamen, bevor wir zur Mitte des Pfades fanden. Manchmal bin ich sein Lehrer, manchmal ist er meiner.

23

o und O und das kleine ich

Vor etwa 25 Jahren, als ich 1979 ein einwöchiges Retreat zum Thema »Bewusst leben, bewusst sterben« in der Lama Foundation im nördlichen New Mexico leitete, begegnete ich Ondrea.

Sie war aus zwei Gründen zu dem Retreat gekommen. Ihr erstes und dringendstes Anliegen war, ihre bereits gut entwickelten Fähigkeiten als Beraterin und Betreuerin für todkranke Menschen zu verbessern. Und zweitens kam sie, um vielleicht zu sterben (sie hatte zwei Krebsoperationen hinter sich). Doch war sie, wie sie später sagte, mehr auf der Suche nach Unterstützung für ihr erstes als für ihr zweites Anliegen. »Den Tod kenne ich; Mitgefühl lerne ich noch immer.«

Als die Gruppe mit dem Sufitanz anfing, der das Wochenendretreat im Lama beendete, waren Ondrea und ich ziemlich überrascht, wie unsere Energien zusammenschwangen.

Ich erkannte sie sofort. Ich hatte sie mein Leben lang in jedem Menschen, dem ich begegnete, gesucht.

Als wir Anweisungen erhielten, bei der nächsten Tanzrunde die Partner zu wechseln, trennten wir uns nicht, sondern wirbelten aus dem Kreis zur Seite. Seitdem sind wir zusammen.

Uns drehend und drehend, heirateten wir ein Jahr später in demselben Gebäude an fast demselben Platz.

Bei meiner Version der Pilgerreise fällt sehr auf, dass hier, bevor ich Ondrea begegnete, sehr wenig über meine Beziehungen steht. Bevor ich mich von ganzem Herzen auf unsere Ehe einließ, war ich zweimal verheiratet. Wie ich bereits sagte, lebten meine erste Frau und ich völlig aneinander vorbei. Meine zweite Frau und ich waren nicht füreinander gemacht. Wir waren uns noch nicht einmal in der Frage einig, wie lange man ein Drei-Minuten-Ei kocht. Wir sind noch immer befreundet. Und ich bin Pate eines ihrer Kinder aus ihrer nachfolgenden Beziehung.

Ondrea und ich haben drei Kinder und vier Enkelkinder um uns versammelt. Und ich hatte vor der Geburt dieser Kinder geglaubt zu wissen, was dienen heißt! Nun, das Mysterium hatte gewiss noch Verbesserungen anzubringen. Es gibt kaum einen selbstloseren Dienst als das Großziehen von Kindern. Tatsächlich lässt sich hier der Unterschied zwischen selbstlosem Dienen und einem Dienen, das ohne Dank bleibt, gut erforschen.

Auf unserem gemeinsamen Weg haben Ondrea und ich in diesen letzten 25 Jahren der Verwebung unseres Seins und der gegenseitigen Unterstützung viel Fortschritt erlebt. Dieses gemeinsame Wachsen wurde mit Sicherheit verstärkt gefördert durch die Fürsorge und Hingabe, die der Umgang mit den Folgen ihres Krebsleidens und ihrer späteren Immunerkrankung erforderte. Diese Liebe und Hingabe zogen den Geist ebenso ins Herz wie sämtliche anderen Formen von Praxis, die ich in meinem Leben verfolgte.

Wir können tausend Schwüre leisten, doch in Wirklichkeit können wir uns gegenseitig nur unser Herz anbieten.

Wir reisen unser Leben lang allein. Es ist eine solche Gnade, diese Einsamkeit mit einem Menschen teilen zu können, den wir lieben.

Vertrauen schenken und geschenkt bekommen, lieben und geliebt werden.

Wir alle sind Zellen im Körper der Menschheit. Wir finden uns gegenseitig aus der Unermesslichkeit heraus und schaffen ein neues Leben. Dieses neue Leben zeigt sich in unseren Augen und in unseren Knochen.

Wenn zwei das Eine teilen, jubeln die himmlischen Gefilde, weil diese beiden das Erbe weiterleben, das begann, noch bevor sie gegenseitig in ihren Augen den Garten Eden erkannten.

Ein Lehrer sagte, mache deinen Atem zu deinem besten Freund. Ein anderer sagte, Gott ist dein einziger Freund. Für mich ist ihr Atem Gott und ohne ihn wäre das Heilige mir ferner.

Ein Zen-Meister unterschrieb seine Briefe immer mit den Worten: »Bitte, werde erleuchtet und befreie uns alle.«

Wir heirateten mit der Absicht, nirgendwo anzuhalten und die lebendige Wahrheit mehr zu schätzen als einander. Und uns gegenseitig grenzenlos zu schätzen.

4 Uhr morgens

Ondrea wachte auf und meditierte

Der Buddha riet
in »der dritten Wache der Nacht«
zu meditieren
in jener Stille, jener Dunkelheit
leuchtet das Licht am hellsten

am dunklen Fenster unzählige Gesichter
lösen sich auf
eins in das elende Gesicht des nächsten
in Menschenmassen die nach vorne drängen
um ihren Segen zu empfangen
und alle erhalten
wofür sie kamen
ein offenes Herz lockt die Bußfertigen
aus anderen Welten an

Manchmal singen die Staubfäden im tiefen Kelch von Blüten im Chor mit dem Wind, ihrem geliebten Wind, um mich wieder einmal daran zu erinnern, dass nur sie und das Mysterium wirklich sind.

Auch wenn ich mich in alle sechs Richtungen verneige, verneige ich mich immer nur vor dir und Dir.

Ein zerknülltes Kleenex, liegen gelassen
neben dem Meditationskissen –
und ich tauche ein in dich.

# 24

Bereitschaft

1976 leitete ich zusammen mit Ram Dass ein Retreat, als ich Elisabeth Kübler-Ross begegnete. Nach einer Nachmittagsmeditation lud sie mich ein, an einem ihrer fünftägigen Workshops teilzunehmen.

Bei ihrem Workshop vernahm ich den Ruf, den Sterbenden zu dienen. Sie lud mich noch zu einigen weiteren Workshops ein, und ich beschloss, sie zu fragen, ob ich nicht mit ihr zusammen Pflegepersonal in Meditation unterrichten könne.

Bald darauf war sie zu Besuch in Kalifornien. Nachdem wir uns ein paar Mal knapp verpassten, kamen wir zusammen, und als ich sie fragte, was sie davon hielte, mit mir zusammen zu unterrichten, sagte sie, ohne zu zögern: »Nun, wenn sich das für dich und für mich richtig anfühlt, dann muss es auch richtig sein!«

In der Anfangszeit unseres gemeinsamen Unterrichtens schätzte ich es immer wieder neu, wenn Elisabeth sagte: »Nichts ist zu gut, um wahr zu sein!« Diese Worte vermittelten mir das Gefühl unbegrenzter Möglichkeiten. Sie halfen mir, das Licht zu finden, dessen Ausblenden wir Schatten nennen. Sie verliehen dem Wunder unseres Potenzials Gültigkeit.

Ich arbeitete einige Jahre mit ihr zusammen. Sie initiierte mich in die Freude und den Herzenskummer, der die Arbeit mit Todkranken in einem Krankenhauszimmer in Houston begleitete, führte mich zu dem einzigen Stuhl am Bett einer sterbenden jungen Frau und zog sich still in eine Ecke zurück.

Nichts, was ich hätte sagen können, fühlte sich richtig an. All meine »Methoden« waren nichts als Hindernisse für unsere Verbindung. Ich saß eine Weile still neben ihr, dann nahm ich ihre Hand und ließ unseren Atem einen natürlichen gemeinsamen Rhythmus finden. Allmählich entspannte sie sich und sagte, sie sei es müde, gegen den Tod anzukämpfen, so viele Operationen, so viele Experimente »bis zum letzten Atemzug«.

Ich sagte, bei ihrem bemerkenswerten Herzen würde der Tod kein Problem sein. Und sie entgegnete, das wisse sie.

Erschöpft, wie sie war, schien sie mich doch zu segnen. Die Stille, die wir miteinander teilten, war so reich, wie ich es nur im Meditationsraum kennen gelernt hatte.

Ich erinnere mich nicht mehr an alle Worte, die zwischen uns fielen, sehr wohl aber an die Stille, in der unsere Herzen zusammenkamen, an unseren Atem und das fast überwältigende Meer an Mitgefühl, in dem diese Szene trieb. Und an die Worte, die wie eine entfernte Erinnerung an die Tradition der amerikanischen Ureinwohner in meinem Herzen aufsteigen und immer mehr an Kraft gewannen: »Ein Herz, alle eins!«

Vielleicht fühlte ich mich zu dieser Arbeit hingezogen, weil es hier ebenso viel Hilflosigkeit wie Vertrauen in den Prozess gab.

Nichts ist zu gut, um wahr zu sein.

Mein Herz wurde zu den Sterbenden gerufen, sie wurden mein Lehrer und mein Weg.

Als ich Ondrea kennen lernte, leitete ich das Hanuman Foundation Dying Project. Ram Dass schlug vor, dass wir ein kostenloses Beratungstelefon für Sterbende und ihre Angehörigen einrichten sollten. Das taten wir für drei Jahre.

Unsere Arbeit mit Sterbenden im Laufe dieser mehr als zwanzig Jahre war für uns ein großes Geschenk. Sie war unser Weg des Herzens.

Wir wachen für Jennie und werfen einen Blick auf die Uhr. Es ist 2.57 Uhr in New Mexico, 4.57 Uhr in Philadelphia, wo Jennie offenbar im Sterben liegt. Dan ist in ihrer Nähe.

Wir haben schon viele Totenwachen gehalten. Aber Jennie und Dan sind fast einen Kontinent weit entfernt. Also sitzen wir zu Hause wach und nehmen die beiden in unser Herz.

Jennie war schon lange krank, doch jetzt zeichnete sich das Ende ab. Sie schrieb: »Wir haben uns für Tiefe statt für Breitenwirkung entschieden.« Und wies alle Behandlungsmethoden zurück, von denen sie feststellte, dass sie das Bewusstsein stark trübten.

»Alles wird vereinfacht. Sie hat das Gefühl, dass die Chemo so aggressiv ist und sie so schummerig macht, dass sie den Kontakt zu sich und ihrem natürlichen Prozess verliert«, schrieb Dan. Er fuhr fort:

> *»Jetzt steuert Jennie also auf diesen Augenblick zu. Diesen Abzweig des Weges, den wir immer kannten, diese Ausfahrt.*
>
> *Wo bislang immer die Trauer saß, kommt jetzt dieser unermessliche, auf keiner Karte verzeichnete Seufzer der Trauer, unbezähmbar, unergründlich, nicht zu besänftigen, ebenso unkultiviert wie unerforscht, das Ding an sich, das alles andere gerinnen lässt.*
>
> *Jennie mit ihrer großen Stärke zu forschen, Dinge zu entwirren und sich für die Krankheit zu öffnen, an deren Seite Jahr für Jahr zu leben eine so erstaunliche Erfahrung war. Jetzt sucht sie irgendwo in einem gewissen Endspiel nach der äußersten Grenze von Dankbarkeit und Frieden ...*
>
> *Den Mut, ihre Heilung dem Tod anzuvertrauen.«*

In der Meditation kommt wiederholt das Bild von Jennie auf, die eine kleine Kerze hält. Sie führt andere durch wirre Schatten einen Pfad entlang, der sich in einem hellen Horizont verliert.

Die Tiere liebten sie, das Wasser neigte sich leicht in ihre Richtung, wenn sie vorbeiging. Die Liebe erzeugt Gezeiten. Sie war der Mond. Ihre Kraft war die Widerspiegelung. Ihr Geist öffnete sich wie ein Kristall, der hinter der schlichten Kerze ihres Herzens stand und deren Licht in Kunst und Heilung wandelte.

Sie kennen die Geduld, die größer ist als das Verstehen. Sie haben alles, was die Liebe uns schenkt, wenn wir es am dringendsten brauchen.

Einige Tage später sagte Jennie beim Überschreiten der Schwelle zu Ondrea: »Dies ist so wunderbar. Du wirst es lieben, wenn du hier ankommst.« Und die Kerze verlosch und erfüllte den Raum mit Licht.

Zu den Retreats »Bewusst leben, bewusst sterben«, die wir zwanzig Jahre lang anboten, kamen meistens mehrere hundert Menschen, die während dieser Zeit auch im Zentrum wohnten.

Auch wenn ich im Lauf der Jahre in Büchern wie *Wege durch den Tod* (Bielefeld: J. Kamphausen 1999) viele »Wundergeschichten« über Sterbende weitererzählt habe, war unsere Arbeit nicht immer so klug, klar oder eindrucksvoll.

Einmal kam ein Mann mit einem Gehirntumor, mit dem ich etwa ein Jahr gearbeitet hatte, zu seinem »letzten Retreat«, wie er sagte. Sein Tumor war so gewachsen, dass er fast sein ganzes Leben verdrängt hatte. Vielleicht hatte der Kranke täglich noch ein paar »gute Stunden«, und er fragte mich, ob ich ihn hin und wieder in seiner Hütte aufsuchen würde, da er zu schwach war, um sich ins Haupthaus zu begeben.

Er war eine besonders freundliche Seele. Sehr groß und jetzt sehr dünn geworden, sagte er, er werde in seinem nächsten Leben eine Skulptur von Giacometti sein. Ich hatte ihn sehr gern und wollte natürlich, dass sein nahender Tod ebenso sanft und erfüllend verlief wie die Stunden, die wir bislang zusammen verbracht hatten.

Eines Nachtmittags, als ich ihm, da er Schmerzen hatte, nur einen Kurzbesuch abstattete, erinnerte ich ihn daran, dass er, wenn es ihm sehr schlecht ginge und er Hilfe welcher Art auch immer von mir brauche, kommen und mich wecken könne, egal um welche Zeit.

Um drei Uhr nachts kam er in mein Zimmer und weinte vor Schmerzen. Die Medikamente reichten nicht, um seine Beschwerden zu dämpfen. Ob ich ihm einfach »etwas Energie« geben könne? Ich hatte bei geleiteten Meditationen oft meine Hände auf seinen Kopf gelegt. Die Verbindung durch unsere Berührung war in dem subtilen Fluss elektrischer Energie ganz greifbar zu spüren gewesen. Er sagte, sie beruhige ihn.

Aber in dieser Nacht konnte ich aus irgendeinem Grund nicht richtig wach werden. Meine Schläfrigkeit wollte nicht weichen. Da wir in diesen intensiven Zeiten von morgens um sechs bis manchmal Stunden nach Mitternacht arbeiten, ist Schlaf das wichtigste Mittel, neue Kräfte zu tanken. In dieser Nacht hakte sich etwas beim Auftanken nicht so weit los, dass ich mit der Außenwelt in Kontakt treten konnte.

Er legte sich auf das Bett und ich setzte mich neben ihn, eine Hand auf seiner Stirn, die andere über seinem Herzen. Ich begann eine geleitete Meditation für seinen Schmerz, aber sie verlief keinesfalls so, wie er es gebraucht hätte. Ich konnte nicht so weit wach werden, dass ich präsent genug war, um mich wirklich zu konzentrieren. Wie ein Klotz saß ich da. Meine Worte waren ebenso kraftlos wie meine Berührung. Und seine Schmerzen waren durch den Gang zu meinem Zimmer noch stärker geworden statt weniger. Er lag da, halb jammernd, halb für sich singend, bis weitere Medikamente schließlich zu wirken begannen.

Es war für uns beide eine Enttäuschung, dass ich ihm nicht besser beistehen konnte. Aber es war auch eine eindringliche Mahnung, sich zu erinnern, was es für die Menschen in unserer Umgebung heißt, wenn wir nur halb anwesend sind.

Nicht imstande, mich tiefer zu konzentrieren, beunruhigte mich am meisten, dass ich ihn nicht spüren konnte, als ich ihn berührte. Ich stand bis über beide Fußknöchel in ziemlich flachen Bewusstseinsgewässern. Das erinnerte mich an den Zustand, in dem ich mich befunden hatte, bevor ich erwachte. Wie isoliert das Herz damals war, wie halbherzig ich mein Leben lebte.

Jahrelang wurde bei den Workshops in San Francisco gewitzelt, Joanne sei unsere Leibwächterin. Auch wenn wir uns oft zuzwinkerten, wenn jemand seine Scherze darüber machte, weil wir es besser wussten, hätte mir jeder Leid getan, der in ihrer Gegenwart versucht hätte, uns etwas anzutun. Sie war sehr groß und wunderschön, wie eine afrikanische Stammesmutter.

Aber ihr Körper brach nach und nach zusammen. Und obwohl ihre Lebensgefährtin Cheryl sich unermüdlich um sie kümmerte, wenn Joanne bettlägerig war, und in der restlichen Zeit intensiv mit ihr scherzte und ihr Freude zu bereiten suchte, zog die Schwerkraft sie unaufhörlich zurück in die Erde.

Nachdem sie ihre finstere Prognose um fast drei Jahre überlebt hatte, durchlitt Joanne in den letzten Monaten den schweren körperlichen Zerfall eines Menschen, der ein äußerst zerstörerisches Leiden bis zum Ende durchlebte, »aus Liebe, nicht des Körpers wegen«. Die Knochen brachen unter dem Gewicht ihres großen Körpers buchstäblich zusammen, die inneren Organe lösten sich auf. Ihre geliebte Cheryl war immer an ihrer Seite.

Als sie starb, sagte ihre zweijährige Tochter: »Großer Fisch ist tot!« Joanne hatte es geliebt, mit ihrer Tochter angeln zu gehen. Die größte Liebe galt ihrer Cheryl, die sie mit einer fast magischen Sensibilität pflegte, welche keinen siebten Ruhetag kannte. Die für Joanne »das Licht hochhielt, damit sie ihren Weg nach Hause finden konnte«, als diese eine Woche, bevor sie starb, sich so erregte und wütend wurde auf den Tod.

Die sie an ihr Herz drückte, als Joanne bei ihrer Lebensrückschau die frühen Alpträume ihrer Kindheit hochkommen ließ und sich vom Leben entgiftete, während sie allmählich Widerstände aufgab und sogar eine gewisse Entspannung sich in ihr ausbreitete, die ihr erlaubte, in den Armen ihrer Geliebten ihren eigenen Tod zu sterben.

Bevor ich Ondrea kennen lernte, arbeitete ich Mitte der siebziger Jahre manchmal mit einer energischen, mitfühlenden dominikanischen Nonne zusammen, die mich oder die ich begleitete. Schwester P. hatte ein heiseres Lachen und eine tiefe Liebe zur Familie, von der sie niemanden ausschloss.

Da ihr die buddhistische Meditation, die ich gemeinsam mit ihr machte, so viel gegeben hatte (sie hatte in unserer Dienstagabendgruppe beim Sitzen eine Reihe von tiefen Einsichtserfahrungen), sagte sie eines Tages zu mir, sie würde mich gerne an einer Praxis teilhaben lassen, die für sie von großer Wichtigkeit sei.

Also nahm sie ihren jüdisch-buddhistischen Kumpel mit in die Kathedrale, um ihn mit Wein und Keksen zu bewirten. Sie führte mich »hinter die Kulissen« und stellte mich dem Bischof vor. Als sie ihn freundlich darum bat, erlaubte er mir, bei dem bevorstehenden Gottesdienst am Abendmahl teilzunehmen.

Auch wenn ich im Laufe der Jahre anlässlich des Todes von Patienten häufiger katholische Messen besucht hatte, war es für mich eine völlig neue Erfahrung, einen geweihten Segen zu empfangen.

Als ich mich hinkniete und meine Lippen für den Leib Christi öffnete, schmeckte ich zwei Oblaten auf meiner Zunge. Irgendwie empfing ich einen doppelten Segen. Und Sein Blut löste beide auf in das Eine.

Ich nahm an, der Bischof dachte, ich könne wahrscheinlich alle Hilfe, die ich nur bekommen könne, gebrauchen. Und während ich einen Kniefall machte, meinen Mund voll von Heiligem Geist und Fleisch, dachte ich: »Geh das Göttliche nicht zu vernünftig an, sonst verpasst du die Details!« Und Jesus lachte und fügte hinzu: »Einem geschenkten Gaul schaut man nicht ins Maul.«

So erlebte ich einen weiteren Augenblick mit Jesus, dem Mystiker, dem ich durch die Vermittlung meines jüdischen Hindu-Lehrers vor Jahren schon einmal begegnet war.

Viele Male habe ich mich vor Jesus in Dankbarkeit verbeugt, denn die Sterbenden in diesem Land erleben ihn oft als Archetyp des Herzens. Ein Vorbild für das Sterben. Tatsächlich heißt es, dass der Jesus-Archetyp aufgrund unserer Sehnsucht nach dem Großen Herzen auch dann weiterexistieren würde, wenn es Jesus selbst nie gegeben hätte.

Es hat mich immer verblüfft, dieses Wesen, dessen Liebe so stark war, dass noch heute davon die Rede ist, viel häufiger leidend am Kreuz dargestellt zu sehen statt als heiliges Herz. Ein Herz, das der Welt eine Liebe entgegenbringen würde, die Zehntausende der Kinder, die heute leiden und hungern, würde retten können.

Er hat in meinem Herzen denselben Platz wie Maharaji Neem Karoli. Vielleicht sind alle großen spirituellen Wesen eine reine Emanation jener einen Seele, von der wir alle Teil sind, das eine, das wir das Eine nennen.

Ich bin Jesus nie in einer Kathedrale näher gekommen, fand ihn aber einmal auf meinem Meditationskissen vor (bitte schauen Sie im Glossar unter »Jesus« nach), als ich spät nachts aus dem Krankenhaus nach Hause kam. Er legte seinen Arm um mich und wir weinten beide über den schweren Tod des Patienten, den ich betreut hatte.

Lange, bevor sie sich umbrachte, ging ich neben Antonia her, als sie zum ersten Mal stolperte und hinfiel. »A.L.S.«, seufzte sie und weinte.(Amyotrophische Lateralsklerose, Rückenmarkserkrankung mit wachsenden Lähmungserscheinungen und meist tödlichem Verlauf, Anm.d.Ü.)

»Tony ist tot, und es gibt niemanden, der mir so helfen könnte wie ich ihm!«

Und als ich ihre Geschichte Jahre später dreihundert Aids-Patienten erzählte, fanden wir in ihrer Hilflosigkeit und Liebe zueinander und stolperten mit ihr zusammen etwas barmherziger auf das Unbekannte zu, jeder auf das seine. Weinten, weil so viele alleine sterben und so viel Liebe unverschenkt bleibt.

Aids

Ondrea und ich hatten schon einige Jahre am Bett von Sterbenden gesessen, bevor wir Ende der siebziger Jahre unsere ersten Erfahrungen mit Aids machten.

Dann kamen immer mehr von den jüngsten und schönsten Patientinnen und Patienten, mit denen wir jemals arbeiteten, in unsere Workshops, um Beistand zu suchen. In manchen dieser Workshops, an erster Stelle natürlich in Kalifornien, kamen zwei- bis dreihundert Menschen zusammen, um mit dem Virus zu arbeiten.

Adrian, der Aids hatte und im Sterben lag, sagte: »Ich bin immer Optimist gewesen, aber das scheint meinem Körper nicht mehr zu helfen. Jetzt heißt Optimist sein zu wissen, dass ich nicht dieser Körper bin.« Zu der Zeit musste er eine Bluttransfusion bekommen, um am Wochenendworkshop teilnehmen zu können. »Ich war nur noch ein Viertel meiner selbst.«

»Und, weißt du, ich habe viel darüber nachgedacht, warum wir, obwohl wir nicht der Körper sind, so stark an ihm hängen ... und ich glaube, ich finde selbst in diesem ziemlich lästigen

Umstand Barmherzigkeit ... Wenn wir nicht so am Körper hängen würden, hätten wir uns vielleicht schon längst umgebracht ... Selbst in den allerschwersten Zeiten verspüren wir den intensiven, ja, sogar irrationalen Wunsch, weiterzuleben.«

Er sagte, er habe nur noch zwei Fragen, bevor er loslassen könne. »Was wird aus ›Adrian‹, wenn ich gestorben bin? Verliere ich diese Persönlichkeit und bin dann nicht mehr ich selbst?«

Worauf Ondrea antwortete: »Du wirst mehr du selbst sein als je zuvor! Das Gefühl eines Selbst wird weiter existieren, aber dieses Selbst wird einen beträchtlich größeren Radius haben als dein jetziges.«

Seine andere Frage lautete, ob es »unspirituell« sei, wenn er gegen seine manchmal quälenden Schmerzen Medikamente nähme. Und wir erwiderten, wenn der Schmerz seine Sicht auf die Seele versperre, wenn er Körper und Geist so restlos beherrsche, dass Adrian seine Aversion und das Gefühl von Hilflosigkeit nicht überwinden könne, dann solle er mit sich so umgehen, wie er es mit seinem einzigen Kind tun würde. Er solle sich selbst in die Arme nehmen und dem Schmerz all die Liebe geben und all die Pausen verschaffen (ob mit Hilfe von Medikamenten oder auf andere Weise), die er brauche.

Die Vorstellung, sterben zu müssen, während der Körper sich vor Schmerz verkrampft und wir uns gegen das Leben verhärten, nicht imstande, dessen tiefstes Lied und Gebet in unserem eigenen Inneren zu hören, scheint der Seele weniger förderlich zu sein als ein dünner medikamentöser Nebel, den wir wahrscheinlich leicht durchdringen können. Die nicht zu bremsende Wirkungskraft der Seele erlebt auf ihrem Weg zur grundlegenden Klarheit viele Augenblicke der Entschleierung.

Er war ein einziges Leuchten und starb allein, umschlungen von den Armen des tief in ihm verwurzelten Bildes der Göttlichen Mutter, die er immer »Unser Aller Mutter« nannte.

Wie schon der Versuch, im Naturschutzgebiet »heiligen Boden« zu schützen, zog auch die Arbeit mit Aids-Patienten fast politisch zu nennende soziale Aktivitäten nach sich, die den destruktiv empfundenen Einfluss von Menschen eindämmen sollten. Viele Menschen, die Aids-Patienten dienen, stellen fest, dass sie an der Rolle als Fürsprecher des sozialen Gewissens nicht ganz vorbeikommen.

Einige ganz Verbiesterte sagten, Aids sei Gottes Strafe. Ein, zwei alte Freunde nicht mehr umarmen, und schon wachsen die Wände des Ghettos höher. Doch überall gab es Engel, welche die giftigen Gase vertrieben. Ärzte mit Engelherzen wie Carl Simonton küssten die am tiefsten verunsicherten Aids-Patienten, wenn sie gingen, und erinnerten sie daran, wie wunderschön sie waren. Der verehrungswürdige Arzt Fred Schwarzt widmet sein Leben der Arbeit als Leiter des medizinischen Kernteams des New York Hospice. Trevor Hawkins, Doktor in Santa Fe, gehörte zu den Hunderten von weiteren Ärzten, die sich keinerlei Zurückhaltung auferlegten. Erwähnt werden muss hier auch die außergewöhnliche Arbeit von Martha Freebairn-Smith und Frank Ostaseski vom San Francisco Zen Hospice.

»Und was, wenn du dir den Virus einfängst?«, fragte ich in jenen ersten Jahren der Unerfahrenheit und Liebe eine äußerst engagierte Krankenpflegerin.

Worauf sie antwortete: »Sie sind noch so jung, und manche werden noch nicht einmal von ihren Familienangehörigen besucht, weil die Angst haben, ihnen nahe zu kommen. Ich kann sie nicht alleine sterben lassen.«

In jenen Tagen, in denen fast der Rauchgeruch von Hexenverbrennungen in der Luft lag, war die Pest hinter uns her. Doch es war nicht der Virus – sondern Angst.

Ich weiß nicht genau, welche Angst am größten war. Die Angst zu sterben? Oder die Schattierungen einer Frauenverachtung, die als Angst vor Homosexualität durchging, die männliche Angst vor der eigenen Weiblichkeit?

Wenn wir das Phänomen kulturell, gesellschaftlich und/ oder psychologisch erforschen, wird deutlich, dass die Angst und der Hass, der von einigen »richtigen« Männern auf schwule Männer projiziert wird, eine unterschwellige Angst vor Frauen und Weiblichkeit ist. Je größer die Angst vor Homosexualität, desto geringer scheint tatsächlich die Chance, dass ein Mann eine vertrauensvolle, unkritische Beziehung zum anderen Geschlecht hat.

Ironischerweise entwickelte sich die Schwulenszene, die Bruderschaft homosexueller Männer, die von dem Virus am unmittelbarsten betroffen war, angesichts dieser Angst und Unwissenheit zur wahrscheinlich am schnellsten wachsenden spirituellen Gemeinschaft. Keine andere Gruppierung schien so rapide von der üblichen Verschlossenheit zu einer frappierenden Offenheit überzugehen. In keinem Ashram oder Kloster haben sich so viele Herzen geöffnet, sind so viele »Deckel gelüftet« und ist so viel überquellende Leuchtkraft freigesetzt worden wie im Castro oder West Village.

Welch vollkommene Verheißung, dass es die Schwulen waren, die bei dieser Heimsuchung mit ihrer Haltung ein so starkes Beispiel für eine geschwächte Gesellschaft setzten. Tatsächlich brachten schwule Männer uns (überwiegend Hetereosexuellen) bei, was es heißt, »ein Mann zu sein«.

Im Kern der Aids-Gemeinschaft zeigte sich eine weitere Gnade. Die Gruppe, die am wenigsten anfällig für den Virus war, die Lesbengemeinde, unterstützte ihre Brüder aktiv, mit viel Energie und voller Respekt und nahm an deren Schmerz Anteil. Diese Frauen stürzten sich ohne Sicherheitsabstand mitten ins Geschehen. Und setzten damit das Erbe jener starken und barmherzigen Frauen und Männer fort, die auf jedem Schlachtfeld anzutreffen sind und deren Liebe um vieles größer ist als ihre Angst.

Nachdem *Psychology Today* 1983 ein langes Interview mit Ondrea und mir über unsere Arbeit mit dem 24 Stunden täglich besetzten »Sterbetelefon« gemacht hatte, erhielten wir

800 Anrufe und 3000 Briefe. Wir brauchten fast ein halbes Jahr, um auf die unmittelbar geäußerten Bedürfnisse einzugehen. Manche der Beziehungen, die in dieser Zeit entstanden, hielten jahrelang.

Das Herz des Schoßes

So wie die Arbeit mit Sterbenden sich durch Aids erweiterte und vertiefte, intensivierte sich auch die Trauerarbeit, als im Verlaufe eines zehntägigen Retreats zum Thema »Bewusst leben, bewusst sterben«, wo wir die Trauer erforschten, die wir alle erleben, deutlich wurde, dass viele Frauen im Raum einen tiefen Schmerz in sich trugen, der nicht auf den Verlust eines geliebten Menschen zurückging. Sie trauerten um den Verlust von Vertrauen und Lebensfreude, der eine Folge von sexuellem Missbrauch war.

Nach einer besonders intensiven Meditation stand eine Frau auf, um der Gruppe voller Freude zu schildern, wie sie ihren Körper verlassen hatte. Auch wenn das eigentlich nicht Ziel der Praxis ist, treten solche Erfahrungen gelegentlich spontan auf. Strahlend erzählte sie von ihrer Entdeckung, mehr zu sein als der Körper, frei von seiner Schwere im Raum zu schweben, als eine andere Frau etwas ängstlich die Hand hob und sagte: »Ich möchte dich nicht unterbrechen, aber ich habe etwas sehr Wichtiges mitzuteilen.« Sie stand auf. »Ich denke, diese außerkörperlichen Erfahrungen sind schon ganz nett, wisst ihr, wirklich etwas Vorzeigbares, aber ich wünsche mir stattdessen zur Abwechslung mal eine Erfahrung *im* Körper zu machen. Ich möchte, dass mein Körper ein sicherer Ort ist, keine Zielscheibe. Ich möchte, dass mein Körper mein Zuhause ist, aber ich habe mich in meinem Körper nie zu Hause gefühlt, weil er Ort von Übergriffen und mutwilliger Zerstörung war. Ich habe sämtliche Türen verriegelt und jetzt kann ich nicht wieder hinein.« Viele Frauen im Raum begannen zu schluchzen und bestätigten, selbst erlebt zu haben, dass ihr Körper einfach kein sicherer Ort für sie war.

Nach dieser sehr intensiven und unglaublich bewegenden Sitzung suchte mich eine Frau auf und sagte: »Weißt du, ich habe in meinem Herzen heute nicht mehr Platz als damals in meinem Körper, als ich zwei Jahre alt war und mein Vater mich vergewaltigte.«

Und sofort wurde deutlich, dass Frauen zwei Herzen haben, eines im Brustkorb und eines im Schoß. Zwischen dem oberen und dem unteren Herzen besteht eine tief greifende Verbindung (»unten« ist hier nicht in einem abwertenden, sondern lediglich im anatomischen Sinne gemeint). Viele Frauen hatten Schwierigkeiten, Zugang zum oberen Herzen zu finden, weil sie das untere Herz, den Schoß, die Genitalien hatten verschließen müssen, um sich selbst zu schützen und zu überleben. Aus dem Missbrauch des Schoßes erwuchsen Angst, Misstrauen, Wut, Zweifel, ja, selbst ein gnadenloser Selbsthass, und all diese Gefühle hatten den Zugang zu der Weite und Leichtigkeit verengt, die auf ewig im oberen Herzen wohnen.

Und meine Erfahrungen mit Trauer erweiterten sich auf schmerzvolle Weise.

Als wir nach diesen unfassbaren Mitteilungen zur nachfolgenden Mittagspause in unsere Hütte zurückkehrten, brach uns der Schmerz, an dem diese Frauen uns Anteil nehmen ließen, das Herz. Unser betäubtes Schweigen ging über in eine lange Meditation der liebenden Güte. Und auch wenn wir im Augenblick völlig überwältigt waren von dem Leid, kehrten wir in den Gruppenraum zurück, um herauszufinden, was für die Heilung, die anstand, zu tun war.

Aus den Worten dieser Frau erwuchs wie eine Gnade die *Opening the Heart of the Womb Meditation* (Meditation für die Öffnung des Herzens im Schoß, Anm.d.Ü.; Sounds True Recordings). Mit dieser Meditation können wir uns an der

Heilung beteiligen, für die wir alle verantwortlich sind. Niemand von uns steht außerhalb des Schmerzes, den jede und jeder von uns in sich trägt.

Die Arbeit mit Erwachsenen, die als Kinder missbraucht wurden, war in all diesen Jahren in gewisser Weise eine größere Herausforderung als die mit Sterbenden. Ich hatte am Totenbett viel Gnade und viele Wunder erlebt. Aber ich fand die Heilung von Missbrauch mühsamer. Ein Kampf darum, sicher geboren zu werden. Das Herz zutiefst erschöpft. Aber im Laufe der Jahre erlebten wir bei vielen, wie ihnen der Segen zuteil wurde, sich für ein neues Leben öffnen zu können. Und es war uns eine große Ehre, einigen Menschen bei ihren ersten Atemzügen beistehen zu dürfen, wo wir früher so viele bei ihrem letzten Atemzug begleitet hatten.

Wir waren dankbar, an den heilsamen Dialogen teilzunehmen, welche »die Pforten des Himmelreichs öffneten«, so dass wir alle das Wunder des großen Herzens erleben konnten, in dem wir alle miteinander verbunden sind und das völlig unverletzt ist.

Die größte Heilung geschieht, wenn wir gar nicht anders können, als sie mit anderen zu teilen.

25

Im Dienst der Kunst der Anwaltschaft

Dienen schließt oft auch eine Anwaltschaft im Dienste »richtigen Handelns« ein.

Was nicht ist

Bei den meisten meditativen Praktiken, und das gilt besonders für die buddhistischen, geht es um die Erforschung dessen, *was ist*.

Wir werden ermutigt, uns mit Güte und Nachsicht auf den Fluss ständiger Veränderung und die Wege unserer Welt zu beziehen. Dringendes Anliegen dieser Praktiken ist, dass wir mit gleich bleibendem Respekt, Barmherzigkeit und Gewahrsein sowohl die mechanistische Denkweise des Geistes und dessen Gewohnheiten und Reaktionen erforschen als auch die Abstufungen tiefer, heiliger innerer Räume, deren lebendiges Sosein und deren Widerhall.

Sehen, *was ist*, heißt Einsicht und ein stärkeres Empfinden für das Einzelne und die ständige Veränderung gewinnen und damit das Gefühl, beteiligt zu sein an dem, was wir betrachten. Sich dem zuwenden, *was nicht ist*, heißt Enttäuschung und Unruhe einladen.

Immer wieder kritisiert der Geist alles, was seinen Weg kreuzt. Alles ist zu groß, zu klein, zu sehr wie dies statt wie das und umgekehrt. Dieses ständige Urteilen verwirrt die Sinne.

Wenn der Geist/Mund mit einem Objekt oder einer Situation konfrontiert ist, hebt er oft deren Schwäche, Unvollkommenheit und Mängel hervor. Wir reden von dem, *was nicht ist*, statt von dem, *was ist*.

Wir beziehen uns auf das, *was nicht da ist*, statt zu erleben, *was ist*.

Nachdem wir jahrelang nach einem Stück Land gesucht hatten, fanden wir 1986, als unser jüngstes Kind in die Welt hinausging, ein wunderschönes Gelände mit Wald, Weiden und getürmten Felsenformationen im Norden von New Mexico. Das war genau das Richtige.

Umgeben von Ländereien der amerikanischen Ureinwohner und dem Carson National Forest, die nicht eingezäunt waren, da das Eigentumsrecht des ursprünglichen Besitzers in Dokumenten verbürgt wurde, die noch Abraham Lincoln unterzeichnet hatte, gab es hier und da Stümpfe von großen Goldkiefern und zweihundert Jahre alten Pinien, die im Lauf der Jahre von örtlichen Waldarbeitern gefällt worden waren. Beim Gang durch die Wälder wurde augenfällig, dass manche, die vor uns kamen, sehr wenig Achtung vor dem Land gehabt hatten. Große Bäume, vor Jahren gefällt, aber niemals weiter verarbeitet, waren einfach der Verrottung überlassen worden. Sinnlose Vergeudung, eine Folge der eingebildeten Herrschaft über die Erde.

Und uns begann aufzufallen, dass selbst mitten in einer prachtvollen Baumgruppe oft der klagende Stumpf einer

Großvaterkiefer ragte. Wir sprachen über das, was nicht da war. Wir sahen den Wald nicht vor lauter Augenmerk auf jenen einen verschwundenen Baum. Mittendrin, wendeten wir uns dem zu, was nicht da war. Gingen am Wesentlichen vorbei. Und wieder ging eine Erleuchtung den Bach hinunter!

Welche Ironie, dass wir aufgrund dessen, was sich nicht vor uns befindet, das nicht sehen können, was unmittelbar vor uns ist.

Jetzt könnten Sie die berechtigte Frage stellen: Und was ist mit der Ungerechtigkeit? Sollten wir uns keine Gedanken darüber machen, dass es so vielen Menschen am Lebensnotwendigen mangelt? Was ist mit dem Horten von Schätzen mitten in Not? Was mit dem Völkermord?

Das sind verzwickte Fragen, denn wie viele Historiker, einschließlich Joseph Campbell, nachgewiesen haben, begrüßten viele asiatische Despoten den Buddhismus und förderten ihn sogar, weil er der Bevölkerung zu mehr Akzeptanz verhalf und sie somit leichter manipuliert und ausgebeutet werden konnte.

Müssen wir nicht aufstehen und laut benennen, was nicht ist? Keine Medikamente, keine Lebensmittel, keine Unterkünfte, kein Frieden, keine Sicherheit, keine Religionsfreiheit, kein Verfügungsrecht über den eigenen Körper, kein Respekt für die Erde, keine Barmherzigkeit.

Anwaltschaft für das Wohlergehen anderer, die immer auch die Anwendung schädlicher Mittel anklagt, heißt: »*Ja, steh auf! Sprich aus dem starken Gefühl für das, was ist, dem Gefühl für das Mögliche, das an, was nicht ist!*«

Wir üben uns darin, über das, was wir sehen, hinauszusehen.

Jenseits unserer Vorlieben und der Denkmodelle unserer Urgroßväter, welche die Topographie unseres Geistes immer noch prägen, steht Arbeit an. Jenseits unseres Festhaltens am Bewährten liegt die Wahrheit dessen, was nicht ist und weist hinaus über das Verstehen dessen, was ist.

Und jenseits dieser Dualitäten liegt eine noch größere Wahrheit: Das Herz, das dieses Leid erkennt und handelt, um es zu lindern.

Ist unser Herz halb leer oder halb voll?
Fülle die Leere durch dienen und teilen,
entwickele Erziehungsprogramme.
Baue mit Jimmy ein Haus.
Besuche die Ängstlichen, die Alten, die Kranken.
Seid euch Ratgeber, erinnert euch gegenseitig
an eure wahre Natur und vor allem ehre den anderen ...
Sprich nicht nur von deiner Furcht davor, was andere
*   nicht sind,*
sieh ihr Großes Wesen.
Sieh den Wirrwarr, aus dem schädliches Handeln erwächst,
und verwechsele es nicht mit der leuchtenden Weite,
die vorübergehend verdunkelt ist.
Jede neue Generation wächst über die vorige hinaus,
lass auch du zu, dass andere über dich hinauswachsen.
Versenke dich tief in alles, was dich daran erinnert,
dass du Teil des Mysteriums bist,
alles ist da, nichts fehlt.

26

Rechtes Handeln in Aktion

»Es ist nicht so schwer, Gutes zu tun; schwer ist nur, Gutes gut zu tun.«

Rechtes Handeln ist eine der Praktiken des Achtfachen Pfades des Buddhas zur Befreiung. Recht handeln bedeutet zu meditieren und gütig zu sein. So wie rechte Rede, eine weitere dieser Verhaltensrichtlinien, sich darum bemüht, zum Wohle anderer zu sprechen, heißt rechtes Handeln zum Wohle anderer handeln: Frieden stiften, dienen und andere liebevoll umsorgen. Was in diesem Kontext bedeutet, das Leiden zu lindern, wie zum Beispiel durch Unterstützung der Schwächsten unter uns und der am meisten Entrechteten in sämtlichen Reichen von dem der Geister und Tiere bis hin zum menschlichen, und selbst den Göttern Mitgefühl bekunden, weil sie nicht höher steigen können.

Als ich 1967 bei Chinmayananda, der in den vierziger Jahren einer von Gandhis Leutnants gewesen war, *Satyagraha* studierte, die Kunst und der Geist zu leben, ohne anderen Schaden zuzufügen, lehrte er mich, mich aus der Schusslinie herauszuhalten. Als das Publikum Chinmayananda fragte, was er bei seiner Lebensanschauung gegen die unkontrollierbare Vermehrung der Ratten unternehmen würde, erwartete es wahrscheinlich, er würde sagen, dass jedes Geschöpf im Lebenszusammenhang seinen Platz habe. Und möglicherweise vorschlagen, man solle noch weitere Tempel einrichten, in denen Ratten, die an bestimmten heiligen Hindu-Büchern nagten und Gott damit einen Dienst erwiesen, gefüttert und sogar angebetet wurden. Doch stattdessen sagte er: »Sorg dafür, dass wir sie alle loswerden, denn sie fressen hungernden Kindern das Essen aus dem Mund weg!«

Später in diesem Jahr marschierten Allen Cohen, mein Partner bei der Herausgabe des *San Francisco Oracle*, und ich zusammen mit zigtausend anderen zum Pentagon.

Wir waren unter den ersten, die das Pentagon-Gelände betraten, und eilten die breiten Granitstufen hoch, bis wir von einer geschlossenen Front von Soldaten aufgehalten wurden, hinter denen eine ganze Anzahl von dunkel uniformierten Bezirksmarschalls mit langen Schlagstöcken stand. Wir ließen uns zu Füßen des Militärs nieder, holten unsere Tibetischen Zimbeln hervor, die aus fünf verschiedenen Metallen bestanden, und begannen, wie angekündigt, dem Pentagon ein Exorzismus-Lied zu singen.

»*Gate' Gate' para gate' para sam gate' bodhi swaha!*« (»Gegangen, gegangen, hinausgegangen über alles, über alles ganz hinausgegangen, ein Hoch auf die Erleuchtung!«) sangen wir, den Rhythmus mit unseren Zimbeln läutend. Die Marschalls starrten hinter der Reihe junger Soldaten auf uns herab und schlugen sich frustriert und wütend die Gummiknüppel gegen die Beine. Je inniger der Gesang, desto größer wurde ihre Erregung. In brutaler Selbstgeißelung schlugen sie sich im Rhythmus des Gesangs die Schlagstöcke gegen die Beine. Wir mussten unsere Aktion, die als Exorzismus-Theater angefangen hatte, aus Sorge um das Wohlergehen der Dämonen abbrechen. Wahrscheinlich hatten sie am nächsten Tag blaue Flecken und ihre Herzen waren noch immer wie betäubt.

Ich habe den Begriff »gemeinsame Aktion« schon immer bewundert, denn er beschreibt mit zwei simplen Worten den vielschichtigen Heilungsprozess, der anfängt, wenn wir uns dem Geist vom Herzen aus zuwenden. Wenn wir Schmerz mit Barmherzigkeit und Gewahrsein begegnen, statt ihn voller Angst zu meiden und zu verurteilen, spüren wir eine andere Ebene von Gemeinsamkeit, wo unser Schmerz der Schmerz in uns allen ist. Wo unser Wunsch, frei und glücklich zu sein, ein universelles Anliegen ist. Und wir schließen uns zusammen, um uns für die Heilung von uns allen zu engagieren wie beim Schwur des Bodhisattvas, der selbst den eigenen spirituellen Ehrgeiz aufgibt, um da zu sein für das Leiden, das unser aller Leiden ist.

Gemeinsame Aktion heißt, unser individuelles Streben zusammenschließen, um ein Haus oder eine Straße zu bauen, einen Krieg zu stoppen oder eine Gesellschaft zu heilen und oft auch eine wichtige Gewissensangelegenheit voranzutreiben.

Als soziale Aktivisten müssen wir aufpassen, dass wir, wenn wir Dämonen austreiben, nicht eine Seite in uns selbst wegdrängen, die nach Zuwendung und Heilung ruft. Oder selbst zu dem werden, wogegen wir uns stellen.

Wir müssen auf der Hut sein vor narzisstischem Ärger, wenn wir bei der engagierten Sorge um das Wohlergehen anderer die Balance halten wollen.

Der Dalai Lama, Gandhi, Martin Luther King und Desmond Tutu weisen darauf hin, dass mehr erforderlich ist als ein Gerechtigkeitsempfinden und der damit einhergehende selbstgerechte Ärger, um den »guten Kampf« zu fechten – Frieden.

Selbst wenn wir glauben, die Ursache des Leidens verstanden zu haben – und auch, wie Schmerz zu Leid wird –, kann unter all dem der selbstgerechte Ärger des hungrigen Geistes weiterhin aktiv sein.

Gandhi erinnert uns daran, dass unser Widerstand nicht passiv sein muss, nur gewaltlos. Bei jedem Akt des Widerstands müssen wir wach bleiben für den Unterschied zwischen aggressivem Schutz der Bedürftigen und der Feindseligkeit, die aus der ohnmächtigen Wut entstehen mag, welche unerforscht unter der Ebene des Gewahrseins liegt. Und im Verborgenen die Intuition des Herzens für heilsame Lösungen trüben kann.

Wenn Dienen den Versuch einschließt, erkannte Ungleichheiten auszugleichen, müssen wir uns unsere Methoden sehr achtsam anschauen, denn alle Reformer sind ärgerlich.

Ich weiß das nur zu gut von mir selbst.

Wie der Dalai Lama sagte: »Es ist besser, den Schmerz mit geschickten Mitteln zum Ausdruck zu bringen, bevor er sich in Leid verwandelt und als Feindseligkeit hervorbricht. Um für den Weltfrieden eintreten zu können, brauchen wir einen friedlichen Geist.«

Ein Beispiel dafür, wie ich eher reagierte, als auf eine Situation zu antworten, liegt einige Jahrzehnte zurück. Damals prangerte ich öffentlich an, dass mein geliebter Buddhismus sein Augenmerk generell nicht auf Themen wie traumatischen Missbrauch richte. Es schien einige Verwirrung in Bezug auf Begriffe wie »Karma« zu herrschen, die nach den alten Ängsten vor dem Jüngsten Gericht roch, wie die Aussage, dass alles »Schlechte«, das uns widerfährt, auf unser eigenes Tun zurückgehe und vielleicht sogar eine Art Strafe für unser früheres Handeln sei. Das ist eine ziemlich schädliche, dumme und zu oberflächliche Interpretation eines weitaus subtileren Prozesses. Eine Fehlinterpretation, die sehr verletzend für die Opfer von Kriegen, Gewaltverbrechen und sexuellem Missbrauch sein kann, die zunächst einmal und vordringlich erkennen müssen, dass ihre qualvollen Erfahrungen auf dem Tun und der Absicht anderer beruhen und nicht ihr eigener Fehler sind. Wir müssen achtsam sein, um nicht am Ende dem Opfer die Schuld zu geben.

Ich drängte auf Veränderung, hielt vielleicht sogar einige alte Freunde auf Distanz.

Als die Zahl der Aids-Patienten wuchs, wurden Beziehungen zu heimlich schwulen Meditationslehrern dadurch belastet, dass ich sie im privaten Kreis aufforderte, ihre Homosexualität zum Wohle ihrer aidskranken Schüler zur Sprache zu bringen und damit die Menschen zu unterstützen, die mit den auf Scham basierenden westlichen Religionen aufgewachsen waren.

Oder ich hörte mit verhärtetem Bauch zu, wie ein allgemein geachteter indischer Lehrer zu einer verängstigten Frau sagte, es sei ihre Pflicht, sich um ihre alternden Eltern zu kümmern, obwohl diese sie als Kind jahrelang belästigt hatten.

»Blödsinn!«, flüsterte mein karmisches Bündel.

»Obwohl diese Eltern, wenn die Zeit jemals reif dafür sein sollte, exzellente Kandidaten für die Meditationen der liebenden Güte und des Verzeihens aus der Ferne wären«, fügte es sanfter hinzu.

In den Jahrzehnten seit jenen frühen Konfrontationen haben Bewegungen wie der *Engagierte Buddhismus* und die *Buddhist Peace Fellowship* sowie die wachsende Einsicht, wie tief die anstehende Heilung gehen muss, geholfen, einiges an Aberglauben und kulturellen Vorurteilen zu überwinden, die mit jedem jahrtausendealten Glaubenssystem zwangsläufig vermittelt werden.

Unser Dienen scheint ideal im Gleichgewicht zu sein, wenn wir von tief genug innen weit genug nach außen schauen, um zu sehen, was dort gebraucht wird. Auch wenn Suzuki Roshi hinzufügen würde, wenn das Dienen wirklich im Fluss sei, gäbe es »weder innen noch außen.«

27

Nukleare Winde

Vor 45 Jahren brachten wir in Hiroshima die Hölle zur Perfektion, obwohl wir niemals mit dem Versuch aufgehört haben, sie noch höllischer zu gestalten.

Es reichte nicht, das Fleisch von Skeletten herunterzubrennen. Wir mussten auch noch die Moleküle der Knochen und des Gehirns zum Schmelzen bringen.

Und Ondrea und ich fragten uns, wie es wäre, in einer atomaren Explosion zu verdampfen.

Würden wir Schmerz empfinden, oder geschähe die Vernichtung so plötzlich, dass gerade Zeit für den letzten Gedanken bliebe, der noch einen Augenblick nach dem Verschwinden des Denkenden in der Luft hinge?

Im Mai 2000 brennt im Norden von New Mexico Los Alamos. Wir leben 30 Meilen gegen die Windrichtung entfernt vom Ende der Welt, unsere Körper gehören der Wissenschaft und den geflügelten Winden, die Leben und Tod in den Canyon hinuntertragen.

In 2000 Meter Höhe birgt der Wind, der den Gesang der

Vögel, den Duft der Pinien und die Stille trägt, welche die großen frei liegenden Felsen umgibt, vielleicht in Millionen von Jahren ein, zwei toxische Moleküle.

Wir wohnen im Herzen des Carson National Forest in einem Haus, das wir am Ende einer drei Meilen langen unbefestigten Straße bauten, die durch Stammesland nach Süden führt. Wir leben vertieft in unsere innere Arbeit, außer unserer Familie und wenigen alten Freundinnen und Freunden kommen uns nur wenige Menschen besuchen.

Heute, wo dicke Asche vom Himmel fällt, befinden wir uns alle unter der Pilzwolke.

Weiße Asche fällt auf das Haus. Die schwarze Katze hat graue Flecken. Die Sonne, die durch den Rauch scheint, der hoch oben schwebt, wirft ein unnatürlich goldenes Licht auf die Erde.

Der Mond war letzte Nacht eine Orangenspalte.

Die Schnee bedeckten Sangre-de-Cristo-Berge (Blut Christi) sind vernebelt wie hinter einer *Kata* aus weißer Seide.

Die Bienen haben die Apfelblüten verlassen.

Sie kehrten nie zurück.

Sie nennen es Los Alamos, das bedeutet »die Bäume«, weil es auf einer Hochebene von tiefem Wald umgeben ist, der auf dem heiligen Land der Ureinwohner ansteigt zu deren Klippenbauten.

Unter der verseuchten Erde befinden sich die Gräber der Stämme, die schon lange reduziert oder vernichtet wurden von einem manifesten Schicksal, das jedes Versprechen brach und das jetzt, nach Spaltung des Atoms, dieses nicht heilsam wieder zusammenfügen kann.

Und dann wurde mir klar, dass Alamo (Fort in Texas, wo die Schlachten stattfanden, in denen die Mexikaner weite Teile ihres Landes an die USA verloren haben, Anm.d.Ü.) sich vom selben Ursprung ableitet und mit Sicherheit einst ebenfalls *los alamos* hieß. Aber zu der Zeit, als sie darum kämpften, es für Amerika zu gewinnen, war nur noch ein Baum übrig.

Während des Zweiten Weltkrieges lebte Wavy Gravy, damals Hugh Romney, der später einmal ein Merry Prankster und Woodstock-Heiler werden sollte, zwei Häuserblocks von mir entfernt. Wir besuchten zusammen die Public School Nummer 16. Als wir uns kennen lernten, war er in der dritten Klasse und ich in der zweiten.

In der Straße, die zwischen Wavys und meiner verlief, wohnte ein neu hinzugezogener Junge in der Nachbarschaft, mit dem ich mich anfreundete. In Zeiten, in denen Scheidungsfamilien eine Seltenheit waren, lebte er in höchst ungewöhnlichen Verhältnissen. Er hatte ein Haus mit vier Schlafzimmern ganz für sich allein und musste sich nur mit einer Haushälterin arrangieren. Über seine Mutter wollte er nicht reden, vielleicht sei sie tot, sagte er, und als ich nach seinem Vater fragte, erstarrte er und verstummte.

Als wir eines Tages in seinem Kinderzimmer im Keller zusammen spielten, erwähnte ich im Gespräch meinen Vater. Er brach ab, was er gerade tat, schaute zu Boden, schüttelte dann ärgerlich den Kopf und bat mich, ihm zu folgen. Oben im Erdgeschoss befand sich hinter einer dicken Tür ein Zimmer, in dem nur ein Einzelbett und ein Schrank standen. Es war so karg wie eine Mönchszelle, nur dass sich an der Wand über dem Bett, wo in solchen Räumen ein Kruzifix hängt, ein deutsches Maschinengewehr befand.

Er scheuchte uns schnell wieder aus dem Raum. »Erzähl es niemandem, aber mein Vater ist beim Militär und das ist ganz, ganz streng geheim!«

»Wo ist er denn?«, fragte ich.

»Weiß ich nicht genau«, sagte er, »aber es hat irgendwas mit Manhattan zu tun und ich sehe ihn nie.«

Mein Freund, der, wie ich erfuhr, als Teenager ziemlich ausrastete, war einer der ersten Verletzten der atomaren Kriegsführung. Sein Vater gehörte zu den Generälen, die das Manhattan-Projekt leiteten. Er war jahrelang weg, um »die Bombe« in Los Alamos »herzustellen«.

In der *Public School Number 16* erzählten sie, das Gravy, der Sohn des Generals, und ich würden sterben müssen.
Ducke dich und geh in Deckung! Hinterlasse einen schönen Haufen Asche.

Vor einigen Jahren suchte uns bei einem Nachmittagsworkshop in der Pause ein Mann auf und fragte uns, ob wir seine Frau besuchen könnten, die nur wenige Minuten Fahrt entfernt im Krankenhaus von Los Alamos im Koma lag.
Ondreas Arbeit mit Menschen, die im Koma liegen, ist vielen bekannt. Das Treffen mit dieser komatösen Frau und der Austausch von Botschaften, der dabei stattfand, waren sehr produktiv. Sie bewegten diesen Mann, mit Wissenschaftlerkollegen aus dem Labor eine Meditationsgruppe nach dem Motto »Spiritualität trifft Wissenschaft« zu bilden. Aber es funktionierte nicht. Ihr Mangel an Vertrauen in alles, was sie nicht (physisch oder mental) anfassen oder kontrollieren konnten, führte dazu, dass sie, wie unser Sohn Noah sagen würde, »beim Meditieren immer ein Auge offen hielten«.
Sie waren stolz auf ihre Rationalität und schienen, wenn es um Diskussionen über Themen wie die Wichtigkeit von Mitgefühl versus Effizienz als mentale Schwäche ging, fast keine Moral zu besitzen. Aber sie waren nicht herzlos, sondern litten einfach an den Nebenwirkungen des Lebens in einer Welt, in der solche Überlegungen von der Firmenleitung nicht gefördert werden.

Wenn der kollektive Geist nicht gezwungen wäre, sich der Möglichkeit einer völligen Vernichtung zu stellen, wären wir dann vorbereitet auf die absolute Notwendigkeit, Verzeihen und Mitgefühl zu üben, um zu verhindern, dass die Welt sich selbst zerstört?
Können wir die Bombe nutzen wie den Tod, der uns über die linke Schulter schaut, um das Leben wirklich schätzen zu lernen? Die Bombe steht für unseren fehlgeschlagenen Ehr-

geiz, unsere Unzufriedenheit, unsere Zweifel, Misstrauen und Angst. Wir sind der Welt so überdrüssig geworden, dass wir unsere Kinder umbringen, ohne zu bemerken, wie sie in den Straßen, in Hauseingängen und auf den Gittern von Heizungsschächten liegen.

Eine Seite in uns hat sich, wie Machiavelli, für Angst statt für Liebe entschieden.

Die Neue Welt ist krank geworden vor lauter Vernachlässigung. Frösche haben sechs Beine. Die Haut von Fischen und Freunden bedeckt mit Kaposisarkom (bei Aidskranken häufig auftretender Hautkrebs, Anm.d.Ü.).

Und es heißt, möglicherweise sind in einigen Generationen sämtliche Singvögel ausgestorben.

Wir haben keinen Augenblick mehr zu verlieren.

Atmen Sie noch mit Ihrem letzten Atemzug Güte aus.

28

Muttertag

Der erste Name der Schöpfung ist Unser Aller Mutter. Wenn wir auf dem Altarabsatz knien und darum beten, von unserem Bild der Perfektion, an dem so viel Leid klebt, befreit zu werden, breitet sie ihre Arme um uns, heißt uns unseren Kopf an ihre Schulter betten und flüstert: »Weißt du nicht, dass du mit all deiner Angst und all deinem Ärger nur für eines bereit bist: Liebe?«

Als wir im letzten Oktober auf die vordere Veranda hinaustraten, von welcher der Blick über unser kleines Tal geht, erinnerten Ondrea und ich uns an jene Zeit vor zwanzig Jahren im Columbia Presbyterian Children's Hospital, wo ich am Bett eines sterbenden Kindes spürte, wie dieses kleine Mädchen, als sie ihren Körper verließ, von einer Gestalt weggetragen wurde, welche die Heilige Maria zu sein schien. Und allzu traurig und vernünftig hatte ich vor jenem inneren Altar gefragt, wie es sein könne, dass die Mutter des Mitgefühls, wenn täglich 250.000 Menschen starben, für sie alle da ist? Wie konnte sie sämtliche sterbende Kinder an ihr Herz nehmen? Und das Mysterium antwortete: »Wenn tausend Menschen den Mond anschauen, gibt es tausend Monde!«

Unser Nachsinnen beendend, schauten wir nach oben in den strahlend klaren Hochgebirgshimmel, um erstaunt zu sehen, wie etwa 600 Meter über uns *ein großes silbernes Ausrufungszeichen* schwebte, auf dem in großen, leuchtend blauen Buchstaben »VIRGIN« (Jungfrau, Anm.d.Ü.) stand.

Wir lachten und riefen die Mutter an oder die Insassen im Korb unter dem Heißluftballon, wer immer als Erstes antworten mochte.

Nachdem sie etwa 300 Meter gesunken waren, riefen sie uns zu, ob sie hier landen könnten, da ihr Abenteuer schief gegangen war. Sie hatten Albuquerque, das mehr als hundert Meilen südlich lag, als Teilnehmer am Ballon-Festival am Tag zuvor verlassen, aber störende Luftströme hatten verhindert, dass sie über die Sangre-de-Cristo-Berge nach Südosten flogen, und »das Rennen war vorbei«.

Sie kamen in der Salbei Mesa am Rande des Tales herunter. Wir banden ein Seil an unseren Wagen und zogen den Ballon, der immer noch drei Meter über dem Boden schwebte, zu einem offenen Gelände, wo er nicht von den Salbeisträuchern oder den Kakteen auf der Mesa beschädigt wurde. Hier konnte ihre Bodenmannschaft einen befahrbaren Weg finden, der ihnen den Zugang zum Abbau des ziemlich großen Apparates ermöglichte. Es war einer der Ballons, die Richard Branson von Virgin Atlantic Airlines gehören, und der Pilot war Par Lindstrom, der ein paar Monate später mit einigen anderen noch einmal versuchen würde, unseren Planeten in einem Heißluftballon zu umkreisen.

Aber dieser Ballon wurde, wie Par uns erklärte, nicht von heißer Luft, sondern von Helium getragen, ein Traggas, das seltener benutzt wurde. Und das Gas musste aus dem Ballon herausgelassen werden, damit die Bodenmannschaft, wenn sie ihn schließlich einholte, ihn zusammenfalten und im Lieferwagen verstauen konnte.

Im oberen Teil des Ballons wurden zwei etwa drei Meter lange Klappen geöffnet und er neigte sich zur Seite, während Par und sein Steuermann vom unteren schmalen Ende das Helium nach oben in Ondreas und meine Richtung drückten, die wir die großen Klappen mit ausgestreckten Armen offen hielten.

Wir trieben in einem Strom von Helium, im Höhenklima gekühlt, 2.200 Dollar wert, wie Par seufzend sagte. Es gab nichts als diesen Helium-Wind, der uns ganz in sich aufnahm, unsere Stimmen stiegen zurück nach oben, dorthin, wo das Helium gekühlt worden war ... lachten und lachten immer höher.

Dann zu viel Helium, kein Oxygen, Sauerstoffmangel, das Herz schlägt heftig, vergiss nicht den Boden unter deinen Füßen ... zu trocken, um zu lachen ... Helium und menschliche Moleküle vermischen sich. Sich aus dem Strom des Heliums beugen, um frische Luft zu atmen.

Wir fielen mit dem Ballon zusammen flach zu Boden unter eine Goldkiefer. Die Bodenmannschaft traf ein, die blauen Buchstaben verschwanden in fachmännisch gelegten Falten. Der wegfahrende Wagen hinterließ eine Staubfahne.

Und zurück zum Altar, um zu sehen, was Sie, Mutter des Mysteriums, jetzt vorhatte.

Sie spricht nur von Liebe und Dienen. Erinnert uns daran, dass Neem Karoli einst sagte, wenn er nicht so viel Mitgefühl gehabt hätte, wäre er möglicherweise ein großer Heiliger geworden. Sie bittet uns darum, zum Wohle aller fühlenden Wesen auf den Heiligenschein zu verzichten.

29

Hinneigung zum Göttlichen

Ich fragte den Dalai Lama einmal, ob er jemals Angst gehabt habe. Er sagte, er habe nicht nur hin und wieder Angst, sondern erlebe regelrechte Angstzustände. Als ich weiter fragte, was er tue, wenn ihn eine solche Verwirrung erfasse, sagte er, in solchen Fällen würde er sich an seine Ratgeber wenden. Von denen einer, wie er hinzufügte, 850 Jahre alt sei.

Am Rande der Dualität führen wir Gespräche mit einem Gefühl von Einheit, mit dem Mysterium, das sich im Herzen als unsere Lehrerinnen und Lehrer der tiefsten Weisheit manifestiert. Mein Ratgeber auf dieser Ebene ist lange Zeit Maharaji, Neem Karoli Baba, gewesen, dem ich zum ersten Mal in Ram Dass' Buch *Sei jetzt hier* begegnet bin. Als ich zum ersten Mal seinen Namen aussprach, »warf Maharaji sofort seine Decke über mich« (nahm mich unter seine Fittiche). Sieben Jahre später tat er das Gleiche mit einer erstaunten Ondrea.

Maharaji stand in enger Verbindung mit Hanuman, einem Tiergeist, der erstaunlich geläutert ist. Eine der bemerkenswertesten Verkörperungen von Hingabe und selbstlosem Dienen im klassischen Buch der Hindus, dem *Ramayana*.

Im *Ramayana* heißt es, dass Hanuman Ram, einer Manifestation Gottes, bedingungslos diente. Tatsächlich lieferte er nahezu die Definition der Praxis der Hingabe an das Göttliche (Bhakti Yoga), und um zu zeigen, wie sehr er im Heiligen verwurzelt war, riss er sich den Brustkorb auf und offenbarte den Namen Gottes, der auf jedem Knochen seines Körpers geschrieben stand: RAM RAM RAM RAM RAM RAM.

Hanuman, der seinen Brustkorb öffnet, um das Herz der Hingabe an das Göttliche zu enthüllen, ist in Indien eines der populärsten heiligen Bilder. Das blutige Aufreißen des Körpers zwecks Offenbarung unserer wahren Natur mag an das Bild von Jesus am Kreuz erinnern. Obwohl diese Bilder sehr verschieden scheinen – der eine lehrt uns leben, der andere sterben –, ist ihr Blut dasselbe.

Als Gandhi, von tödlichen Kugeln ins Herz getroffen, im Zusammenbrechen dreimal seinen Namen für Gott aussprach – RAM RAM RAM –, waren Hanuman und Jesus Eins.

Je mehr wir von Maharaji wissen, desto weniger greift jede physische Form. Je nach Notwendigkeit nahm er Gestalt an als fetter alter Großvater oder kluger Lehrer. Er war ein Schaubild des Dritten Auges. Je weiter wir zu sehen vermochten, desto weniger schien er vor uns zu stehen und desto stärker war er innerlich spürbar.

Je weniger wir ihn lediglich als alten, furzenden Körper voller Liebe sehen, desto mehr sehen wir uns selbst als nichts anderes als jene Liebe. Bis er nur noch der Wind ist, ein Gedanke, ein Augenblick der Seligkeit. Ein Grund zum Leben und ein Grund, den Tod nicht zu fürchten.

Ich hatte oft das Gefühl, er erscheint auf seinen Fotos aus Mitgefühl, um uns Emulsion zu sein für unser Gedächtnis, das lediglich fotografische Bilder speichert. Im Dienst für das Heilige ebenso fit wie Hanuman, halten manche Maharaji sogar für dessen Inkarnation. Es heißt, dass Hanuman, ein großer

Kriegergeist, der den Dämonen Ravana und die zehntausend Hindernisse bekämpfte, als Botschafter zwischen dem, der Gott hingebungsvoll dient, und dem Objekt seiner Hingabe vermittelt, wie er es auch für Sita und Ram tat. Seine Botschaft lautet: »Du bist ein Teil von Gottes Geist.«

Als Schüler Neem Karoli Baba fragten, was sie tun könnten, damit ihre *Kundalini* (grundlegende spirituelle Kraft, primäre Energieverbindung) aufsteigt und komplizierte Anweisungen erwarteten, sagte er lediglich: »Liebt einfach jede und jeden.«
Manchmal weine ich, wenn ich seinen Namen höre.

Wenn wir der Wahrheit, wie Maharaji, Schicht für Schicht begegnen, gelangen wir zu der Erkenntnis, dass die wahre Hingabe an das Göttliche nicht bei irgendeiner Form aufhört, wie schön oder heilig diese auch sein mag.
Nur grenzenlose Präsenz bleibt. Nichts mehr verdunkelt das Leuchten oder lenkt uns ab vom Grund des Seins.
Hanuman wusste das wohl, als er zu Ram sagte: »Wenn ich nicht weiß, wer ich bin, diene ich Dir. Aber wenn ich weiß, wer ich bin, bin ich Du.«
Je näher wir kommen, desto weniger erleben wir DAS als Person, sondern jenseits der Persönlichkeit als »all DAS zusammen«. Nicht den Schöpfer, sondern die Schöpfung. Grenzenlose Essenz, undefinierbar, doch unmittelbar erlebt als Klarheit der Liebe.

Durch hingebungsvolle Sammlung sinkt der Geist ins Herz und richtet sich kontinuierlich auf das Heilige aus. Durch Achtsamkeits- oder Einsichtsmeditation, das Einüben von barmherzigem Gewahrsein, wird das Herz in den Geist gezogen und nimmt das Heilige wahr, wohin es schaut.
Diese scheinbar getrennten Formen der Praxis fließen auf vielen Ebenen zusammen. Beiden ist die große Bereitschaft gemein, über ihre Grenzen hinaus zu forschen, ohne die kein

wirklicher Fortschritt möglich ist. Jede Praxis versucht das Vergessen zu überwinden und feiert das Erinnern. Und auch wenn eine Denkschule vom Selbst und die andere vom Nicht-Selbst spricht, beziehen sich beide auf dieselbe Essenz. Auch wenn jede einen anderen Autoaufkleber benutzt, haben beide nur den einen Wunsch, frei zu sein und in der Wahrheit zu weilen. Und das Große Sehnen, der Wille zum Mysterium, ist das zentrale Motiv ihres Lebens.

Was bleibt, wenn wir über alles hinausgegangen sind? Wie der Thai-Meister sagt: »Die Wahrheit bleibt!« Die unzerstörbare Wahrheit.

Maharaji, wenn ich dich mitten in der Nacht anrufe, zeigst du mir, was uns getrennt hält. Wie weit entfernt von Selbstlosigkeit ist meine Liebe, wie viel Wollen ist immer noch in meinem Geben. Und wie schnell ist der Geist bereit, sich dem alten Schmerz zu beugen.

Ich kann mich nur hingeben. Selbst mein Leiden loslassen.

Der Chor applaudiert, wenn die Musik einsetzt. Du siehst aus wie mein alter Rabbi und erinnerst mich daran, dem Gesang meiner Zellen zu lauschen sowie von ganzem Wesen und von ganzem Herzen zu lieben. Und das Mysterium wie ein Altartuch zwischen meinen Augen gebreitet zu halten.

Dann erfüllst du wieder das Herz, und ich kann schlafen.

30

Seine Heiligkeit
der Dalai Lama

Jeder, der Seiner Heiligkeit dem Dalai Lama, einer der großen Persönlichkeiten unserer Zeit und wahrscheinlich ein lebender Buddha, begegnet ist, hat eine wunderbare Geschichte zu erzählen. Hier meine:

Als ich im Herbst 1989 zu den sechs Menschen gehörte, die mit Seiner Heiligkeit an einer Forumsdiskussion in Südkalifornien teilnahmen (in der Woche, in der ihm der Nobelpreis zugesprochen wurde), führten wir viele wundervolle Dialoge über das Dharma und vor allem über unsere augenblickliche Arbeit mit Menschen in großer Trauer.

Als wir am dritten Tag in der Diskussion Fragen wie der nach dem Schutz von Menschen in Not und vor allem nach dem Wesen von Ärger nachgingen, sagte er, es gäbe keinen Platz für Ärger: »Schalte allen Ärger aus.« Und er fragte mich: »Was denkst du darüber?«

Ich war so fasziniert von seinem Dialog mit den anderen Diskussionsteilnehmern, dass ich wirklich nicht wusste, was ich darauf sagen sollte. Doch ich erwiderte, meiner Meinung nach versuchten wir, statt Ärger zu unterdrücken, einen anderen Weg zu finden. Und ich hörte mich mit einer *Chuzpe* (jüdischer Ausdruck, der so viel wie »Unverfrorenheit« bedeutet, Anm.d.Ü.), die an einen Dachschaden grenzte, zum Dharma-König des Mittleren Weges sagen, dass wir nach einem neuen Paradigma suchten, »*einem mittleren Weg* zwischen dem Ausdruck von Ärger und Nichtverletzung«, bei dem der Ärger immer noch innerlich aufkommen kann, wir aber lernen, achtsam darauf einzugehen, statt zwanghaft darauf zu reagieren.

Und er fragte: »Aber wenn er in unseren Geist kommt, kommt er dann nicht auch zu unserem Mund heraus?«

Worauf ich entgegnete: »Wenn er innerlich von ganzem Herzen angenommen wird, verspüren wir keinen Zwang, ihn in die Tat umzusetzen. Dann kann er im Raum treiben.«

Und auch wenn er beifällig lächelte, hörte ich ihn in meinem Herzen sagen, was ich ihn schon früher hatte sagen hören: Ärger ist zu gefährlich, um damit herumzuspielen! »Befreie dich davon zum Wohle aller fühlenden Wesen. Es ist besser, den Schmerz zum Ausdruck zu bringen, bevor er sich in Leid verwandelt und als Feindseligkeit nach außen explodiert. Um Frieden in die Welt zu bringen, brauchen wir einen friedlichen Geist.«

Als ich fragte, ob wir, um frei zu sein, ganz ohne Anhaftung sein müssten, sagte er: »Keine Anhaftung, kein Mitgefühl!« Um wirklich mitfühlend zu sein, müssten wir unsere Gleichheit mit allem Leben spüren, das heißt, nichts und niemandem überlegen sein.

Auf meine Frage nach seiner Lieblingsvisualisierung sagte der Dalai Lama, das klinge für das westliche Ohr vielleicht merkwürdig, aber er stelle sich am liebsten ein verwundetes Tier vor, das ganz still da liege und tagelang an einem abgeschiedenen Ort meditiere.

An jenem Abend standen bei der Abschiedsfeier für die Teilnehmer vielleicht 300 Menschen in einem großen offenen Raum herum und warteten auf die versprochene Segnungszeremonie mit dem Dalai Lama.

Als Ondrea und ich eintrafen, waren es immer noch 45 Minuten bis zum Beginn der Zeremonie, doch hatte sich schon eine lange Warteschlange gebildet, um eine *Kata*, einen gesegneten Schal aus weicher, gazeähnlicher Baumwolle zu empfangen, die Seine Heiligkeit dem Empfänger um den Hals legte. Am Kopf der Schlange stand ein alter Freund von mir, mit dem ich gerade sprach. Als ich zurücktrat, um mich an das Ende der Warteschlange zu begeben, streckte Seine Heiligkeit die Hand aus und zog mich zu sich. Ich sagte ihm, ich sei noch nicht an der Reihe, aber er schüttelte den Kopf und zog mich noch näher zu sich. Er hielt meine Hand, wandte sich an einen seiner Mönche und fragte diesen, wo die *Katas* blieben.

Unter den Mönchen schien einige Verwirrung zu herrschen. Die *Katas* lagen nicht bereit. Mit seiner linken Hand wies der Dalai Lama auf die Mönche und schimpfte mit ihnen, weil sie die notwendigen Vorbereitungen nicht getroffen hatten. Feuer flammte aus seiner linken Hand, während ich in seiner rechten Hand, die sich behutsam um meine schloss, nichts als Liebe spürte. Er war in diesem Augenblick die lebendige Wahrheit dessen, was ich vor kurzem als mittleren Weg zwischen Himmel und Hölle bezeichnet hatte. Und es war klar, dass es wahrscheinlich nur einem Buddha gelingen konnte, diesen Weg zu gehen. Dass es leichter war, vom »dharmischen Ärger zum Wohle anderer« zu reden, als ganz zu bleiben bei dem Versuch, solch einen dualistischen Zustand zu leben, der auf gefährliche Weise das Selbst manifestierte.

Aber die Unterweisung war noch lange nicht zu Ende. Als ich da mitten in der Menge stand, wahrscheinlich etwas stolz darauf, vom Dalai Lama persönlich zur Seite gezogen zu werden, kam sein Arzt auf mich zu und sagte: »Der Dalai Lama sagt, er habe einen Schal zu wenig und brauche Ihre *Kata* zurück. Sie bekommen sie am Ende des Abends wieder.« Und so wanderte die *Kata*, der so viel Anhaftung zuteil geworden war, wieder zurück in seine bemerkenswerten Hände.

Und ich, der ich einen Augenblick lang gedacht haben mochte, ich sei zu »besonders«, um in der Schlange anzustehen, musste nun stundenlang warten. Bis Frustration und Anhaftung Herzlichkeit und Geduld wichen. Der Raum hatte sich schon halb geleert, als der Schal, doppelt gesegnet, zu mir zurückkehrte.

Und ich war dreifach gesegnet, weil ich all das mit Ondrea zusammen erlebte und eine weitere jener Schichten abtragen konnte, welche die innere Klarheit zu behindern vermögen.

Doch wenn wir aufmerksam sind, ist die Unterweisung durch solch ein Wesen wie den Dalai Lama nie zu Ende.

Etwa zehn Jahre später ergab sich 1998 eine weitere Gelegenheit. Damals kamen der Dalai Lama und ich mit anderen Lehrern für die Welt-Friedenskonferenz in San Francisco zu einem Gesprächsforum zusammen. Ich bezweifelte, dass er sich noch an unser Treffen von vor zehn Jahren erinnerte, bis ein Mitglied des Komitees ihn auf unsere frühere Begegnung hinwies. Er lächelte über das ganze Gesicht, nahm wieder meine Hand und fragte mich, was ich in letzter Zeit so getan habe. Er schüttelte wiederholt bejahend den Kopf, als ich ihm erzählte, dass mein letztes Buch, *Noch ein Jahr zu leben* (Bielefeld: J. Kamphausen 1998), von seiner Antwort auf die Frage inspiriert sei, die man ihm, damals war er 58 Jahre alt, vor einigen Jahren gestellt hatte: Was er mit seinem restlichen Leben anzufangen gedenke? Und er hatte erwidert: »Mich auf den Tod vorbereiten.«

Als sich die kleine Gruppe auflöste und ich mich als Letzter bereitmachte zu gehen, legte der Dalai Lama seinen Arm um meine Taille. Und ich legte meinen Arm um seine. Als wir Seite an Seite zum Ausgang kamen, wollte ich ihn in keiner Weise behindern und begann meinen Arm wegzuziehen, aber er hielt ihn fest und so gingen wir gleichzeitig durch jene Tür.

Als wir zu der langen Doppeltreppe kamen, deren Stahlstufen zum Auditorium hinunterführten, änderte keiner von uns etwas an unserem körperlichen Kontakt. Auch wenn seine Leibwächter und Begleiter sichtbar konsterniert waren, weil sie befürchteten, wenn wir Arm in Arm die Treppe hinunterstiegen, könne der Dalai eine Stufe verfehlen, fallen und sich verletzen.

Wir glitten die beiden Treppen hinunter, als seien es Rolltreppen. Nur wenn ich dachte, wurde es gefährlich.

Und am nächsten Tag erhielt ich vom Lehrer einen Apfel.

In einem Buchladen in Marin Country, wo ich einen kurzen Vortrag halten und Bücher signieren würde und mein alter Lehrer und spiritueller Freund Jack Kornfield, bereit und offen wie immer, mich gerade vorstellen wollte, überreichte man mir jenen Apfel, den der Dalai Lama mir schickte.

Ein Apfel vom Lehrer meiner Lehrer, den Ondrea und ich natürlich als nächste Unterweisung an unser Publikum weitergaben. Allen Anwesenden wurde der Apfel zum Abbeißen angeboten, ob sie ein Buch zum Signieren brachten oder nicht.

Und die ersten Bissen wurden empfangen wie die Gottesgabe des Abendmahls, Mantras summend im Kortex, Segen, Segen überall. Schon bald sah der Apfel ziemlich mitgenommen aus, all das »saubere« weiße Fruchtfleisch abgegessen, nur Bissstellen und Fingerabdrücke blieben. Das angstfreie Knabbern ging weiter. Und der Apfel wurde langsam braun und verdarb sichtbar. Nur die Heldenhaftesten, die erst kürzlich Geimpften und die Anhänger der Christian Science konnten wacker die Barriere der Bakterien und einer ganz bestimmten Anziehung/Abstoßung, wie sie auch der heilige Ganges ausübt, überwinden und ein Häppchen von dem verwesenden Fleisch nehmen.

Und eine ganz eigene Freude war im Raum.

31

Gehen und schlafen, träumen und essen im Mysterium

Wenn wir zu menschlichen Wesen heranwachsen, bewohnen wir einen neuen Körper, den Körper des Gewahrseins. Schlafen, träumen und essen bekommen eine neue Bedeutung und eröffnen uns neue Möglichkeiten.

Wir lernen neu zu atmen und sogar neu zu gehen. Wenn wir achtsam gehen, dabei langsamer werden und uns all den Absichten und Empfindungen zuwenden, die jeden einzelnen unserer Schritte begleiten, wird uns klar, dass wir noch nicht einmal imstande sind zu gehen.

Und wie bei allen Neugeburten in tiefere eigene Schichten hinein müssen wir auch hier sozusagen wieder geboren werden und müssen lernen, in einer neuen Schwerkraft zu sprechen, zu gehen und sogar zu essen und zu schlafen. Auf neuem Gelände, mit neuen Beinen, verlockt von einer Angst, die signalisiert, dass wir unsere Grenzen erreichen, voranzugehen bis in Räume jenseits allen Wachsens. Und das Entzücken des ewig Neuen.

Achtsamkeit zieht Klarheit nach sich. Auf das Verzeihen folgt der Abschluss. Auf Anteilnahme Mitgefühl. Weisheit ruht im Sein. Wunder über Wunder!

Und wie durch Alchimie verwandelt das Wunder das Gewöhnliche. Essen, schlafen, träumen werden manchmal selbst wundersam.

Eine Zen-Geschichte erzählt von zwei Schülern eines bekannten Lehrers und einer bekannten Lehrerin, die sich begegnen, als sie am Brunnen Wasser holen. Der eine fragt den anderen, was sein Lehrer könne. Woraufhin der andere seine Arme schwingen lässt und erzählt, dass sein Lehrer fliegen und die Zukunft voraussagen könne.

»Aha«, sagt der andere, »sehr beeindruckend. Aber meine Lehrerin kann noch mehr. Wenn sie geht, dann geht sie nur. Wenn sie isst, dann isst sie nur. Selbst wenn sie schläft, bleibt sie präsent. Und wenn sie träumt, dann träumt sie nur. Sie ist einfach präsent.«

Diese Lehrgeschichte erinnert uns mit jenem angedeuteten Lächeln, das der Buddha uns empfiehlt, daran, in jeder Körper- und Geisteshaltung achtsam zu bleiben.

Einfach zu gehen, wenn wir gehen, zu reden, wenn wir reden. Nicht in Gedanken irgendwo anders hinzuwandern, sondern präsent zu sein in unserem Tun. Gegenwärtig in der Gegenwart.

Essen, schlafen, träumen im Mysterium

In einer Phase intensiver Praxis versuchte ich wie zahllose Yogis und Grenzgänger auf dem inneren Weg vor und mit mir, im Schlaf wach zu bleiben. Nicht nur aufmerksam für und oft in meinen Träumen, sondern auch für den Körper.

Ich schlief in einer Haltung, die als »der Leichnam« oder »die Mumie« bezeichnet wird: auf dem Rücken, die Arme lang ausgestreckt an den Seiten. Und versuchte, diese Haltung die ganze Nacht lang beizubehalten.

Wenn ein Arm eine neue Haltung suchte oder mein Kopf sich auf dem Kissen drehte, wurden sie sofort in ihre Ausgangsposition zurückbefördert.

Nach einigen Dutzend Nächten bewegte der Körper sich nicht mehr im Schlaf. Als jemand sagte, mich im Schlaf zu sehen sei wie ein Besuch im Leichenschauhaus, wusste ich, dass der Prozess gut lief.

Natürlich ermöglicht uns diese Konzentration auf das Empfindungsfeld, Veränderungen des Traumzustands oder des körperlichen Zustands sofort wahrzunehmen. Man ist präsent für das Einsetzen eines Traumes oder einer Empfindung (oder sogar für die Absicht, sich zu bewegen, die der Bewegung vorangeht) und nimmt Teil an deren Entfaltung.

Einige Monate, nachdem ich mit diesem Prozess begonnen hatte, wachte ich eines Nachts in der Leichenhaltung auf und lenkte meine Aufmerksamkeit wie üblich direkt auf den Atem. Aber sie landete nicht beim Atem und noch nicht einmal beim Gedanken an diesen. Sie schien irgendwie durch all das hindurch und darüber hinaus zu schlüpfen.

Und plötzlich rollte sich der verengte Geist auf und ich konnte über das Geschehen, das sich auf der Leinwand abspielte, hinaussehen. Ich konnte hinter den Bildern auf der Leinwand ein weites Universum sehen, das ein fast karikiertes Bild von mir barg, welches mich zeigte, wie ich hinter die Leinwand des Bewusstseins hervorlugte.

Dieser kurze Blick »hinter die Kulissen« bestätigte einmal mehr, was immer wieder behauptet wird: Wir sind nicht der Geist. Wir sind auch nicht die Bilder auf der Leinwand des Geistes. Nicht einmal der Gedanke, der sich selbst denkt. Der Geist ist ein künstliches Produkt, eine verblassende Fotografie des letzten Augenblicks, die flüchtigen Fußabdrücke der umherwandernden Seele.

Am ehesten würde ich die Erfahrung, den Geist aus einer Perspektive außerhalb des Geistes zu beobachten (»Ja, aber wer ist es denn, der da beobachtet?«, fragt der rational Leidende; und tatsächlich ist genau das immer wieder die Frage), mit den Worten umschreiben, dass ich einfach ein unschuldiger Zuschauer war. Einfach der Raum, in dem sich das alles abspielte. Einfach der Zeuge/das Gewahrsein, welche die Wirklichkeit streifen und geisterhafte Erscheinungen als Bewusstsein, als Gedanke zum Leben bringen, als etwas, das die Schatten vertreibt. Nicht der gewöhnliche Geist, in dem alles fließt, was wir irrtümlicherweise für unsere letzte Grenze halten, sondern der Raum dazwischen und dahinter.

Hinter alledem sind wir das Licht, das uns sehend macht.

Vor dem Wort warst du.

Zu der Übung »wachend schlafen« gehört auch die Praxis des achtsamen Erwachens.
Sie nehmen die ersten Empfindungen beim Aufwachen wahr und konzentrieren sich auf jenen ersten Atemzug, mit dem Sie zu sich kommen. Wie fühlt er sich an? Achten Sie noch vor dem Aufwachen darauf, ob Sie einatmend oder ausatmend erwachen. Das eine ist nicht besser als das andere; es geht bei dieser Übung lediglich um die innere Konzentration. Bleiben Sie ein, zwei Minuten bei dieser Achtsamkeit für den Atem, bevor Sie Ihren Tag beginnen.

Zufällig gerade träumen

Am Schlaf ist mehr, als wir uns träumen lassen. Aber nicht mehr, als wir träumen *können*.

Wir schlafen ein und treffen am Arbeitsplatz ein. Im Wegdämmern schlüpfen wir aus diesem Körper in einen strahlenden Laboranzug, um unsere Forschungen im Labor fortzusetzen.

Schlaf ist ein Experiment in Wachsamkeit, die Trance, welche die Trance durchbrechen kann.

Als wir an der High-School und einige Jahre später mit Hypnose experimentierten, erteilte ich bei Gelegenheit voll hypnotisierten Teilnehmern selbst die Kontrolle über sich. Ich sagte ihnen, sie würden alles tun, wozu sie sich selbst Anweisung erteilten, sie sollten ihre Augen öffnen und dann starten. Natürlich unter der Bedingung, dass ich sie mit ein paar vereinbarten Worten aus der Hypnose zurückholen konnte. Sobald sie im Zimmer herumspazierten und mit geöffneten Augen kommunizierten, sah es oft schon nach wenigen Minuten so aus, als ob ihre Trance tatsächlich nicht länger wirke. Aber wenn ich ihnen eine halbe Stunde später mitteilte, dass ich sie jetzt aus der Trance holen würde, waren sie ziemlich konsterniert und baten mich oft, in diesem völlig wachen Traumzustand bleiben zu können.

Wenn wir wissen, dass wir träumen, sind wir wach. Wenn wir aus dem Traum erwachen und wissen, dass auch der Wachzustand ein Traum ist, »erwachen« wir.

Der meisterhafte taoistische Dichter-Philosoph Chang Tzu stellt die zweifelnde Frage: »Bin ich ein Mensch, der träumt, ein Schmetterling zu sein, oder ein Schmetterling, der träumt, ein Mensch zu sein?« *Beides natürlich*, je nachdem, ob wir uns zum Zeitpunkt der Frage gerade im Traumkörper oder im Körper der Schwerkraft befinden.

Im Traum wie im Wachen ist das Beobachtete der Beobachter.

Wir träumen uns selbst in Tausenden von Formen und fragen uns, wie lange es wohl dauern mag, bis wir uns selbst erkennen. Und ob wir uns lieben, wenn wir nicht mehr erkennbar sind.

Wir sagen, wir denken über Träume nach, aber in Wirklichkeit träumen wir über das Denken. Denken und träumen sind ein und dasselbe. Die Bilder tauchen aus demselben Nichts auf, eins löst sich auf ins nächste. Bilder materialisieren sich aus dünner Luft. Sie scheinen sich einfach selbst zu denken und verschwinden wie Regentropfen im Fluss.
    Denken und träumen folgen demselben Ablauf, ja, selbst derselben Logik, ob sie nun der Schwerkraft unterworfen sind oder nicht.
    Doch auch wenn beide denselben Weg beschreiten, ist der Traum zuverlässiger. Er nimmt das Leben von ganzem Herzen an. Das Denken hat die Tendenz, »Inkonsequentes und Ablenkungen« und damit drei Viertel der verfügbaren Wirklichkeit wegzufiltern. Wie eine Einmischung verändert Interpretation den ungefilterten bioelektrischen Input der Sinne, während sie mit den argwöhnischen Instinkten zusammentreffen, die sie empfangen. Unsere Welt wird durch Interpretation zum Neutrum.

Die Engel haben mir in meinem Traum ein weiteres Geheimnis anvertraut, an das ich mich beim Aufwachen nicht erinnern konnte. Geblieben ist nur das Gefühl, unterrichtet worden zu sein, gelernt zu haben, und ein eigenartiges Entzücken.
    An manchen Morgen erwachen wir, als kehrten wir aus dem Kloster zurück, mit neuen, frischen Einsichten und mehr Platz im Herzen. Auch unser Körper, der an die Schwerkraft noch nicht gewöhnt ist, hat das deutliche Gefühl, nach oben zu fallen. Er hält sich an der Bettdecke fest, um nicht Richtung Dach zu fallen.

Ziemlich eigenartig das Ganze! Und zugleich merkwürdig befriedigend und tröstlich.

Das vorherrschende Gefühl ist das von grenzenlosem Raum. Ein heiterer Auftrieb, in dem Gedanken, Gefühle und Empfindungen dahin ziehen, während sie sich selbst zur Aufführung bringen. Gedanken denken, fühlen und schmecken sich selbst. Empfindungen machen Erfahrungen.

Irgendwie weiß ich mehr als gestern. Ich weiß nicht genau, was, aber das Universum scheint in etwas Größerem zu treiben. Der Raum zwischen Atomen, der Raum zwischen Planeten, »alles eins«. Ebenen des Seins, momentan enthüllt. Eine Wahrheit, die wir nicht »wissen« können, nur erfahren.

Es ist, als hätte ich in meinem Schlaf in einem großartigen Buch gelesen, an dessen Inhalt ich mich nicht erinnern kann, das aber fortwirkt, nachdem die Worte mir entglitten sind.

Nach solchen Unterweisungen im Traum scheinen die Lektionen ins Herz zu wandern und uns auf dem Weg des Erwachens willkommen zu heißen.

Manchmal sind Träume Gradmesser für unsere Heilung

Bei einem Meditationsretreat hatte ich tatsächlich eine traumähnliche Vision, welche die Arbeit des Aufdeckens und Verzeihens widerspiegelte. Ich nahm einen Brandgeruch wahr. Als ich mich umschaute, sah ich die wirren Massen, die aus Güterwagen gestoßen wurden. Der Geruch von Urin und nasser Wolle. Kinder weinten, Männer und Frauen schluchzten, das Bellen von scharfen Hunden. Und der beißende Geruch von Rauch, der aus den Schornsteinen des Krematoriums stieg.

Vor uns stand ein geleckter Offizier der SS mit glänzenden Stiefeln und einer Reitpeitsche in der Hand, die er jedem Ankömmling ins Gesicht schlug, um ihm die Richtung nach rechts oder links zu weisen.

Tränen strömten unter meinen geschlossenen Augenlidern hervor; ich erinnere einen gewissen Stolz darauf, wie mitfühlend und rein ich war, wie sehr ich mich mit den Opfern identifizierte.

Die Glocke schlug, und ich erhob mich von meinem *Zafu* mit dem Gefühl, mit meiner Praxis des Mitgefühls gut voranzukommen, das ärgerliche Kind schien ich schon ziemlich weit hinter mir gelassen zu haben.

Nach dreißig Minuten Geh-Meditation begab ich mich schnell wieder auf mein Meditationskissen, gierig nach einer weiteren »Erfahrung von Mitgefühl«. Wie einer, der mitten im Traum aufgestanden ist und versucht schnell zurückzukommen, um den Traum fortzusetzen, nahm ich die Meditation wieder auf. Nach etwa einer viertel Stunde roch ich erneut den beißenden Rauch. Oh, was für ein mitfühlendes Wesen ich war, da ich so bereitwillig Zugang zum Kern des Leidens fand! Und wieder öffnete ich meine Traumaugen, um mich nach meinen Mitgefangenen umzuschauen – und sah stattdessen wie aus der Perspektive eines Wurmes zunächst glänzende Lederstiefel und dann, den Blick nach oben schwenkend, das Hakenkreuz auf meiner Gürtelschnalle. Und brach in kalten Schweiß aus.

In meiner manikürten Hand eine Reitpeitsche, schlug ich auf Frauen, Kinder und Männer ein, nach rechts zu gehen, zu den Gaskammern, oder nach links, um zu arbeiten oder krank dahinzusiechen, bis sie tot zusammenbrachen. Er war die schlimmste Seite in uns allen, perfekt gemacht für diesen Job.

Er war, was Elisabeth Kübler-Ross »unseren Hitler« zu nennen pflegte. Ich glaube, die zweite Vision war für mich sogar noch heilsamer als die erste. Sie schloss nichts aus von der Herzensarbeit, die es zu erledigen galt.

Wobei mir ein zweiter Traum einfällt. Der, den ich ein Jahr später träumte und der die Heilung, die vom Geist in das Herz sinkt, mit einer gewissen Leichtigkeit zeigte. Ich träumte, dass ich mich nach einem Workshop wie üblich mit einer Reihe von Teilnehmerinnen und Teilnehmern traf, die noch Fragen hatten. Und unter ihnen war auch Adolf Hitler, den Kopf gesenkt, da er sich ein wenig schämte bei dem Gedanken, andere könnten seine Fragen hören, die verrieten, dass er Beziehungsprobleme hatte. Er kam mit Eva nicht zurecht, was konnte er tun, damit ihre Beziehung besser lief? Als ich sah, wie geknickt er war, legte ich meinen Arm um seine Schulter und wir gingen ein paar Schritte zur Seite von den anderen weg, damit es ihm leichter fiel, über seine Gefühle zu sprechen. Ich fühlte mit ihm genauso mit wie mit anderen auch. Er war mein Bruder im Schmerz.

Und ich verneige mich tausend Mal vor der Heilung, die sich in Träumen, auf die Oberfläche unseres Herzens projiziert, zeigte.

In Träumen folgen wir jedem Abenteuer. Es gibt keine Ablenkungen. Nur Liebe und Angst. Nur der Traum, so wie er ist.

Manche sagen, es sei leichter, im Traum bewusst zu werden, als achtsam zu bleiben, wenn wir glauben, wach zu sein. Vielleicht ist das so, weil wir die Logik des Traumes vorbehaltlos akzeptieren. Denn in Träumen sind wir nicht befangen in den verzerrten Wahrnehmungen/Interpretationen des »rationalen« Geistes.

Aber wenn Sie aufmerksam gewesen sind, haben Sie natürlich schon gemerkt, dass es keinen rationalen Geist gibt. Stattdessen ist da nur eine erschrockene Vorstellung. Eher ein Spiegel als ein Fenster für die mangelnde Festigkeit, die wir beschlagnahmen, unendlich unsicher, wie wir sind in unserer Beziehung zur *Ebene unterhalb des Traumes*, aus der aufsteigt, wer wir glauben zu sein und wer wir fürchten zu sein.

Letzte Nacht träumte ich, wir hätten jetzt direkten Zugang zur Quelle. Und die Gnade, die wir sind, würde durch nichts mehr getrübt.

Das erinnerte mich an einen anderen Traum, den ich vor Jahren träumte und in dem ich aus dem Boot stieg, mich wundernd, dass ich leichter war als Wasser, und auf dem Meer spazieren ging. Wasser ging auf Wasser, einfach ein paar heilige Moleküle, die miteinander tanzten.

Ein Lehrer pflegte mich zu fragen, wie mein Gesicht vor meiner Geburt ausgesehen habe. Er wollte wissen, wer ich war vor jenem ersten Gedanken, bevor ich anfing zu träumen.

32

Karma essen

Wenn wir während langer Phasen der Praxis kontinuierlich achtsam bleiben, ist es nichts Ungewöhnliches, dass wir nicht nur ganz natürlich bewusst gehen und träumen, sondern auch bewusst essen. Uns von Augenblick zu Augenblick direkt beteiligen an diesem Vorgang.

Als ich mich nach einem besonders stillen Morgen zum Mittagessen hinsetzte, bemerkte ich, als ich den ersten Löffel an die Lippen hob, dass etwas völlig anders war.

Was dann geschah, vermittelte weniger Einsichten in den Vorgang des Essens als vielmehr eine klare Sicht von etwas Tieferem. Etwas, das eher unserem tiefsten Hunger nach Verstehen und Freiheit glich.

Als ich begann zu essen und den Löffel zum Mund hob, kam er mitten in der Bewegung zum Stillstand. Ich musste ihn ermahnen, sich weiter zu bewegen und meine Lippen zu berühren. Ich musste die Absicht, die jeder Handlung vorausgeht, damit ihre Wirkungskraft erhalten bleibt, kontinuierlich neu bekräftigen. Jeder Augenblick stand ganz für sich. Jeder Augenblick des Geistes war unterschieden von allen anderen

Augenblicken, stand einzeln da und war in keiner Weise Teil eines automatischen Vorwärtsstolperns von einem Gedanken zum nächsten, wie es der üblichen Gewohnheit des Bewusstseins entspricht. Jeder Augenblick war vollkommen neu und beruhte auf einer völlig neuen Motivation, weiterhin seinen Verlauf zu nehmen.

Das Karma, die Wirkungskraft, die dafür sorgte, dass der Löffel sich weiter meinem Mund näherte, löste sich ständig auf und musste neu angekurbelt werden.

Die Lehren über Absicht als Grundlage von Karma, die besagen, dass, was und wie wir wollen, bestimmt, was und wie wir bekommen, standen so klar wie der Löffel regungslos in der Luft. Das, was den Löffel in Bewegung setzte und was unser Leben antreibt, ist Absicht.

Der nächste Löffel, der nach einer Ewigkeit des Kauens zum Mund gehoben wurde, war wie ein Standfoto oder ein vom einzelnen Blitz eines Stroboskoplichts beleuchtetes Bild.

In gewisser Weise ähnelte das Salvador Dalís schmelzenden Uhren. Die Zeit blieb immer wieder stehen, wenn ich nicht dafür sorgte, dass sie weiterging. Der Löffel wäre mitten in der Luft stecken geblieben. Er schien für die Strecke vom Teller bis zu meiner Zunge sehr lange zu brauchen. Wie das Gewicht an einem Zugseil zwischen Galaxien.

Je mehr ich aß, desto mehr Essen schien sich auf dem Teller zu häufen. Würde ich Ewigkeiten in einer Schüssel mit Gemüsereis verbringen müssen?!

Jede Millisekunde hatte einen klar umrissenen Anfang, eine Mitte und ein Ende. (Das war keine verlangsamte Bewegung, sondern eher die beschleunigte Beobachtung der subtilen Details im Prozess des Denkens. Eine Vergrößerung der einzelnen Elemente.)

Den Löffel heben ... keine Vergangenheit, keine Gegenwart ... nur leuchtende Gegenwart.

Der Löffel im Griff des Ablaufs, ohne Karma, eingetaucht in den unteilbaren Fluss des Tao.

Die Absicht beobachten, die jedem Handeln vorausgeht. Vor jedem Stehen die Absicht zu stehen wahrnehmen, die Absicht, den Arm zu heben, sich zu kratzen. Es war ganz klar, dass die Motivation, die aus dem Wollen aufsteigt, und der Drang, den sie erzeugt, den Löffel ganz von selbst bewegten. Und die Erkenntnis, dass das unbewusste Wirken der Begierde aufgehoben werden kann, indem deren Absicht nicht automatisch Folge geleistet wird, erfüllte den Geist mit einer tiefen Freude angesichts der Möglichkeit von Befreiung. *Karma interruptus.* Durch Wahrnehmung der Absicht und deren Einsetzen sowie die kontinuierliche Achtsamkeit für deren innere Veränderungen wird die Absicht durch ihre natürliche Vergänglichkeit davongetragen und zwanghaftes Tun kann mitten in der Luft aufgehalten werden.

Ein ähnliches Phänomen passiert manchmal bei der Geh-Meditation. Bei dieser Praxis bleiben wir achtsam für die Empfindungen, die mit sämtlichen Aspekten jedes einzelnen Schrittes verbunden sind. Das »Heben« wahrnehmen, während der Fuß sich vom Boden löst, das »Setzen«, während der Fuß nach vorne schwingt, und das »Aufsetzen«, während der Fuß den Boden berührt. Wir achten dabei nicht nur sorgsam auf den Fluss ständig wechselnder Empfindungen, die jeden Schritt und dessen Bewegung begleiten, sondern auch auf die Absicht.

Meistens machen wir bei der Praxis des Gehens etwa fünfzehn Schritte, bevor wir achtsam anhalten und uns umdrehen, um quer über den Kontinent zurückzureisen. Wir achten auf die Absicht, stehen zu bleiben. Drehen uns ganz langsam um und verfolgen aufmerksam jede Bewegung dieser Drehung. Nehmen wahr, wie sich ein Fuß nach dem anderen leicht anwinkelt mit der Absicht umzudrehen.

Eines Tages nahm ich die zahlreichen verschiedenen Absichten wahr, die für eine simple Drehung erforderlich sind. Ein Fuß bewegte sich etwa 45 Grad vom anderen weg, drehte sich so langsam wie möglich. Am Ende der Drehung um

180 Grad trieb die Absicht anzuhalten wie eine Blase im »reinen Beobachten«. Aber mit der Absicht kam keine Identifikation mit dieser auf. Nur ein angenehmes Beobachten ihrer üblichen Wiederkehr, die sich ein paarmal wiederholte, bevor es still wurde. Und zu meinem Erstaunen fuhr der Körper ganz von alleine fort, sich zu drehen. Langsam beschrieb er einen ganzen Kreis und drehte sich weiter, fasziniert von diesem verblüffenden Ausflug.

Wenn wir begreifen, wie der Effekt der Begierde ursprünglich auf Absicht beruht und diese Absicht wiederum auf das Handeln einwirkt, entmagnetisieren wir Karma. All das Schlafwandeln, all die Mahlzeiten, heruntergeschluckt, aber nie gekostet oder gewürdigt, hören auf, ohne immer wieder das Gleiche hervorzubringen.

Dem Mysterium dargeboten, dem Herzen, welches die Sehnsucht kennt, wie die amerikanischen Ureinwohner sagen, wird unser Gehen und sogar unser Essen zum heiligen Akt.

Nahrung lehrt uns beten

Als ich noch ganz klein war, brachte meine Mutter jeden Abend ein schweigsames Kind dazu zu beten:

> *Danke für dieses schöne Leben.*
> *Danke für die Nahrung, die gegeben.*
> *Danke für der Vögel Singen.*
> *Danke Gott in allen Dingen!*

Damals bedeutete mir das nichts. Heute kommt es mir immer weniger oberflächlich vor, vor dem Schlafengehen zu meditieren, um mir den Tag noch einmal dankbar zu vergegenwärtigen.

Selbst in Zeiten größter Andacht hatte ich nie viel für Gebete übrig. Auch wenn ich mit Beten als Gute-Nacht-Ritual schon früh bekannt gemacht wurde, berührte es niemals wirklich mein Herz.

Doch als die Tiefe des Geistes, die wir Herz nennen, deutlicher spürbar wurde, begann ich vor den Mahlzeiten zu beten.

Was als Bewusstseinsexperiment begann, *ein Erinnern* in Form von ein wenig Gebetstheater, ehrerbietig aufgeführt, vertiefte völlig überraschend meine Praxis.

Aus den hingeleierten Wiederholungen der Kindheit und den Masken und leeren Gesten der spirituellen Pubertät begann das Gebet, zunächst eine äußerliche Angelegenheit, sich allmählich zu entfalten und den Geist Schicht für Schicht zu durchdringen, bis es das Herz erreichte.

Jahrzehntelang wendete ich mich vor jeder Mahlzeit zunächst an das Mysterium. Die Gebete wechselten, spiegelten die verschiedenen Reifestufen des Herzens wider.

Meistens sprach ich zuerst einen einfach Dank an das Universum.

Jahre später dankte ich als Kind der Erde für die Nahrung, visualisierte den Weizen auf dem Feld, das Wasser im Fluss, die Sojabohne oder die Kuh auf grüner Weide.

Später wurde das Gebet aktiv, ein achtsames und genaues Erforschen all dessen, was Essen ausmacht. Die Mahlzeit nicht denken, sondern am Tisch in meinem Körper präsent sein. Das Feld der Empfindungen dicht unterm prüfenden Blick. Achtsam für die kalte Gabel in meiner Hand, die sich unter meiner Berührung allmählich erwärmte. Achtsam für die Muskeln, die sich mit jeder vollen Gabel, die zum offenen Rachen gehoben wurde, streckten und zusammenzogen. Achtsam dafür, wie die Nahrung die Zunge berührte. Für die Gabel, die zum Teller zurückkehrte, um den nächsten Bissen zu holen. Beobachten, wie sich die Geschmacksempfindungen allmählich auf der Zunge entfalten. Die Absicht, die Begierde, vor jedem Mund voll wahrnehmen. Bissen für Bissen einzeln kauen, bevor er in der Speiseröhre heruntergeschluckt wird. Die Gabel steht wie ein ausgekippter Anhänger am Rande einer Baustelle, der darauf wartet, die nächste Ladung zu transportieren.

Einen Trieb mit Barmherzigkeit und Gewahrsein zu erforschen, der so machtvoll ist wie Hunger, geschweige denn das Verlangen nach bestimmten Geschmacksnuancen, gereicht dem Essenden ebenso zum Vorteil wie dem Gegessenen.

Bewusst und achtsam essen heißt das vorbeiziehende Verwischte verlangsamen. Das gleicht dem Betrachten eines Schnappschusses von einem Menschen, der schnell läuft, wobei wir uns fragen, wie jemand das Gleichgewicht halten kann, wenn sich beide Füße gleichzeitig vom Boden lösen. Und wir legen unsere Gabel zurück auf den Tisch. Kauen uns von Geschmack zu Geschmack, lassen den Löffel nicht wie eine Baggerschaufel, die darauf wartet, dass wir herunterschlucken, vor dem Mund schweben, damit er die nächste Ladung auskippen kann. Nicht einmal beim Kauen warten wir auf die nächste Geschmacksempfindung. Spüren, wie die Zunge die Nahrung im Mund herumschiebt, darauf achten, wie sich deren Konsistenz verändert. Auch die Absicht zu schlucken in die Wahrnehmung einbeziehen. Auf das Geräusch der Schaufel achten, die über den Teller schürft, während sie eine neue Ladung hochhebt.

Wie oft haben wir in einer Gruppe von Menschen, die sich vor dem Essen zum Beten an den Händen hielten, an einem großen Tisch gesessen, und jeder von uns öffnete die Augen, die fast schon satt waren von Liebe, bevor wir den ersten bewussten Bissen nahmen.

Die Stille vor dem Essen ist weniger ein Gebet als vielmehr eine Kommunion mit dem Heiligen.

Und dann begann ich in einer Art freudiger Anhaftung meine Mahlzeiten still unserem letzten geliebten Lehrer, Neem Karoli Baba, Maharaji, zu weihen.

Obwohl das anfangs ein bisschen zu viel Form für einen buddhistisch konditionierten Kerl wie mich zu sein schien, entwickelte sich daraus bald etwas ganz anderes. Das Ritual sorgte dafür, dass sich ein überraschend offener Kanal für Maharajis Energie und Stimme in meinem Herzen nicht wieder verschloss.

Was als ein wenig verspielte und ziemlich pittoreske Gabe an Maharaji anfing, dem ich den Inhalt meines Tellers weihte, wurde zu einer *Übertragung von Herz zu Herz*.

Eines Tages unterbrach er mich mitten in meinem Dankesritual und sagte: »Höre auf, mir deine Mahlzeiten darzubringen! Hör auf mit dem Beten! Nur Liebe zählt!«

»*Atme vor dem Essen ein paarmal in dein Herz und warte, bis Liebe zu deinem Seinszustand wird. Bringe mir nichts dar als Liebe.*«

Diese Kommunion mit Maharaji, die man als Gebet bezeichnen könnte, wurde zu einem einfachen Atmen ins Herz. Allmählich verstärkten sich die Empfindungen in meinem Brustkorb, bis das Herz sich wie ein offener Kanal anfühlte, durch das ein Universum an Energie strömte. Das Herz öffnete sich so weit wie bei der Meditation auf liebende Güte.

Jetzt muss ich lieben, bevor ich esse. Wer hätte je gedacht, dass sich der Akt des Nehmens, der beim Essen so deutlich wird, in ein Gefühl des Gebens wandeln könnte? Das Essen segnen. Mit Dankbarkeit an Freundinnen und Freunde, Lehrerinnen und Lehrer denken. Achtsam und mit offenem Herzen dasitzen, körperlich präsent, den Prozess des Essens würdigen: den Prozess, der wir gewesen sind. *Bon appétit!*

Nahrung lehrte mich *Beten*, während mein Lehrer mich *Atmen* lehrte. Und das alles, bevor das Essen oder das Herz kalt wurde.

Nach und nach machen wir aus dem Essen eine heilige Handlung. Wir ehren den Essenden und das Essen, indem wir uns mit Barmherzigkeit und Gewahrsein und in dem Bewusstsein an den Tisch setzen, dass beide miteinander verbunden, ja, gegenseitig voneinander abhängig sind.

Wir reflektieren vor Beginn unserer Mahlzeit darüber, dass Essen heißt, sich dem Tod widersetzen. Von Biss zu Biss, von Augenblick zu Augenblick erforschen wir sowohl das Feld der Empfindungen als auch die ständig wechselnde Natur der Begierde. Wir spüren, dass wir Teil des Prozesses von Leben und Tod sind. Wir sind der Essende, der irgendwann einmal gegessen wird. Wir sind in Harmonie mit dem vollkommenen Pendel der Natur (manche nennen es Shivas Mahalila, den Großen Tanz der Natur).

Auf heilige Art und Weise leben heißt, das Leben jetzt essen und nicht, es als zweifelhaften Nachgeschmack auf dem Totenbett kosten.

Essen hat Ondrea und mich noch auf andere Weise Beten gelehrt. Es hat manche der chinesischen Restaurants in San Francisco Anfang der achtziger Jahre, um deren größte runde Tische wir nach Workshops mit so vielen Aids-Patienten zusammensaßen, in Heiligenschreine verwandelt. Die heiligen Reliquien waren die lange erinnerten, lebhaften Gespräche und das herzhafte Lachen. All jene Körper, Liebende Gottes, gefüllt mit chinesischen Speisen, sind zu Erde geworden, zu Blumen und glänzend roten Würmern, die mit jeder kringelnden Bewegung das Mysterium preisen.

33

Der Geist der Tiere

Ich habe vom Geist der Tiere fast mein ganzes Leben lang immer wieder bemerkenswerte Lehren über das Menschsein empfangen.

Auf ihre Einladung hin begann meine Öffnung, und immer noch reguliert jene Ganzheit, die ich draußen in der Natur erlebe, meinen Herzschlag.

Als ich zum ersten Mal hörte, dass in 50 Jahren möglicherweise sämtliche Singvögel ausgerottet sein werden, würgte das jenen Gesang ab, den ich von den Drosseln vor langer Zeit lernte. Als Kind lag ich wach und lauschte ihnen still in meinem warmen Morgenbett.

Dieser warnende Hinweis brach jenes Herz, das sich an das Rotkehlchen erinnerte, das ich mit meinem Luftgewehr erschossen hatte. Der Stolz über den Treffer verflog sofort, als ich den zerfetzten Vogel wie eine leere Hülle im Gras liegen sah.

Wer will denn, wenn es keine Vögel gibt, vom Sims draußen vor dem Fenster dem verängstigten Kind vermitteln, dass alles wieder gut wird: Dass wir unlösbarer verbunden sind mit etwas ganz Großem und unbeschreiblich Schönem?

Die Lehren der Tiere

Die Feuerpredigt der Ameisen

Um seine Mönche zu bewegen, sich noch tiefer auf die Praxis einzulassen, hielt Buddha eine Rede, die als Feuerpredigt bekannt wurde und in der er sagte, die Augen schlügen Flammen, die Zunge schlüge Flammen, die Ohren schlügen Flammen, der Geist schlüge Flammen. Und riet uns, dieses Feuer mit der kühlen Stille des Dharmas zu löschen.

Vor einigen Jahren lud die Dharma-Wohltäterin Margaret Austin, die damals einen Teil ihrer Ranch außerhalb von Houston zu einem Meditationszentrum für die Gemeinschaft umbauen ließ, Ondrea und mich ein, dort ein Wochenendretreat zu leiten.

Ein zweitägiges Meditationsretreat, in völliger Stille durchgeführt, bei dem man sich darauf verpflichtet, 15 bis 18 Stunden am Tag im Sitzen und im Gehen zu praktizieren, kann unsere Konzentration bei der täglichen Praxis beträchtlich vertiefen und viel Energie freisetzen.

Am zweiten Tag, als die Gruppe sich mit dem strengen Ablauf schon gut angefreundet hatte und die gemeinsame Sammlung sich zu verdichten begann, machten wir am Nachmittag zusammen einen Achtsamkeitsgang. Durch ein offenes Feld einem alten Kuhpfad folgend, leitete ich einige Dutzend Teilnehmer und Teilnehmerinnen am Retreat zu einer Meditation an, bei der wir die Füße der Person vor uns beobachteten, unsere Füße hoben, wenn sie ihre Füße hob, und so weiter, während wir uns ganz in die Empfindungen vertieften, die mit jedem einzelnen Schritt verbunden waren.

Wird diese Praxis im Kreis durchgeführt, erkennen wir schon bald, dass die Person vor uns unsere Geschwindigkeit bestimmt und wir die Geschwindigkeit des Menschen hinter uns. Und schließlich wird uns klar, dass wir letzten Endes immer nur uns selbst folgen.

Ich ging langsam vor der Gruppe her, und als wir die Weide halb überquert hatten, nahm ich im präzise beobachteten Feld meiner Empfindungen ein Brennen in meiner rechten Wade wahr, als wäre ein Funke dagegen geflogen. Die neue Empfindung pflichtgemäß registrierend, tat ich noch einen weiteren Schritt, bevor die immer heftigeren feurigen Attacken auf die offene Ruhe der Geh-Meditation mich bewegten, nicht ganz so achtsam nach unten zu schauen, um festzustellen, dass ich die Gruppe durch ein großes Nest von Feuerameisen führte.

Die meisten versuchten tapfer, »einfach achtsam« für das angriffslustige Stechen zu bleiben, während sie die Ameisen, die jetzt schon bis zu den Knien und höher gekrabbelt waren, mit einer Art irischem Stampftanz abschüttelten. Schon bald glich die Gruppe, während sie herumsprang und den roten Staub von Texas aufwirbelte, den eine karminrote Sonne von hinten anstrahlte, einer Schar von roten Schamanen, die sich die Seele aus dem Leibe tanzten, um diese Welt von ihren Verwirrungen zu befreien. Stampfende, lachende, kreischende Bodhisattvas, gekommen, um die Erde zu wecken, sie aufzuspalten und den Ozean des Mitgefühls einzulassen. Beim Umsich-Treten johlend ins feurige Zentrum jedes Stiches gezogen, in den schmelzenden Mittelpunkt der Erde, in das Herz, das befreit ist von Angst und Misstrauen. So tanzten wir für unsere Erleuchtung, um uns alle zu befreien und zu retten vor dem, was uns, aufsteigend, die Knie weich werden ließ.

Die Lehren der halben Katze

Irgendwo auf dem Wege wurde mir eine Katze anvertraut, die halb gelähmt war. Ich nahm sie immer in einem Schuhkarton mit zur *Unity Press* und stellte sie dort auf eine Seite meines Schreibtisches, wo ich sie bei Bedarf herumdrehen und füttern konnte. Vielleicht war es Joseph Goldstein, der sie, während er an seinem Buch arbeitete, »Schuhkarton« taufte.

Die Lähmung, sagte der Tierarzt, mache aus ihr »eine halbe Katze, eine hirnlastige, genetische Missbildung« und sie würde fortschreiten, von den nutzlosen Hinterbeinen bis zur Unfähigkeit, sich überhaupt zu bewegen und schließlich auch zu atmen. Er streckte seine Hand nach der Katze aus, wie um uns »dieses Problem« abzunehmen. Wir setzten den jungen Schuhkarton wieder in seine indische Sänfte und verließen die Praxis.

Drei Wochen später und nach hundert Gaben einer langsam geschluckten Mischung aus warmem Olivenöl und einer Prise Knoblauch sowie nach vielen langen Massagen kam die Lähmung zum Stillstand, kurz bevor sie auf die Vorderbeine überging. Langsam bildete sie sich zurück. Sechs Wochen später tanzte die kranke Katze, die man mir zu einer Art Letzter Ölung gebracht hatte, auf meinem Meditationskissen einen Twostep.

Doch bevor sie sich erholte, hatte sie einen ganz schlechten Tag und schien schnell an Kraft zu verlieren, während die Lähmung ihren Rücken hoch fortschritt. Als ich neben ihr meditierte, hörte ich, wie sie ihre Hinterbeine hinter sich herzog, während sie sich zu mir schleppte. Also legte ich mich mit dem Rücken flach auf den Boden und setzte sie auf meinen Brustkorb, da ich dachte, dort könne sie sterben. Und ließ sie einfach auf dem langsamen Atem der Meditation reiten. Nach etwa zehn Minuten tat sie einen keuchenden Atemzug und schien dann aufzuhören zu atmen.

Und ich, halb im Glauben und halb versunken in eine Theaterszene des Mysteriums, die reale Illusion von Geburt und Tod, atmete meine »Atemenergie« von Herz zu Herz zurück in ihren schlaffen Körper. Vielleicht war sie gar nicht gestorben oder machte gerade eine kleine Katzen-Nah-Tod-Erfahrung und entdeckte, dass sie ihren Körper, wie wir auch, lediglich geliehen hatte und nicht besaß. Doch mit einem kleinen Zittern begann sie erneut zu atmen. Und als sie ihre Augen dicht vor meinen öffnete und rülpste, roch es, glaube ich, ein wenig nach Knoblauch.

Ein paar Monate später sprang sie morgens um drei Uhr auf mein Bett, drehte ihr Hinterteil meinem Gesicht zu und drückte mir ihr erstes Baby ins Ohr.

Die Lehren des weinenden Stieres

Eines Sonntagnachmittags 1964 während meines Drogen-Bardos (ein Bardo wird im *Tibetanischen Totenbuch* manchmal als Zwischenzustand zwischen zwei Leben bezeichnet), durch die Prahlereien alter Geister aus meiner Vergangenheit in die Irre geführt, besuchte ich die Stierkampfarena außerhalb von Mexico City.

Nichts Heldenhaftes fand dort statt. Nachdem zwei »tapfere Stiere« zeremoniell abgeschlachtet worden waren, schwang die Torero-Tür auf und das dritte Opfer betrat die Arena.

Es stürmte nicht schnaubend und sich buckelnd herein wie die anderen, sondern ließ sich widerstrebend in die Arena schieben. Es wollte nicht kämpfen. Es lief vor dem Matador davon. Es brüllte und flehte. Es war kein todesschwarzer Kampfstier mit rechteckigen Schultern, sondern ein brauner Bulle, der so aussah, als habe jemand dem falschen Vaquero (Cowboy) ein Schoßtier verkauft. Der »Stier« war außer sich vor Angst und rannte nun in der Arena unablässig im Kreis herum. Als die Picadors dann sein Fell durchstachen, brüllte er um Hilfe.

Der Matador, jung und nervös, verpasste bei mehreren Durchläufen sein Ziel und verwundete und verschreckte das Tier, das panisch herumrannte und nach einem Fluchtweg suchte, nur noch mehr. Nachdem der Matador, der eindeutig verstört war, viele Durchgänge verpasst hatte, raste die Masse vor Mitleid und Wut, entsetzt über diesen ausgesprochen unheldenhaften Auftritt. Die Zuschauer begannen zu stampfen und wieder und wieder zu rufen: »Mata lo, mata lo!«, »Töte ihn, töte ihn!«, während das arme Tier vor Entsetzen heulte. *Mata lo! Mata lo! Mata lo!* Das mitfühlende Wüten ließ die Blut bespritzten Wände der Arena vibrieren.

Zuletzt wurde das Tier mit einem schrecklichen Brüllen des Stieres und einem entsetzten Aufschrei des Publikums getötet wie Lorca an der Schießwand.

Wir verspürten Mitgefühl und Wut zugleich. Die Masse hatte sich erhoben und schrie den unerfahrenen Matador an. Jeden Augenblick konnte jemand aus der Menge spontan in die Arena springen, wie es gelegentlich *novicieros* tun, um ihren Mut zu beweisen, doch diesmal, um den Matador zu erledigen und den Stier zu retten. Die Menschen waren außer sich, stampften mit den Füßen und riefen: »Töte ihn, töte ihn! Gnade, töte ihn!«

Dieses schreckliche Erlebnis mit dem Stier war keine Lehre, die leicht wog. Tatsächlich war der entsetzliche Tod des armen Tieres für mich noch Jahre später eine tief gehende Unterweisung in Barmherzigkeit und Euthanasie. Vor allem, als ich einen religiösen Lehrer, der von allen geachtet wurde, sagen hörte, er halte an der kosmologischen Phantasie fest, dass Menschen am Ende ihres Lebens weiter leiden müssten, wie groß die Qual auch sein möge. Als Bekräftigung dieser rigiden Gnadenlosigkeit führte er ein Zitat aus irgendeiner Schrift an, in dem es hieß, dass selbst ein altes Pferd, das in seiner Box an einem gebrochenen Rücken stirbt, während eine Krähe an seinen Augen pickt, bei seinem Todeskampf keinerlei Hilfe erfahren solle.

Viele, die den Verlust des Himmelreichs fürchten, das sie schon lange verwirkt zu haben glauben, setzen Leiden mit Heiligkeit gleich. Da sie ihre persönlichen Schuldgefühle und ihre Trauer nicht bewältigt haben, glauben sie immer noch, sie müssten leiden. Und verweigern sich selbst und einer Welt voller Schmerz, die Mitgefühl so sehr verdient hätte und nach Beendigung des Leidens ruft, ihre Barmherzigkeit.

Stinktier Satyagraha

Als ich vor etwa 25 Jahren in den Wäldern des Nordens von New Mexico inmitten wilder Natur lebte, fand ich einige Tage, nachdem ich ein paar Dutzend Küken angeschafft hatte, eines Morgens beim Betreten des Hühnerstalls ein Dutzend von ihnen tot vor. Der Kopf war ihnen abgebissen worden. Stinktiere!

Uns wurde klar, dass wir für die Stinktiere, in deren Gebiet wir geradezu aufreizend einen Kükenstall gesetzt hatten, Verantwortung trugen. Statt sie zu verfolgen, begannen wir also die Zäune auszubessern, unter denen sie offensichtlich durchgeschlüpft waren. Den ganzen Tag lang gruben wir an der Zaunlinie entlang Schächte, um den Zaun fest im Boden zu verankern. Es hätte schon eines Dachses bedurft, um sich unter dieser Umzäunung durchzubuddeln. Aber am nächsten Morgen lagen noch mehr Küken ohne Kopf da.

Wir nahmen an, dass das Stinktier diesmal eher über den Zaun statt unter diesem durchgeschlüpft war. Offenbar war es den Kükendraht hochgeklettert! Den Großteil des nächsten Tages verbrachten wir damit, den durchhängenden Kükendraht am oberen Rand des Geheges in mühsamer Arbeit straff zu ziehen. Als wir damit fertig waren, »wussten« wir, dass zumindest die wenigen verbliebenen Küken sicher waren. Aber am nächsten Morgen zeigte sich, dass das nicht stimmte. Irgendwie gelang es ihrem Verfolger immer noch, in den Stall zu kommen.

Damit waren unsere unschädlichen Maßnahmen erschöpft, aber bevor wir zu drastischeren Mitteln griffen, beschloss ich, eine Nacht in dem gut umzäunten Gehege zu wachen, in der Hoffnung herauszufinden, wie der Jäger hereinkam.

Nachdem ich ein paar Stunden draußen in der Kälte gesessen hatte, fiel mir auf, wie sich in mir allmählich jenes selbstgerechte Gefühl verletzter Unschuld, welches das Ego verherrlicht, einzuschleichen begann. Eigennutz, der sich an allererste Stelle setzt, machte sich breit. Ärger kam auf, Feindseligkeit gegen diesen bemerkenswert einfallsreichen, wenn auch tödlichen Eindringling. Ich würde es mit ihm aufnehmen. Schon überlegte ich, welche Munition ich benutzen würde. Ich schlüpfte in Jägeridentitäten. Als ich mich dabei ertappte, wie mein Körper nach vorn sackte und sich zusammenzog wie mein Geist, breitete ich beide Arme aus und streckte mich, um mich von dem Druck zu befreien. Mein Kopf legte sich in den Nacken und ich schaute nach oben.

Der riesige, wilde südwestliche Himmel war voll feuriger Asteroiden. Es war der Meteorstrom der Perseiden. Ein halbes Dutzend Lichtstreifen zog über den Himmel. Nie zuvor hatte ich sie in ihrer ganzen Pracht gesehen. Ein Lichtstrom nach dem anderen, dann fünf auf einmal, dann kreuzte ihn einer und noch einer.

Um meinen Nacken zu entspannen, schaute ich wieder nach unten. Und sah direkt vor mir, nicht mehr als drei Meter entfernt, das Stinktier. Es war durch eine Öffnung zwischen Eckpfosten und Maschendraht geschlüpft, die viel zu eng für das Tier schien.

Es war so schön wie alle Geschöpfe dieser Erde. Für einen langen Moment, beide eingetaucht ins surreale Licht der Sternendusche, sahen wir uns in die Augen. Und unter einem singenden Himmel verbeugten wir uns voreinander und zogen uns zurück.

Ich kehrte mit einem Hammer und mit Nägeln wieder, um den Eckzaun zu sichern. Das Stinktier ging nach Hause, und der Himmel fuhr fort zu singen.

Teddys Badewanne

Als wir unser Haus in den Wäldern bauten, fragte uns ein Tischler-Freund, ob wir Interesse an einer alten, übergroßen Badewanne auf Füßen hätten. Er arbeitete bei der Renovierung von Bishop's Lodge mit, einem einst weltberühmten Erholungsziel für Berühmtheiten wie Theodore Roosevelt. Es könne sehr wohl sein, sagte er, dass in der Badewanne, die er bekommen könne und die größer sei als üblich, der Präsident gesessen habe, der größer als die meisten Menschen gewesen war.

Als die Wanne auf dem Anhänger eines alten Lastwagens die lange unbefestigte Straße angefahren kam, konnten wir sie nicht gleich an ihrem Platz installieren, da wir unser altes Badezimmer noch nicht abgebaut hatten. Also stellten wir sie zunächst einmal hinter das Haus auf eine kleine Anhöhe unter einen Lieblingsbaum mit Blick ganz hinunter in das Tal bis zu dem Vulkanberg mit flacher Spitze in Abique, der unmittelbar hinter Georgia O'Keeffes Haus und Atelier ansteigt.

Wir legten mehrere ausrangierte Kissen in die große antike Wanne, um uns bequem darin zurücklehnen und in Muße das Tal betrachten zu können. Das war auch für unseren Wolfshund Emmy eine große Freude, der, nachdem er mich umkreist hatte, manchmal in die Wanne sprang und dort weitere Kreistänze aufführte, bevor er es sich neben mir bequem machte.

Als ich eines Sommernachmittags in der Wanne herumlümmelte, schaute ich hoch und sah Ondrea, die, flankiert von Emmy, zwei Rottweilern und unserem Bernhardiner, auf dem Kamm hinter dem Haus entlang lief. Sie hatte gerade ein paar durchziehende Holzfäller vertrieben und war tatsächlich jene erstaunliche Wolfsfrau.

Jetzt ist die Wanne aufgestellt, und wenn ich mich mitten im Carson National Forest in das warme Wasser sinken lasse, denke ich an den alten Teddy (Roosevelt), der vor fast einem

Jahrhundert in derselben Wanne gesessen haben mag, während er das Nationalparksystem zu planen begann. Und schon bald darauf fand die Einweihung des Yellowstone-Parks statt.

Wenn die Eule deinen Namen ruft,

ist es Zeit für dich, auf dem Zahnarztstuhl Platz zu nehmen.

Eine weitere Belehrung durch den Geist der Tiere fiel mir ein, als ich im Sprechzimmer des Zahnarztes wartete, der mir zwei Zähne ziehen würde. Ich erinnerte mich, wie ich am Straßenrand gekniet und vergeblich versucht hatte, die Schwungfedern einer großen toten Ohreule für ein kunstvolles schamanistisches Projekt von deren Flügel zu lösen. Ich zog so fest, wie ich konnte, ohne die Federn zu knicken, aber sie rührten sich nicht vom Fleck. Dann erinnerte ich mich an die Einstellung der amerikanischen Ureinwohner, die sämtlichen Wesen dieser Schöpfung mit Respekt begegnen und davon ausgehen, dass wir alle miteinander verbunden sind. Ich hörte auf, den langen, flugunfähigen Flügel so grob zu traktieren und bat stattdessen respektvoll um Erlaubnis, die Federn zu nehmen. Ich verbeugte mich vor dem Tier. Als ich noch einmal versuchte, die machtvollen Federn vom Flügel zu ziehen, glitten sie mühelos in meine Hand.

Ich gab diesen beiden alten Zähnen die Erlaubnis, ihren vorbestimmten Weg einzuschlagen und loszulassen. Und das taten sie.

Es ist ein wunderschöner Morgen. Am Berg hinter dem Haus wohnt ein Löwe. Im Herzen hinter dem Körper wohnt ein Löwe.

Die Lehren des verrückten Rabens

Was würden Sie tun, wenn die Raben, die auf Ihrem Grundstück nisten, ein voll ausgewachsenes Junges mit einer Art Gehirnschaden großziehen, der sich so äußert, dass es etwa alle drei Sekunden laut krächzt – zwanzigmal pro Minute –, wochenlang, manchmal stundenlang dicht am Haus, oft vor Ihrem Schlafzimmerfenster morgens um halb sechs?

Man kann spüren, wie sich der Magen zusammenschnürt, wenn das lange Gekrächze wieder einmal anfängt. Dann gibt die Achtsamkeit mit jedem Krächzer nach und wird weicher.

Beim Nachdenken über mögliche Lösungen fiel mir ein Experiment ein, das vor vielen Jahren in Japan durchgeführt wurde und bei dem man mit den ausgetüfteltsten Elektroenzephalogrammen die Reaktionen des Gehirns auf Stimuli untersuchte, die über lange Zeiträume wiederholt wurden. Die Reaktion auf das wiederholte Läuten einer Glocke, so fand man heraus, wurde durch den Mechanismus der Gewohnheit innerhalb weniger Minuten schwächer. Gewöhnliche Subjekte nahmen es nach einer Weile kaum noch wahr. Aber bei fortgeschrittenen Schülern des Zen und bei Zen-Meistern sogar noch verstärkt wurde jedes Mal, wenn die Glocke anschlug, ganz gleich wie oft, immer die gleiche achtsame Reaktion verzeichnet, bei der das Geräusch sie wie ein Stich durchfuhr. Sie gewöhnten sich nicht daran. Sie nahmen die Glocke und auch das Leben als Ganzes nicht selbstverständlich hin und brachten dem einzelnen Augenblick keinerlei Widerstand entgegen.

Können wir mit Hilfe von Raben dem Augenblick näher kommen, statt der üblichen Abneigung gegen unkontrollierbare, ja sogar unangenehme Wiederholungen nachzugeben?

Wenn wir still und präsent waren, konnten wir den Ton ohne jede Abneigung und sogar mit viel Sorge um das Wohlergehen des Tieres registrieren. Aber wenn wir uns gerade auf etwas anderes konzentrierten, empfanden wir ihn oft als unwillkommene Belästigung.

Doch der anfängliche Widerstand aufgrund von Angst und Abneigung wich allmählich einer Hingabe voll Barmherzigkeit und Gewahrsein. Und wie bei jeder Heilung, bei der wir das, was sich in Leiden verkehrte, aufdecken und durchdringen, wird das lange Vernachlässigte nach Hause gerufen.

Selbst jetzt noch höre ich, wie unser armer gehirngeschädigter Wächter im Tal unterwegs ist.

Als wir vor einigen Monaten zum ersten Mal die lang gezogenen Rufe hörten, dachten wir, der Vogel würde wahrscheinlich bald an dem Geburtsschaden sterben, der die Ursache für sein ungewöhnliches Verhalten war.

Und hier kommt er wieder, ruft auf seine ganz eigene Weise: »*Karuna, Karuna!*« (»Mitgefühl! Mitgefühl!«), wie auch Huxleys Vögel in dem Roman *Eiland* (Aldous Huxley: *Eiland*. München: Piper Verlag 2001). Er lässt sich auf einem Ast in der Nähe nieder und spielt Echo für jene längst verschwundenen Vögel: »Hier und Jetzt, Jungs! Hier und Jetzt!«

Erinnert uns daran nachzugeben. Und daran, dass es auf manche Fragen keine Antwort gibt, vor allem auf jene nicht, die wir dem Leben direkt stellen. Manchmal findet selbst die Liebe nicht gleich einen Weg.

Nie zeigte sich deutlicher, wie dringend Hingabe gebraucht wird und dass den Buddha ehren heißt, allen fühlenden Wesen die Füße zu waschen.

(Das Tao der Dinge versetzt mich immer wieder in Erstaunen. Kurz nachdem ich das Obige geschrieben hatte und nach fast drei Monaten, in denen wir das ganze Spektrum an Gefühlen von frustrierter Reaktion bis zu aufrichtiger Anteilnahme durchlaufen hatten, ist unser besessen-zwanghafter junger Rabe aus dem Tal verschwunden. Er war ein ausgezeichneter Lehrer.)

Hat der Buddha eine Katzennatur?

Die Katze schaut in den Spiegel, der an der Wand lehnt. Sie sieht das Gesicht einer Katze, ihr Gesicht, und langt mit der Pfote hinter den Spiegel, um den zu berühren, der da ist. Aber dort ist nichts und niemand, nur ein flaches Bild, das zurückstarrt.

Und auch sie lernt, was ein chinesischer Meister sagte: »Das, wonach wir Ausschau halten, ist das, was schaut.«

Auch Katzen haben eine Buddha-Natur. Nicht nur Hunde und Füchse, maunzt sie, keine hündischen Frömmler im Geheiligten Land: MIAU.

Das Mysterium,
in dem es
Schmerz,
Krankheit, Alter
und Tod gibt

34

Vergänglichkeit

Der Buddha sprach davon, wie wichtig es sei, die Wahrheit von der Vergänglichkeit zu verstehen und zu begreifen, dass Schmerz, Krankheit, Alter und Tod unvermeidlich sind.

Vergänglichkeit ist für unser Leben Fluch und Segen zugleich. Sie bringt uns Liebe und nimmt sie uns wieder. Sie bringt sowohl Geburt als auch Tod. Ohne Vergänglichkeit gäbe es kein Wachsen. Und nichts würde uns an das erinnern, was jenseits von allem liegt.

Im Mahalila, dem Großen Tanz, dem Varietee der Vergänglichkeit, das zwischen Leben und Tod hin und her pendelt, verschwindet die Geschichte blitzartig und eine Wahrheit, die tiefer ist als die Zeit, kommt zum Vorschein.

Selbst für den alt gewordenen Mönch, der im Wald zusammengesunken und leblos am Stamm eines Baumes lehnt, selbst für den Mörder, der in der Hinrichtungskammer auf seinem Stuhl festgeschnallt ist, können und werden die Dinge sich ändern.

Vergänglichkeit birgt in ihrem innersten Kern etwas Stillstehendes, das sich niemals verändert. Das ist unsere tiefer als

die Natur reichende Natur. Sie existierte schon, bevor wir ungeboren waren, selbst vor unserem gesichtslosen Gesicht. Sie ist der Äther der Formlosigkeit.
Wir sind eine momentane Konvergenz.

Als Siddhartha zum ersten Mal die Mauern seines Palastes verließ, erwachte er durch die bislang nicht stattgefundene Begegnung mit Schmerz, Krankheit, Alter und Tod. Vielleicht hatte er gedacht, er würde niemals altern oder sterben. Aber die Konfrontation mit der Wahrheit von der Vergänglichkeit erschütterte ihn bis aufs Mark, und er schlug einen anderen Weg ein, um dem Mysterium direkt in die Augen zu schauen.

Als der zukünftige Buddha den Palast verließ, zog er auf dem schwankenden Boden der Vergänglichkeit davon, um das Zeitlose in der Zeit zu entdecken.

Energie entfaltet sich als unaufhörlicher Wandel. Bewusstsein fließt. Was einen Gedanken in den nächsten wandelt, bewegt die Sterne am Himmel.

Als er gefragt wurde, wie jemand in einer Welt, die ständig im Übergang begriffen und ebenso unsicher wie unkontrollierbar war, glücklich oder sogar zufrieden sein könne, hielt der buddhistische Meditationsmeister Achan Cha ein Kristallglas hoch und bat die Versammlung, diesen wunderschönen Gegenstand anzuschauen, den er früher am Tag geschenkt bekommen hatte, und den kleinen Regenbogen zu betrachten, der sich aus dem Wasser in dem Gefäß wölbte. Das Kristall gab einen wunderbar reinen Ton von sich, wenn man dagegen klopfte.

Doch er sagte, er wisse, dass dieses Glas bereits zerbrochen sei. Wenn der Wind es aus einem Regal stoßen oder sein Ellenbogen es vom Tisch fegen würde, konnte er nach unten schauen und die neue Form, bestehend aus tausend Stückchen, bewundern in dem Wissen, dass auch diese nicht von Dauer sein würde.

Er konnte zufrieden sein, hatte er doch den flüchtigen Augenblick einer zumindest vorübergehend ungebrochenen Präsenz gewürdigt.

Als ich am Abend vor einem zehntägigen Meditationsretreat Büsche rodete, kamen meine Arme und mein Gesicht mit Gifteiche in Kontakt. Erst nach Beginn des Retreats wurde das Ausmaß dieses Versehens deutlich.

Als mein Gesicht und meine Arme sich rot zu färben begannen und Pusteln schlugen, legte ich als Bewusstseinsexperiment einen Eid ab, einen *Tapasaya* (ein hinduistischer Begriff, der bedeutet, dass wir Schwierigkeiten nutzen, um mit unserer Praxis tiefer zu gehen), mich nicht zu kratzen.

Damit ich mich nachts im Schlaf nicht unwillkürlich kratzte, streckte ich im Liegen meine Arme nach hinten aus, wie jemand, der sich hingab. Meine alte Meditation, in der Haltung des Leichnams zu schlafen, kam mir dabei sehr zugute. Jede Bewegung löste sofort einen inneren Alarm aus.

Noch vor Ende des nächsten Tages waren meine Augen fast zugeschwollen.

Manchmal, wenn meine Achtsamkeit nachließ, nahm der Zwang, mir Erleichterung zu verschaffen, fast überhand. Während ich auf meinem Kissen saß, hob mein Fuß sich aus eigenem barmherzigen Antrieb und versuchte, mein brennendes Handgelenk und meinen Unterarm zu reiben. Ich musste es ihm einfach verbieten.

Nach einem weiteren Tag waren mein Gesicht und meine Arme angeschwollen und verkrustet. Um keine unwillkürlichen Bewegungen zu machen, war es absolut notwendig, in jedem Augenblick achtsam zu sein und absolut präsent zu bleiben. Meine Konzentration war selten besser gewesen.

Nachdem ich mich ein paar Tage lang nicht gekratzt und meiner brennenden Haut klare Botschaften der Barmherzigkeit gesendet hatte, war mein Bedürfnis nach diesem speziellen Bewusstseinsexperiment befriedigt. Und so verließ ich das

Retreat am Nachmittag, um mir eine Kortisonspritze geben zu lassen, bevor meine Augen ganz zuschwollen.

Auf der Fahrt zur Praxis des Arztes schmolzen die Bäume. Die Sonnenstrahlen, die durch die wogenden Redwoods fielen, hatten mehr Substanz als die Straße vor mir. Alles befand sich in jedem Augenblick im Prozess der Zusammensetzung und Auflösung. Selbst die Gedanken blieben nur einen Augenblick, bevor sie wegschmolzen. Alles starb im Bruchteil einer Sekunde und erstand völlig neu. Eine klassische Öffnung der Pforten der Wahrnehmung.

Die Wahrnehmung hatte sich von 15 Einzelbildern pro Sekunde um ein Mehrfaches erweitert. Der Zeitrafferblick beschleunigte alles. Materie war ständig im Prozess der Auflösung begriffen. Die Realität enthüllte das unterschwellige flüchtige Wesen der Schöpfung.

Wenige Stunden später kehrte ich zurück zu meiner Meditation, dankbar für das Opfer der Rinder, dem wir Kortison verdanken. Als ich mich auf dem Kissen niederließ, bewahrt vor dem Vergessen, fiel mir auf, dass meine faszinierende Sicht verschwunden war. Und da war dieses große Lachen, das sagte: »Selbst die Vergänglichkeit ist vergänglich; vergiss das nicht, wenn du stirbst.«

Wenn wir, wie beim Lockern der Stagnation, die das Ego darstellt, das gewöhnliche Bewusstsein unterwandern, fühlen wir uns eher wie ein Fluss als wie eine Insel, eher wie ein Prozess, der sich entfaltet, als wie ein Gegenstand, an dem wir unseren Hut aufhängen können.

Substantive lügen über die Zeit. Wir werden ständig zu etwas anderem. Nichtwissen und Erleuchtung sind von unserem nächsten Schritt gleich weit entfernt.

Ein Tisch oder ein Stuhl ist einen kosmischen Augenblick lang genau das, was er ist, bis das Holz von Würmern zerfressen wird, der Wind es als Sägemehl verstreut und die Wirkungskraft, die manche Evolution und andere Karma nennen, es einen kosmischen Augenblick später zu Erde wandelt und es von hier wieder zu Holz wird und später zu einem Stuhl.

Wir kehren in einen Raum nie als genau dieselbe Person zurück, als die wir ihn verlassen haben.

Wie das Herz den Tausenden von Schülerinnen und Schülern zuflüstert, die in Tausenden von Meditationshallen und Klöstern beobachten, wie sich ihr Prozess entfaltet: »Geist ist großer Himmelswandel.«

35

Schmerz und Krankheit

Als ich neunzehn war, führten die Schäden im Kreuz, die ich mir im Sommer zuvor bei der Arbeit in der Stahlmühle zugezogen hatte, zu wachsender Bewegungseinschränkung und körperlichen Schmerzen. Nach meiner Rückkehr nach Miami an die Schule fiel es mir immer schwerer, in meiner Band Schlagzeug zu spielen. Da ich nur unter Schmerzen wieder aufstehen konnte, wenn ich mich einmal hingesetzt hatte, verschob ich diese Quälerei bis zum Ende der Nacht und verließ das Podium in den Pausen zwischen den Auftritten nicht, sondern drehte nur meinen Stuhl um, so dass ich mit dem Rücken zum Schlagzeug saß. Als es mir immer schwerer fiel, mit dem Fuß das Pedal zu drücken, wusste ich, dass es Zeit wurde, gegen den zunehmenden, stechenden Schmerz und die eingeschränkte Bewegungsfähigkeit etwas zu unternehmen.

Nachdem die zwei zerschlissenen Bandscheiben im Lendenbereich operativ entfernt worden waren, konnte ich zumindest wieder arbeiten und reisen. Und machte mich auf den Weg zu der langen Innenschau in Buddhas Garage.

Aber im Laufe der Zeit kehrten die Schmerzen in meinem Ischias zurück. Der Neurologe, den ich zehn Jahre nach der Operation aufsuchte, sagte, solche Verwachsungen seien ziemlich verbreitet und 40 Prozent dieser Behandlungsverfahren müssten tatsächlich wiederholt werden.

»Sie werden lernen müssen, mit dem Schmerz zu leben!«, sagte er. Das ist natürlich immer ein guter Rat, aber auch Anreiz und Herausforderung für den Geist, ins Herz zu sinken. Der Schmerz begann mich daran zu erinnern, ja, fast zu inspirieren, die Härte, mit der ich auf Unangenehmes reagierte und die auf eine lange Konditionierung zurückging, aufzugeben und weicher zu werden. Mich jenen Seiten in mir, die ich verurteilte und von denen ich mich ängstlich zurückgezogen hatte, sowohl geistig als auch körperlich barmherzig zuzuwenden.

Ich lernte im Lauf der Jahre mit den seltenen Anfällen von Lendenweh ganz gut zurechtzukommen. Sie wurden zum nützlichen Test für die angeleiteten Schmerz- und Heilungsmeditationen, die wir so vielen Menschen beibrachten. Dabei versuchten wir, mit unseren Beschwerden sanfter umzugehen und uns mit barmherzigem und liebevollem Gewahrsein darauf zu konzentrieren.

Maharaji pflegte zu sagen, dass er Krankenhäuser und Friedhöfe liebe, weil diese Orte den Gott in Menschen zum Vorschein brachten. Ich stellte fest, dass Schmerz ähnlich wirkte, da er nach Achtsamkeit und Barmherzigkeit rief. Er gab mir immer wieder ein direktes Feedback für meinen geistigen und körperlichen Zustand. Und vermittelte mir sogar ein Gefühl für all die vielen Wesen, die mit mir in diesem gemeinsamen Körper denselben Schmerz erlebten. Er lehrte mich eine fast andächtige Stille und Zärtlichkeit für unser gemeinsames Leid.

Ich erfuhr, wie tief Liebe selbst in schwierigen Situationen gehen und wie wirkungsvoll eine Achtsamkeit sein kann, die immer mehr nachgibt, wenn sich das Gewahrsein barmherzig für all das öffnet. Als ich erwähnte, dass der Schmerz mich lehre, mein Herz in der Hölle zu öffnen, sagte ein Lehrer zu mir: »Wir müssen über Himmel und Hölle hinausgehen, um uns zu lieben, wenn wir Schmerzen haben; sonst machen wir uns in der übrigen Zeit immer nur etwas vor.«

Vor etwa zwanzig Jahren, ich war damals 45, begannen drei weitere Bandscheiben in meiner Nackenwirbelsäule ihren Dienst zu versagen. Ich wechselte von meinem Meditationsbänkchen, an das ich seit vielen Jahren gewöhnt war, zu einem *Zafu*, einem Meditationskissen über.

Die gar nicht so geheimen Lehren gingen weiter. Ich gab das Autofahren auf. Ich setzte mich zum Meditieren auf einen gepolsterten Stuhl. Der wirkliche Test für die Praxis, so die Lehren, sind Schmerz und Müdigkeit. Manchmal bestand ich diesen Test; manchmal hatte ich nur Raum für einen einzelnen Atemzug und nichts ging mehr.

In jenen schwierigen Momenten fiel mir ein alter Freund ein, den ich, als er im Sterben lag, fragte, ob er meditieren wolle. Er antwortete, er wolle seinen Geist gar nicht erweitern, da dieser ihm in seiner augenblicklichen Größe schon genug zu schaffen mache. Und meine Liebe zu diesem Menschen berührte auch meinen eigenen Schmerz.

Aber, wie ich entdeckte, der Schmerz muss seine Größe nicht verändern, sondern nur der Raum, in dem er treibt, muss größer werden. Wie ein Zen-Meister riet: Gib einem wilden Pferd eine große Weide und es wird sich im Gras wälzen und Schmetterlinge jagen; sperrst du dieses unruhige Wesen jedoch in einen engen Stall, schlägt es aus und es wird gefährlich, sich ihm zu nähern.

Das Herz muss den Geist kontinuierlich ermutigen, nicht in selbstmitleidige Identifikation mit dem Schmerz zu versinken, die diesen in Leid verwandelt.

Es war offensichtlich, dass wir, wenn wir einen Körper haben und einen Geist, Schmerz erfahren.

Jener körperliche Schmerz beruhte auf Empfindungen, die zu groß waren, um einfach durch das Nervennetz des Körpers zu fallen.

Aber jener geistige Schmerz beruhte auf dem Mangel an tieferer Wahrheit.

Schmerz erinnerte mich daran, dass es mehr zu heilen gab als das, was meines Wissens schmerzte. Wenn ich mich meinem Schmerz, dem Schmerz, mit Angst näherte, kam Mitleid auf, doch wenn ich ihn barmherzig annahm, erwuchs daraus Mitgefühl.

Wenn ich ihn nur als *meinen* Schmerz betrachtete, verfiel ich in Selbstmitleid und wurde eng vor Kummer. Aber wenn ich in ihm *den* Schmerz erkannte, den wir alle erfahren, wurde er zu etwas Universellem. Obwohl der Schmerz mir das immer wieder einreden wollte, war ich eindeutig nicht einfach das; war weder Körper noch Geist.

Die oft geäußerte Ansicht, wir seien verantwortlich für unsere Krankheiten und unseren Schmerz, stammt eher vom Geist als aus dem Herzen. Wir sind nicht verantwortlich *für* unsere Krankheit; wir müssen verantwortungsvoll *mit* ihr umgehen. Verantwortlich sein *für* den Schmerz heißt Schuld und Traurigkeit einladen. Ein verantwortungsvoller Umgang *mit* Schmerz ist Liebe.

Verantwortung ist nicht Schuld, sondern vielmehr die Fähigkeit, auf etwas einzugehen, statt zwanghaft darauf zu reagieren; die Tendenz von Achtsamkeit, Zwanghaftigkeit zu ersetzen. Wenn wir mit barmherzigem Gewahrsein auf den Schmerz eingehen, kann er im offenen Raum verbleiben, wo er der Heilung zugänglich ist.

Im Licht des Gewahrseins bieten sich seelischer und körperlicher Schmerz weniger zur Identifizierung an, werden nicht so leicht heimisch in unserem persönlichen Mythos.

Manche, wie auch der alte Mönch, der dachte, Lebewesen wie jenes sterbende Pferd müssten bis an ihr Ende leiden, halten das Leiden irgendwie für edel, den Schmerz für heilig. Ich habe zu oft erlebt, wie Menschen, die Angst haben vor dem Jüngsten Gericht, aufgrund dieser hoffnungsvollen und quälerischen Selbstverleugnung unter großen Schmerzen sterben.

Am Schmerz ist nichts Heiliges. Wir müssen aufhören, unser Leid zu vergöttern!

Schmerz wird zu Leid, wenn wir uns dagegen verhärten. Das Nachgeben ist so erleichternd; es ist solch eine Gnade, mit einem Körnchen Unbehagen einfach liebevoll zu sitzen und uns in diesem Augenblick an all jene anderen Wesen mit demselben Schmerz in diesem selben Körper, der Schmerz und Mitgefühl empfindet, zu erinnern.

Wenn wir unseren Schmerz immer wieder an unser Herz nehmen, erwächst daraus Einsicht und sogar Mitgefühl. Heilung geschieht, wenn wir das, was wir fürchten, mit klarem Gewahrsein von Herzen annehmen.

Wenn die Arbeit mit unseren kleineren Schmerzen den Zugang zu unserem größeren Schmerz und damit dessen Heilung eröffnet, entsteht ein Potenzial für Gnade. Eine Definition von Gnade besagt, dass sie das ist, was uns unserer wahren Natur näher bringt; aus einem anderen Blickwinkel betrachtet *ist* Gnade unsere wahre Natur.

In der Zeit meiner intensivsten Arbeit mit sterbenden Kindern betete ich oft, diese kleinen Körper mögen von den großen Schmerzen befreit werden. Als ich während einer langen Chemotherapiesitzung neben der anderthalbjährigen Sara saß, deren Krebs im Unterleib angefangen hatte, spürte ich, wie mein Gebet abrupt unterbrochen wurde. Es war fast, als würfe mir jemand eine warme Decke über, um meine ständigen ungeschickten Wünsche zu stoppen. Und das Herz sagte: »Hör auf! Du willst Gott einfach nur zuvorkommen! Du weißt nicht genug, um solche Gebete zu sprechen. Das einzig angemessene Gebet lautet: ›Mögest du das Möglichste empfangen aus dem, was dir gerade widerfährt.‹«

Damit veränderte sich mein Umgang mit Schmerz, dem eigenen und dem von anderen. An die Stelle von Dringlichkeit und Urteil trat Vertrauen in den Prozess. Die Müdigkeit des Widerstands nahm ab. Das Vertrauen in Intuitionen wuchs, selbst in unwahrscheinliche. Und das war ein weiterer Schritt zur Auflösung der Trennung zwischen Heiler und Heilung.

Obwohl Schmerz auch sein Gutes hat. Der Dalai Lama hat darauf hingewiesen, dass es ohne Schmerz auch kein Mitgefühl gäbe. Schmerz zieht Mitgefühl nach sich, so wie sein Gegenteil, Stille, Weisheit nach sich zieht.

Schmerz löst auch Traurigkeit aus. Das gilt sowohl für den unverarbeiteten Verlust eines geliebten Menschen als auch unsere ermüdenden, alltäglichen, gewöhnlichen Kümmernisse. Je näher wir dem Schmerz kommen, desto vernehmbarer wird das beharrliche Lamentieren unseres verletzten Selbstwertgefühls.

Vielleicht nehmen wir im Umfeld körperlicher Schmerzen seelischen Schmerz wahr: Zweifel, Angst, Ärger, sogar Reue. Der Schmerz des Augenblicks ruft das langfristige Leiden auf den Plan.

Fünfzehn Minuten akuter Schmerzen können ein lebenslanges chronisches Unbehagen aufdecken. Während sich der Raum, in dem der Schmerz treibt, allmählich mit Barmherzigkeit füllt, können wir eine große Erleichterung verspüren. Überraschende Ebenen der Heilung tun sich auf.

Schmerz ruft nicht nur nach der Abwesenheit von Schmerz. Ihn verlangt nach einem Frieden, in dem nicht nur diese Verletzung, sondern sämtliche Verletzungen mit Barmherzigkeit, Güte und Klarheit statt mit Angst angenommen werden.

Der Schmerz barg etwas in sich, das mir riet, barmherzig zu sein. Es zeigte mir, wie hart ich gegen mich war. Und wie selten ich meinen Schmerz und den Schmerz von anderen mit Güte berührte. Heilung war Barmherzigkeit und Gewahrsein, die in Bereiche von Geist und Körper vordrangen, von denen ich mich bislang angstvoll zurückgezogen hatte.

Wenn wir anfangen, mit Schmerz nachgiebiger zu sein, beginnt der Panzer, der das Herz umgibt, zu schmelzen und der Widerstand, der Schmerz in Leiden wandelt, nimmt ab.

Freud sagte, Neurose sei die Weigerung zu leiden. Obwohl er die Existenz des Mysteriums selten zugestand, erinnert er uns, wie Tausende von buddhistischen Meditationsmeistern auch, an den Schmerz, der Schmerz ein Ende setzt. Diese schmerzliche Öffnung für unsere lange verdeckten Wunden, bei der wir den Zustand, der dem Schmerz zugrunde liegt und der das Leiden nährt und am Leben erhält, dem heilsamen Licht eines barmherzigen Gewahrseins aussetzen.

Nichts wandelt Schmerz so in Leid wie Ärger. Aufgrund unserer Konditionierung schicken wir dem verstauchten Zeh Abneigung, ja, sogar Ekel und werden eng.

Genau dann, wenn es am dringendsten nötig wäre, vergessen wir, Mitgefühl zu empfinden. Wir verfluchen den verstauchten Zeh, sind taub für sein Flehen um Barmherzigkeit. Wir verhärten uns gegen ihn, schicken ihm Hass. Selbst die friedliebendsten Menschen hegen manchmal grausame Ansichten über Schmerz und schieben eigene innere Anteile aggressiv weg, wenn diese am bedürftigsten sind.

Aber wenn wir uns an das Herz erinnern, können wir nachgeben und zulassen, dass sich die Empfindungen, die der verstauchte Zeh ausstrahlt, auflösen wie die verlöschenden Funken eines Feuerwerkkörpers, die im weiten Raum nach unten sinken.

Wir können dem Schmerz unseren Segen schicken statt unsere Angst und uns seinem Pochen zuwenden wie dem Mysterium – mit Offenheit und klarer Absicht.

Ohne zu wissen, was als Nächstes kommt, vertrauen wir dem Prozess, lauschen in einer allmählich sich vertiefenden Stille unserem Herzen und hören die Worte: »Mögest du das Möglichste empfangen aus dem, was dir gerade widerfährt.«

36

Altern und Alter

Im Herbst 2000 lud mich Jack Kornfield zu einem Gesprächsforum der Western Buddhist Teachers Conference ein, das im Spirit Rock Meditation Center stattfinden sollte. Zu den Meditationslehrerinnen und -lehrern, die in dieser Diskussionsgruppe zusammenkamen, sollte auch der Dalai Lama gehören. Als ich Jack fragte, über welches Thema ich in solch einer erlauchten Gesellschaft sprechen solle, erwiderte er: »Über das Altwerden.«

»Wer ich? Alt werden? Ach ja, ich werde alt!«

»Selbst Menschen, die ansonsten hoch entwickelt sind, haben sich häufig noch nicht darauf eingestellt, dass sie alt werden«, sagte er.

Auch wenn unwahrscheinlich war, dass ich würde teilnehmen können, erinnerte mich diese Anfrage daran, dass das Gespenst meiner Kindheit inzwischen schon lange ergraut war und seinen Haushalt unter dem Banyanbaum gegründet hatte.

Alles altert. Selbst die Idee der Veralterung wird in gewisser Weise alt.

Chogyam Trungpa sagte, Meditation sei nichts als eine fortlaufende Beleidigung. Ein falsches Idol nach dem anderen wird abgerissen, um als Baumaterial zu dienen. Auch das Altern kann zu einer fortlaufenden Beleidigung werden, wenn wir hoffen, uns das Selbstbild zu bewahren, das uns ständig Unbehagen bereitet hat. Unerledigte Geschäfte lassen unseren Blutdruck steigen und unsere Selbstachtung sinken.

Das Altwerden kann uns aber auch fortlaufend Einsichten bescheren und eine weitere Öffnung für Frieden sein.

Bei einem längeren Meditationsretreat fand ich an meinem 36. Geburtstag, als ich in mein Zimmer zurückkehrte, einen Zettel auf meinem Kopfkissen vor, auf dem stand: »Vielleicht ist dies dein letzter Geburtstag!« Meine Dharma-Schwester Julie Wester, heute selbst eine von vielen geachtete Lehrerin, hatte mir den größten Segen hinterlassen: eine Gelegenheit, noch eine Ebene tiefer loszulassen. Mich nicht zu flach zu feiern. Nicht zu glauben, ich sei lediglich Zeit in einem Körper, und dabei meine großartige, ungeborene Natur zu vergessen. Und je schneller ich wirklich geboren wurde, desto besser!

Altern ist ein Prozess der Reifung, eine spirituelle Chance. Dieser Prozess ist kein langsamer Tod, sondern ein entscheidender Aspekt unserer niemals endenden Geburt. Auch wenn der Körper etwas schlaffer an den Knochen hängen mag, das Herz kann wie ein Berg sein, der mit jedem Tag näher rückt.

Auch wenn Sie vor vielen Jahren als schwerer Körper geboren wurden und sich immer noch über die Schwerkraft beklagen, sollten Sie den hungrigen Geist der Enttäuschung loslassen. Manche sagen, er sei mit dem ersten Abstillen geboren worden und seitdem mit jedem Nicht-Bekommen gewachsen. Versuchen Sie es mit etwas Leichterem als der gewöhnlichen Traurigkeit, mit der wir unser Leben lang taumelnd unseren Kurs verfolgt haben.

Wir haben erlebt, wie manche »Altern als Chance« nutzten, als spirituelle Aufgabe, indem sie diese kostbaren Jahre des Wachsens und der Liebe durch Dienen mit anderen teilten. Manche, indem sie für das Wohlergehen vieler beteten. Andere, indem sie sich um die Kinder ihrer Nachbarn kümmerten oder sich im Internet an »Chat-Groups für die Seele« beteiligten. Und wieder andere, indem sie einfach jeden Morgen in ihr Herz schauten wie in eine Kristallkugel und fragten: »Was ist für heute gut?«

Altern ist die Chance eines ganzen Lebens!

Beim Prozess des Altwerdens sammelt sich die Körperenergie allmählich im Herzen. Aus diesem Grund ist die spirituelle Arbeit in den späteren Lebensjahren oft am produktivsten. Die Seele ist bei dieser großen Wende nach innen zugänglicher als vielleicht zu jeder anderen Zeit. Erleuchtung war nie näher.

Vieles am Szenarium des Todes, der Stille, die auf den Sturm folgt, kann mit dem scharfen inneren Auge des Menschen, der die tagtägliche Sammlung in der Mitte der Brust zu schätzen weiß, schon lange vor dem Tod erforscht werden.

Im Prozess, den wir Sterben nennen und bei dem der Körper die Lebenskraft nicht mehr halten kann, zieht diese sich zurück ins Herz und sammelt sich dort rasch.

Beim Sterben konzentriert sich die Lebensenergie im Herzen und verlässt den Körper durch den Oberkopf. Wenn der alternde Körper sie, wie beim Sterben, nicht länger halten kann, sammelt die Lebensenergie sich im Herzen, um sich, so heißt es, mit dem Näherrücken des Todes wie eine Fontäne aus dem obersten Punkt des Schädels zu ergießen.

Altern spiegelt diesen Prozess auf eine sehr nützliche und wohltuende Weise. Wir haben oft beobachtet, wie diese großartige Sammlung von Energie bei Patienten, deren Leben sich mit ihrem letzten Atemzug allmählich in die Große Zufriedenheit auflöste, das Reifen des Herzens zum Abschluss brachte.

Beim Prozess des Alterns sammelt sich das Licht eher allmählich als rasch in der Lichtkammer und daraus erwächst eine noch größere Lebendigkeit.

Ich habe viele Menschen, die weit über siebzig sind, sagen hören, dass sie sich, erleuchtet durch diese Sammlung und Konzentration der Lebenskraft im Herzen, wie 16 fühlen. Selten jedoch habe ich 40-Jährige sagen hören, dass sie sich wie 16 fühlen – viel häufiger äußern Menschen dieser Altersgruppe, sie fühlten sich wie 65.

Unser Herz ist berührt von den wunderbaren Lehren von Dr. Joan Borysenko, die mit außergewöhnlicher Klarheit eine äußerst faszinierende Realität zur Sprache bringt – dass wir mit fortschreitendem Alter in gewisser Weise unser Geschlecht verändern.

Männer zeigen im Alter viele sekundäre weibliche Geschlechtsmerkmale, so nimmt zum Beispiel ihre Muskelmasse ab und ihr Brustumfang zu. Frauen weisen mehr männliche Eigenschaften auf, so fällt ihnen zum Beispiel das Haar auf dem Oberkopf aus, dafür sprießen ihnen Haare im Gesicht.

Dies ist eine Zeit der Weisheit.

Nach der anstrengenden Metamorphose der Wechseljahre schlagen manche Frauen einen Weg ein, der mit einer Freiheit verbunden ist, die ihren aktiven, kreativen Yang-Kräften und damit einer Selbstbeherrschung entspringt, die gesellschaftlich eher Männern zugesprochen wird und die sehr befriedigend sein kann. Und die ihnen gelegentlich sogar einen kleinen Vorgeschmack von der Großen Zufriedenheit vermittelt.

Die Rolle einer Frau kann dahingehend wechseln, dass sie sich nicht mehr mit der Kleinfamilie identifiziert, sondern an die Kraft anschließt, die ihr aus der größeren Familie zuwächst.

Wenn Menschen in Rente gehen und sich fragen: »Wenn ich nicht mehr mein Beruf bin, wer zur Hölle bin ich dann?«, kommen sie dem Grund für ihre Geburt näher. Sie fangen an, das Sein hinter all ihrem Tun und Werden zu erforschen. Tatsächlich stellen sich manche die Frage, die zu stellen sie geboren wurden, erst wenn die Schatten länger werden. Doch ist es nie zu spät, geboren zu werden. Und es ist nie falsch zu fragen: »Wer bin ich?

Jetzt, wo ich meine familiären und sozialen Verpflichtungen abgeschlossen habe, wo die Identitäten, für die ich gelobt wurde, meinen Tag nicht länger ausmachen, wer bin ich?«

Wenn ich kein Geschäftsmann bin (nicht mehr arbeite), kein Vater oder keine Mutter (die Kinder sind längst aus dem Haus), kein Fotomodell (gesellschaftliche Vorstellungen von Schönheit) oder Dieb (Arthritis), wer bin ich dann? Und ich möchte die Frage: »Wer bin ich?« noch etwas tiefer stellen: »Wer bin ich wirklich?«

Wer war ich, bevor ich wurde, was ich wurde? Und davor?

Ich begegnete einmal dem langjährigen Schüler eines Lehrers, der alt wurde und anfing, an Gedächtnisschwund zu leiden. Dieser Lehrer vergaß die Lehren. Also gab der Schüler ihm diese Lehren, ein unschätzbares Geschenk seines Lehrers, zurück. Er lehrte, was ihn gelehrt wurde. Welche Liebe im Raum war!

Er hatte gelernt, dass der Geist eine Kluft reißt, die das Herz überbrückt. Dass Liebe die Brücke ist. Also trug er jeden Tag Nahrung über diese Brücke.

Sein Lehrer, der das Zeitlose so liebte, hatte jetzt jedes Zeitgefühl verloren. Sein Lehrer sagte: »Jetzt gibt es für mich keine Tage, Wochen oder Monate mehr. Keine Jahreszeiten, keine Jahre ... Ich muss eine Anstrengung unternehmen, um in die Zeit zurückzukehren.«

Nachdem er ganze Meere von Widerstand und Anhaftung überquert hat und jetzt in dieser Zeitlosigkeit wohnt, ist seine Liebe größer denn je. »Das Herz ist jetzt so voll, der Körper muss versuchen, sich da irgendwie einzufügen.« Er ist nicht mehr rational, aber niemals irrational. Er lebt jetzt an einem Ort, wo Liebe mehr ist als ein Gedanke und jeder Gedanke auf das Herz zurückverweist. Liebe ist nicht sein Geisteszustand, er *ist* Liebe.

Pater Bede Griffith, der sein ganzes bemerkenswertes Leben lang ein spiritueller Sucher war, sagte, er habe in den letzten beiden Jahren seines Lebens mehr gelernt als in den ersten 48.

Ich hörte einmal einen interessanten Gedanken über das Altern des Körpers: Es sei eine allergische Reaktion.

Erwachte aus dem Tiefschlaf, weil ich dringend zur Toilette musste. Das Zimmer pechschwarz. Halb träumend herumstolpernd, kann ich die Schlafzimmertür nicht finden.

Die Pflanzen stehen an der falschen Wand, die Kleider hängen, wo das Fenster sein sollte, das Bett ist nach Norden gerutscht ... Ich bin völlig verwirrt und suche verzweifelt eine Toilette ...

Ich bin ein alter Mann, der verloren durch sein eigenes Haus irrt.

Ich bin das Gehirn, das verkalkt und schrumpft.

Ich bin der Prozess am anderen Ende der Schöpfung, Shivas linkshändiger Tanz, das, was vor und nach Anfang und Ende der Welt kommt.

Als ich im Dunkeln rufe, schaltet Ondrea das Licht an und ich entkomme vorübergehend dem unvermeidlichen Verfall.

In Gedenken an ... was noch mal?

Vor einigen Jahren hörte ich Krishnamurti, der ziemlich alt und gebrechlich geworden war, zu einer großen Versammlung sprechen.

Er redete ein paar Minuten in seinem üblichen sanften und liebevollen Tonfall, bevor er auf einen Zuhörer einging, der seine Hand gehoben hatte, um eine Frage zu stellen. Krishnamurti antwortete langsam, hielt inne und begann noch einmal von vorn, hielt wieder inne. Er sagte, da er alt würde, sei er im Denken nicht mehr ganz so scharf, ob der Fragende nicht einfach zu ihm kommen und seine Hand halten könne?

Das war für uns alle eine Lehre, die besagte, dass eines Tages von uns vielleicht nichts anderes bleiben wird als unsere Liebe.

Buddha wies darauf hin, dass es wichtiger ist zu wissen, wo wir sind, als wohin wir gehen.

Wir brauchen keinen Kompass und noch nicht einmal eine Landkarte. Wir brauchen nur das Herz, um einen Schritt nach dem anderen zu tun.

Wenn sie nach der Richtung gefragt werden, antworten Zen-Meister oft: »Gehe einfach geradeaus!« Von Augenblick zu Augenblick gegenwärtig, in Gedanken nicht zurück- oder vorauswandern.

Eine der größten Lehren des Alterns und der Veränderung des Gedächtnisses besteht darin zu lernen, Unrecht zu haben.

Wir tun so, als sei es eine Sünde, Fehler zu machen, eine Kränkung des Himmels, ein Schritt auf die ewige Verdammnis zu.

Ah, wieder geirrt!

Es ist wirklich an der Zeit, dass wir lernen, im Irrtum zu sein, verantwortlich zu sein, zu wenig und zu viel loszulassen.

Wir waren so lange im Recht, wir wissen nicht mehr, wie wir völlig aufrichtig sein können. Herz und Hand mussten so viele Tricks anwenden, damit wir als wertvoller Mensch erschienen.

Jetzt, wo man mich gelegentlich korrigiert, beobachte ich mit Freude, wie mein Herz für eine andere Wahrheit offen bleibt als für die, an die ich mich früher so geklammert haben mag.

Ich lerne langsam, Unrecht zu haben. Das ist eine große Erleichterung!

»Um wirklich präsent zu sein, müssen wir«, wie Achan Cha, ein von vielen geachteter Lehrer es formuliert, »uns *nur an so viel* erinnern!« Dabei zeigte er mit Daumen und Zeigefinger die Strecke, die ein Funke springen mag. Nur so viel, nur diesen ewigen Augenblick, nur die lebendige Wahrheit!

Wenn das Gedächtnis versagt, sind wir gezwungen, in die lebendige Gegenwart zurückzukehren, wo das Leben gelebt werden muss. Die Vergangenheit ist unwiderruflich vorbei, nur diese Morgensonne, nur diese Liebe zwischen uns am Tisch existiert. *Nur so viel* bleibt.

Es heißt, wenn wir nur für so viel gegenwärtig bleiben können, nur für diesen Rahmen des inneren Filmes, nur für einen Augenblick der laufenden Vorführung, werden wir finden, wonach wir suchen.

Aber was, fragt der ängstliche Geist, wenn es schwierig wird, auch »nur so viel« zu erinnern? Was, wenn ich vergesse, wohin ich gehe oder wo ich gerade gewesen bin?

Nach einem Workshop, in dem diese Fragen aufkamen, nahm eine Frau mich beiseite, um mir zu erzählen, dass sie die meisten Mitglieder ihrer Familie gepflegt habe, während sie an der Alzheimerkrankheit dahinsiechten. Sie hatte den größten Teil ihres Lebens der Fürsorge für Eltern und Geschwister gewidmet, die zunehmend verfielen, weil sie ihren

»Verstand verloren«, wie sie es formulierte. Und jetzt, wo sie gerade dabei war, ohne die Last dieser Verantwortung in die Welt zu gehen, nahm sie an sich selbst die bekannten Symptome wahr. Sie war verzweifelt und wütend.

»Ich werde diesen langsamen Verfall nicht durchmachen, ohne dass jemand so für mich da ist wie ich für meine Mutter und meine Schwestern. Verdammt noch mal, gerade jetzt, wo ich anfange, wieder mein eigenes Leben zu leben!«

Sie sagte, sie wäre lieber tot, als in irgendeinem vergessenen Winkel des Landeskrankenhauses dahinzusiechen. »Du siehst mich mit ziemlicher Sicherheit zum letzten Mal bei einem Workshop«, sagte sie. »Danke.«

Wir sprachen ein paar Minuten über die neue Freiheit, die ihr jetzt offen stand. Da ihre Symptome bislang nur schwach waren, überlegten wir auch, wie diese Zeit eine der kreativsten ihres Lebens sein könne. Und wie immer sie letzten Endes mit ihrem körperlich-geistigen Abbau umzugehen beschloss, die Zeit war auf ihrer Seite.

Sie sagte, sie würde nichts überstürzen und ihre Möglichkeiten genau durchdenken. Aber auf keinen Fall würde sie die nächsten sieben oder zehn Jahre damit verbringen, verwirrt, verängstigt und allein zu sterben!

Wir waren angenehm überrascht, sie acht Monate später wiederzusehen. Sie schien durch das genetische Erbe ihrer Familie nur leicht beeinträchtigt. »So weit, so gut, und das Leben ist gut.«

Als wir sie fragten, wie sie jetzt mit den Selbstmordgedanken umgehe, die sie beim letzten Mal geäußert hatte, erzählte sie uns, sie habe die »blauen Pillen« in das Lieblingskristallglas ihrer Mutter gelegt und dieses auf den Kaminsims gestellt. Daneben habe sie einen Zettel gelegt, auf den sie mit deutlichen Buchstaben geschrieben hatte: »Wenn du nicht mehr weißt, wofür diese Pillen sind, dann nimm sie!«

Sie lebte, bis sie starb.

Wenn wir uns an unser wahres Zuhause erinnern, gehen wir selten auf die übliche altbekannte Art verloren. Wir müssen uns nur »an so viel« erinnern.

Der vergessliche Buddha sagt: »Manchmal vergesse ich sogar, dass ich vergesslich bin, aber ich vergesse nie, dass ich Buddha bin.«

37

Tod

Dass wir niemals sterben, bedeutet nicht, dass du ewig lebst.

Eine Diskussion von Gott weiß wo mit Gott weiß wem: Vor einiger Zeit erhielt ich einen besorgten Anruf von einem befreundeten Arzt, der gerade meine Blutuntersuchungen abgeschlossen hatte und mir mitteilte, dass meine Leberwerte auf eine schwere, wenn nicht tödliche Diagnose verwiesen (was sich später als Irrtum erwies). Da ich in der Zeit, als ich Drogen spritzte, einmal Hepatitis gehabt hatte, ging ich davon aus, dass hier die Ursache lag. Mein Freund schlug mir vor, mich ins Krankenhaus einweisen zu lassen. Er würde alle Vorbereitungen treffen und mich in einer Stunde wieder anrufen.

Manchmal können wir dem Tod nicht aus dem Weg gehen und müssen uns für die Möglichkeit öffnen, dass wir dieses Leben heute hinter uns lassen und zum nächsten übergehen müssen.

Während ich auf den Rückruf wartete, wandte ich mich in meinem Herzen an das, was für Maharaji steht, um ihm die Angst anzuvertrauen, dass ich vielleicht würde sterben müssen. Ich erwartete edelmütiges Mitleid und Beileidsbekundungen, doch ich hörte den alten Joker, herzlicher lächelnd denn je, sagen: »Gut. Ich vermisse dich!« Das war mit Sicherheit nicht, was ich erwartet hatte.

Aber die innere Stimme, die immer präsenter wurde, sagte, ich solle eine solch dualistische Antwort nicht unbesehen glauben. »Nun, dann sieh genau hin und besinn dich auf dein ursprüngliches Gesicht. Im Grunde stirbt niemand. Wir sind niemals getrennt von unserer Art zu lieben – und das ist das, was bleibt.«

Ich badete im überwältigenden Mitgefühl der Liebe Maharajis.

Das Telefon klingelte, die Untersuchungsergebnisse waren im Labor vertauscht worden, dem Arzt tat es Leid, er war froh: Bleib gesund und bis demnächst.

Manche Menschen brauchen länger als andere, um zu sterben.

Hitler und Jesus kommen täglich im Fernsehen.

Elvis ist immer noch zu sehen, wie er am Ende einer unbefestigten Straße in Milwaukee Rippchen isst.

Die Menschen, die wir in unserer Jugend liebten, Freunde, Freundinnen und Kerzenlicht-Geliebte, hocken auf ihren Gräbern, nicht in ihnen.

Unsere Eltern sterben am langsamsten. Unsere Kinder noch langsamer.

Shakespeare sagte: »Der Menschen gutes Tun wandert ins Grab mit ihrem Gebein.«

Aber schließlich trägt das Meer uns alle, ob leicht oder schwer, ans Andere Ufer. Die Gezeiten löschen allmählich alles aus bis auf Liebe und Hass. Diese beiden halten uns in unserem Himmel oder unserer Hölle fest und prophezeien unsere Geburt oder zumindest unsere Stimmung bei der Auferstehung.

Es gibt viele Variationen zu dem Thema, was das Mysterium sein könne, aber niemand würde, nehme ich an, dagegen protestieren, dass den Tod verstehen heißt, ein wichtiges Puzzlestück in der Hand zu haben.

Vor einiger Zeit passierte es mir immer wieder einmal, dass der Atem, wenn ich gerade im Begriff war, für zwei, drei Atemzüge einzunicken, plötzlich stillstand. Ihn irgendwo immer noch bewusst wahrnehmend, kämpfte ich mich an die Oberfläche, keuchend wie jemand, der lange unter Wasser war. Ich zitterte beim Aufwachen, als wäre ich beinah lebendig begraben worden.

Ohne jede Kontrolle und Fluchtmöglichkeit war nichts im Raum als reine Angst.

Es lag eindeutig bei mir, für was ich mich entschied – die Angst oder den weiten Raum, in dem sie trieb.

Eine jener schrecklichen/wunderbaren Möglichkeiten, unsere Grenzen auszuloten.

Geweckt von einem Atemstillstand im Schlaf, wie er beim Schlaf-Apnoe-Syndrom auftritt, das einige Patienten als etwas sehr Beängstigendes beschreiben, habe ich einen Augenblick lang teil an der Erfahrung jener Menschen, die verwirrt und desorientiert in ihrem Bett liegen und sich fragen, ob sie sterben. Und ein weiterer Raum tut sich auf in Seinem Haus ... und die Heilungsfamilie erweitert sich.

So unangenehm diese Erfahrung zweifellos war, stelle ich doch fest, dass etwas in mir sich auf das nächste beunruhigende Erlebnis dieser Art freut.

Es stellte eine jener seltenen Gelegenheiten dar, den wiederholten Anweisungen vom Mysterium, von Plato und vom Dalai Lama zu folgen und »das Sterben zu üben«.

Tatsächlich ist einer der Hauptaspekte des Dharmas die Vorbereitung auf den Tod. Davon ausgehend, entwickelten wir, wie ich dem Dalai Lama gegenüber erwähnte, auf der Grundlage seiner Empfehlung für Menschen, die sich von solch einem Bewusstseinsexperiment angesprochen fühlten, den Prozess, uns ein Jahr lang auf das Sterben vorzubereiten.

Viele Gruppen bildeten sich in verschiedenen Teilen des Landes, um sich unerledigten Geschäften zu widmen und die Meditationen auf Achtsamkeit und liebende Güte zu praktizieren. Tatsächlich ist das Buch, das Sie gerade lesen, zum Teil ein Ergebnis der intensiven Lebensrückschau, die für dieses Bewusstseinsexperiment erforderlich war.

Das Mysterium offenbart sich selbst

Wenn das Mysterium sich offenbart, scheint uns das, was sich zeigt, tief vertraut. Und trotzdem werden wir von Demut und Dankbarkeit überwältigt.

Beim Übergang zum Tod gibt es einen Augenblick, in dem die Psyche danach schreit, dass die letzten Sauerstoffmoleküle noch einen Moment, einen Atemzug länger im Körper bleiben. Unser ganzes Bewusstsein ist darauf ausgerichtet, im Körper zu verweilen. Wir würden alles dafür tun, aber wir haben es nicht in der Hand. Der Gedanke zu kämpfen taucht auf, aber die Muskeln reagieren nicht darauf. Die momentane Angst weicht einer unerwarteten Ruhe.

Einen Augenblick lang scheint der Atem weder voll noch leer zu sein, sondern einfach stillzustehen.

Das Element der Festigkeit fällt weg. Das kommt uns vor, als habe ein unfehlbares Anzeichen für den Tod den Atem erfasst – die Unfähigkeit des Körpers, sich zu bewegen, seine einsetzende Starre.

Aber innerlich scheint sich eine bemerkenswerte Leichtigkeit auszubreiten. Innerlich erleben wir im toten Körper das Gegenteil dominierender Festigkeit als Freiheit von Festigkeit.

In dieser Stille, diesem Raum zwischen Atemzügen, Gedanken, Leben, erinnern wir plötzlich etwas. Etwas, das wir eigentlich unmöglich jemals haben vergessen können. Sie erhaschen einen Blick auf Ihre ungeborene, unsterbliche Essenz und erkennen, dass es nicht die Erfüllung Ihrer tiefsten Sehnsucht ist, im Körper zu bleiben. Sie kommen in Berührung mit der evolutionären Wirkungskraft, dem Willen zum Mysterium, zum Abschluss.

Sie sind sich nicht mehr so sicher, warum Sie um den Körper kämpfen. Jeder Widerstand löst sich auf.

Ein grenzenloses Leuchten flutet und zieht das Herz voran, während es den Körper dem Tod anheimgibt.

Das Gewahrsein, das den Körper verlässt, erinnert sich mit tiefer Freude daran, wer es wirklich ist.

In diesem »Augenblick des Erinnerns« wird deutlich, dass wir nicht, wie es heißt, menschliche Wesen sind, die eine spirituelle Erfahrung machen, sondern spirituelle Wesen, die eine menschliche Erfahrung machen.

Jenes Tor durchschreiten heißt anfangen, uns mit unserem höchsten Selbst zu verbinden, wobei sich unsere Sicht des Lebens verändert. Wir erfahren große Dankbarkeit und Erleichterung. Wir begreifen, dass über alle weltliche Vernunft hinaus selbst der Tod eine vollkommene Lehre sein kann und wie überaus kreativ der Prozess unseres Wachsens ist.

Die Entkopplung, bei der die Seele vom Körper befreit wird und die sich äußerlich als »allmähliche Stilllegung des Körpers« fortsetzt, ist innerlich von einem wachsenden Gefühl der Ausdehnung und des Aufsteigens begleitet.

Für den außenstehenden Beobachter äußern sich die unfehlbaren Anzeichen für den Tod darin, dass der Körper steif und kalt wird, aber innerlich hat der Sterbende, während die Hitze aus seinem Körper weicht, ein Empfinden, das der vibrierenden Energie gleicht, die an einem heißen Sommertag über Asphaltstraßen steht. Ein Ausstrahlen nach außen. Ein Gefühl von Leichtigkeit, als ob er sich nach oben in das Unermessliche auflöst.

Das sterbende Individuum empfindet das Loslassen des Körpers und das Abwerfen der Form, das sich Schicht um Schicht vollzieht, wie das Schmelzen eines Eiswürfels. Während die Hitze entweicht, verliert die gefrorene Masse ihre feste Gestalt, verliert ihre harten Kanten, die in die flüssigen Grenzen einer Lache übergehen. Ihre eigenständige Temperatur aufgebend, verschmilzt sie mit dem größeren Ganzen, »wird zur Zimmertemperatur«. Während das Bewusstsein zunehmend weniger »zentral lokalisiert« ist, wird es grenzenlos und löst sich wie der verdampfende Eiswürfel »in allen Teilen gleichmäßig« auf. Verschwindet in die dünne Luft und ein noch größeres Empfinden von Weiträumigkeit.

Und bei all diesen bemerkenswerten Wandlungen von Festem in Unsichtbares verändert sich jener Eiswürfel in seiner Essenz nicht im Geringsten. Er ist immer noch H_2O! Wird überhaupt nicht beeinträchtigt durch die Formen, die er im Laufe dieses Prozesses durchlaufen mag.

Die Dimensionen des Sterbeprozesses, ja, des Universums selbst, veränderten sich, während die meditativen Forschungen, bei denen sich der Augenblick des Erinnerns zum ersten Mal zeigte, im Laufe der Jahre immer mehr aufdeckten.

Die Freude, sich an unsere unsterbliche Essenz zu erinnern, ließ das Herz kontinuierlich wachsen, bis sämtliche geringeren Neigungen wegfielen und meine einzige Priorität Liebe war. Ich begriff mit jeder Faser meines Seins, dass Liebe der einzig vernünftige Akt im Leben war. Und mit leichter Bestürzung wurde mir klar, dass alles andere einfach nur Unsinn und Firlefanz ist.

Vielleicht haben wir uns immer für einen liebevollen Menschen gehalten, aber wenn wir auf unser Leben zurückschauen und nur die Liebe als Maßstab anlegen, wird uns schwach in dem, was unsere Knie zu sein pflegten. Uns wird klar, was alles wichtiger war als Liebe. Was wir alles unter dem Deckmantel des Überlebenstriebes und des Imperativs, den Schmerz zu meiden, taten. Unser Wunsch nach Liebe war größer als die Liebe, die wir anderen gaben, und so folgten wir sämtlichen Begierden in viele dunkle Ecken und Winkel. In so viele Sackgassen. Und sagten und taten das alles, weil wir dachten, wir wären im Recht, oder weil wir sicher waren, dass die anderen Unrecht hatten.

Vom Fluss des Geschehens zu dieser schwierigen Heilung getragen, bei der nichts zählt als die Liebe, konnte ich sehen, dass an diesem Punkt des Sterbeprozesses viele voller Angst Vorstellungen wie die vom Mythos des Jüngsten Gerichtes entwickelten.

Es wird am Tag des Jüngsten Gerichtes kein Urteil von oben über uns verhängt; es gibt nur unser eigenes Unbehagen, wenn wir zurückschauen und begreifen, wie oberflächlich wir unser Leben manchmal gelebt haben. Es ist eine Qual für die Liebe zu sehen, wie selten Güte und Barmherzigkeit über die persönlichen Begierden, die jetzt so belanglos scheinen, hinauswuchsen.

Ständig haben wir die Welt manipuliert, statt ihr zu dienen, was für die Priorität der Liebe unverzeihlich ist.

All jene Augenblicke, in denen ein anderer Mensch lediglich Objekt unseres Denkens statt für unser Herz ein Gegenüber war. All die Male, wo wir Liebe vortäuschten, um zu bekommen, was wir nicht gegeben haben. All die gestohlenen Emotionen. All die Zeiten von Angst und Vergesslichkeit.

Möglicherweise stoßen Herz und Geist in diesem Augenblick zusammen. Doch wenn das Herz nur einen Augenblick länger verweilen kann, wenn das Erinnern eines ganzen Lebens uns auch nur einen weiteren Augenblick des Erinnerns schenkt, erhascht es im Spiegel der Achtsamkeit einen Blick auf sich selbst und eine andere Ebene der Einsicht kommt zum Vorschein. Während wir beobachten, was zunächst unvermeidbares Leid zu sein scheint, verursacht dadurch, dass wir nicht immer liebevoll gelebt haben, bemerken wir, wie ganz subtil ein Schatten des hungrigen Geistes vorbeihuscht.

Das, was zunächst das Jüngste Gericht zu sein schien, erweist sich als machtvolle Illusion, ja, sogar Täuschung, wenn wir erkennen, dass all der Schmerz nicht nur darauf beruhte, dass die Liebe fehlte, sondern auch auf hartnäckiger Anhaftung. Nicht die Liebe fällt Urteile, sondern die Vorbilder der Perfektion, an die wir uns klammern. Wenn wir dieses Trugbild durchwandern, wird offensichtlich, dass Perfektion nicht imstande ist, Perfektion zu erkennen. Das ist zunächst eine sehr subtile Lehre, aber es lohnt sich, durch die Hölle zu gehen, um zu ihr vorzudringen.

Das, was ist, auf dem Hintergrund der Liebe beurteilen, ist nicht dasselbe wie mit den Augen der Liebe sehen. Tatsächlich beruht dieses Urteilen darauf, dass wir nicht mit liebevollen Augen sehen.

Je mehr wir mit den Augen der Liebe sehen, desto weniger urteilen wir natürlich. Und Barmherzigkeit näht die Risse auf der Oberfläche des Herzens zu.

Auch wenn es uns zunächst schockieren kann, wie oft wir am Wesentlichen vorbeigegangen sind und Gelegenheiten verpasst haben, uns und andere zu heilen, ist die Lehre eindeutig – Liebe ist, was unser Urteil weder ist noch sein kann: die höchste Form von Akzeptanz.

Wenn wir erkennen, wie oft wir uns und andere verletzt haben, weil es uns am wichtigsten war, das verwundete Selbst zu verteidigen, tut sich eine weitere Ebene auf. Eine Ebene, die keinerlei Prioritäten hat, nur die natürliche Kraft des Herzens, das sich wie ein Stück Zucker im Ozean des Seins auflöst. – Nicht einmal Prioritäten der Liebe, denn nur die Liebe reicht.

Es gibt kein Urteil, nur unser eigenes. Es gibt keinen Hohen Priester, der uns an der Schwelle befragt, nur die Distanz zwischen Herz und Geist, die überwunden werden muss, während wir zu unserem großen Licht hingezogen werden, dem, was die Tibetaner *Dharmata* nennen, den Feuerreifen des Großen Geistes, durch welchen wir in das ewige Mysterium springen.

Als man ihm mitteilte, dass er an einer schweren Krankheit litt, die den Körper schnell zerstören würde, sagte ein Patient, er würde lieber sterben, als so dahinzuwelken.

Als die Krankheit fortschritt, sagte er, er würde sich umbringen, wenn er »sich nicht mehr selbst den Hintern abwischen« könne. Als dieser Tag kam, schien die Sonne und das Leben schenkte ihm noch immer so viel Liebe, dass er sagte, er würde bleiben, bis er nicht mehr selbst essen könne. Als das eintrat, war sein Herz noch immer intakt, auch wenn sein Körper ein Wrack war, und er sagte, er würde noch etwas länger bleiben, bis er nicht mehr im Liegen schlafen könne.

Er könne nicht aus dem Leben gehen, sagte er, weil es so wunderschön sei. »Einfach da sein ist genug!«, murmelte er.

Er starb sitzend im Schlaf. Auch wenn viele Menschen in seiner Umgebung Angst hatten, einen so langsamen und schweren Tod zu sterben, fürchteten sie sich meiner Meinung nach noch mehr davor, nicht so von ganzem Herzen zu leben wie er.

Der Saal, in dem die Yoga-Konferenz stattfand, war etwa halb voll, als Ondrea und ich eintrafen, um eine Einführungsrede zu halten.

Während der Raum sich immer noch mit Yoga-Lehrerinnen und -Lehrern füllte, registrierten wir mit einem verhaltenen Lachen, dass »die Leute hier gesünder aussahen als sonst«. In den meisten unserer Gruppen waren zumindest immer einige todkranke Menschen und deren erschöpfte Betreuer.

Als wir mit der Rede anfingen, schien die Gruppe konzentriert und aufmerksam. Gedanken über das Allumfassende unserer unsterblichen Buddha-Natur wurden beifällig aufgenommen.

Doch als wir sagten, dass wir ewig leben, hieße nicht, du wirst niemals sterben, erfasste die Zuhörerschaft ein spürbarer Schauder. Und als wir fortfuhren mit den Worten: »Wer du wirklich bist, stirbt niemals, doch der, der du zu sein scheinst, kann nicht ewig an seinem Erscheinen festhalten!«, konnte man hören, wie im Saal bei vielen die Klappe zufiel.

Als ich davon sprach, dass das Festhalten am Körper eine Quelle des Leidens sei und fortfuhr: »Du bist nicht der Körper«, lief eine Woge der Unruhe durch das Publikum. Unseren Zuhörern wurde spürbar unwohl, als wir fortfuhren und sagten, unsere wahre Natur brauche nichts, um ganz zu sein, nicht einmal einen Körper.

Langsam standen die Menschen in den hinteren Reihen auf und verließen den Raum. Als wir bei den Worten angelangten: »Wir denken, wir brauchen den Körper, um zu existieren, aber es ist genau umgekehrt: Der Körper braucht uns für seine Existenz, und wenn wir aus dem Leben gehen, zeigt sich seine wahre Natur als verrottendes Fleisch und er wird zum Entsorgungsproblem«, drängten die Leute sich in Schlangen, um aus dem Saal zu kommen. Etwa 250 Menschen und damit die Hälfte der Zuhörer gingen.

Es war eine bemerkenswerte Erfahrung für Ondrea und mich zu sehen, wie die Menschen zu Dutzenden zu den Ausgängen eilten. Das Ego war in Habachtstellung, während es sich beim Beobachten dieses Abgangs selbst beobachtete.

Dann wurde klar, was da passierte: Die meisten Menschen in diesem Raum praktizierten Yoga, um ihr Leben zu verlängern und ihr körperliches Aussehen zu verbessern. Sie wollten nicht hören, dass sie nicht der Körper waren. Sie wollten wissen, wie sie an diesem Körper so lange wie möglich festhalten konnten.

Ich muss gestehen, wir konnten uns anschließend ein Lachen nicht ganz verkneifen bei der Vorstellung, wie entsetzt große Teile unseres Publikums gewesen sein müssen. Schlimmer als der Tod ist die Angst vor dem Tod.

38

Leben nach dem Leben, Leben nach dem Tod

Ein buddhistischer Freund sagte einmal: »Sterben ist nicht schwer. Es ist nur schwer, tot zu bleiben.«

Auch wenn der Gedanke der Reinkarnation immer verführerisch war, konnte ich mit meinem facettenreichen Ego ihm niemals ganz beipflichten, weil ich mir nicht vorstellen konnte, jemand anderes zu sein.

Ich konnte mich nicht zu einer anderen Zeit oder an einem anderen Ort »fühlen«. Ich war so sehr ich selbst, wie hätte ich jemals ein anderer sein können?!

Als ich eines Tages zwischen den Betten meiner Kinder auf dem Fußboden saß und darauf wartete, dass sie aus der Schule kamen, fühlte ich mich sehr stark als Vater, als *ihr* Vater. Da kam mir eine Ahnung, wie stark meine Identifizierung mit alten Rollen dazu beitrug, dass ich mich gegen die Vorstellung von Reinkarnation sträubte.

Plötzlich war da ein anderes Gefühl als das, »bis in den innersten Kern ganz ich selbst« zu sein. Einen ruhigen Augenblick lang sah ich, dass der, den ich für den ewigen Steve hielt, nichts war als ein Haufen Konditionierungen und eine Kurzgeschichte, die mein Urgroßvater angefangen hatte zu erzählen und die ich, wenn ich den Herzensmut aufbrachte, vielleicht beenden würde.

Und noch einmal auf wieder einer anderen Ebene die befreiende Lehre, »niemand sein, nirgendwo hingehen, nichts tun zu müssen.« Was ich »mein Selbst« nannte, gehörte schließlich gar nicht mir. War nur eine weitere zeremonielle Maske. Ein weiteres Leben, das sich darunter verbarg. In Wirklichkeit waren wir das, was durch die Augenschlitze linste, das, was schaute. Und dann konnte ich mich einfach zu jeder Zeit, an jedem Ort, in jeder Verkleidung als Seele sehen.

Hinter dem oder der, die wir zu sein glauben, ist etwas Furchtloses. Hinter der oder dem, die wir uns vorstellen zu sein, liegt unser Vermächtnis. Hinter dem Denken befindet sich das, was wir sind, bevor wir uns in Gedanken verlieren. Das Zentrum unserer Schwerkraft verlagert sich ständig.

Wir mutieren mit dem Wechsel des Lichtes. Unsere Umlaufbahn erweitert sich ständig. Wir sind das augenblickliche Ergebnis unaufhörlicher Wandlungen.

Es heißt, wir könnten in einem ganz konkreten Sinne nicht sein, wer oder was wir zu sein wünschen; denn selbst wenn wir den oder die, die wir zu sein wünschen, vorbeikommen sehen und stolz möglichst viele Eigenschaften dieser Person aufzählen, bereitet der Stolz selbst zusammen mit dem ganzen anderen egozentrischen Krimskrams den Boden für das nächste falsche Spiel, die nächste flüchtige Laune, das nächste Vergessen, die nächste Inkarnation.

Wenn Menschen von Reinkarnation sprechen, beziehen sie sich oft auf die vage Vorstellung von einer Art dinglicher Seele, die von einem Körper zum nächsten wandert.

Nur wenige erkennen, dass die Essenz niemals geboren wird und niemals stirbt, sondern all das lediglich beobachtet, es sei denn, sie geht sich – wie es üblicherweise der Fall ist – in kleinen Identitäten verloren oder wird von diesen überschattet.

Aber wenn wir vom Tod und vor allem vom Leben nach dem Tod sprechen, steigen abergläubische Vorstellungen aus ihren Gräbern auf und versuchen die unkontrollierbare Entfaltung der Vergänglichkeit zu kontrollieren.

Eine der wenigen Vorstellungen über die Natur der Seele, die allgemein Zustimmung findet, ist die, dass die Seele, wenn wir sterben (ob wir nun ewig sind oder einfach nur lange leben), aus dem Körper aufsteigt. Was immer Sie glauben mögen, der Trick besteht natürlich darin, mit ihr aufzusteigen!

Oder, wie mein alter Freund Wavy Gravy sterbenden Kindern im Krankenhaus zu sagen pflegte: »Wenn das Licht nach links geht, geht ihr links. Geht das Licht nach rechts, geht ihr rechts!«

Wir werden nicht einfach »als Mensch geboren«; wir verbringen Äonen damit, uns aus dem heftigen Griff und von der kalten Gleichgültigkeit des hungrigen Geistes zu befreien und durch wiederholte Geburten und Tode wahrhaftig Mensch zu werden.

Eine menschliche Inkarnation kann aus vielen Geburten bestehen und Tausende von Jahren dauern, bevor die Transformation abgeschlossen ist. Und die Pilgerreise zur nächsten Bewusstseinsform angetreten wird.

Es heißt, wenn wir unerledigte Geschäfte sowohl im persönlichen Kontakt als auch gedanklich abgeschlossen haben, wenn wir vollständig geboren sind, bräuchten wir nicht länger einen menschlichen Körper für das Klassenzimmer. Da die Lehren subtiler werden, bewohnen wir auch subtilere Körper, sagte man mir.

Nur eine Frage durften wir dem buddhistischen Meditationsmeister stellen, der eine Autorität für *Annapana* war, die grundlegende Technik der Achtsamkeit für den Atem. Ich sinnierte laut, ob, nachdem wir den Körper verlassen haben, immer noch ein Empfindungsfeld existiere, ob es in dem leichteren Körper ein subtiles Pulsieren von Energie gäbe, das den Empfindungen entspräche, und fragte: »Können wir den Atem beobachten, nachdem wir gestorben sind?«

Die Augenbrauen des Übersetzers wölbten sich wie die Hände eines Kampfsportkünstlers. Er räusperte sich und wollte wissen, ob ich sicher sei, dass ich diese Frage stellen wolle. Ermutigt durch seine Fassungslosigkeit, versicherte ich ihm, dass ich tatsächlich wissen wolle, ob die Erfahrung des Empfindens nach dem Tod bestehen bleibe. Widerstrebend gab er die Frage an den Lehrer weiter, der die Stirn runzelte und sie mit einer schönen, einfachen Geste wegwischte.

Seine Sekte vertrat nicht, wie die meisten anderen buddhistischen Schulen, den Gedanken eines Intervalls zwischen den einzelnen Leben. In seinen Schriften hieß es, dass auf unseren letzten Atemzug hier sofort unser erster Atemzug im nächsten Körper folge. In diesem Zweig des Buddhismus wurde hart gearbeitet, man hatte keine Zeit für Ruhe und Entspannung, für Heilung und Verarbeitung, keine Zeit für das Zeitlose.

Er befand die Frage nicht für wert, darüber weiter nachzudenken. Aber es war eine sehr einfache Frage:

Wenn die Planeten aufhören, sich zu drehen, wenn die Schwerkraft aufhört, im Steingarten zu wirken, wenn die Seelen frei herumschwirren und Sie darunter sind, wie fühlt sich das an?

Ist das zu viel gefragt?

Und ich frage mich, ob er diese Frage jetzt, tot wie er seit einigen Jahren ist, ebenfalls mit einem Schulterzucken abtun würde.

Verschwindet das Empfindungsfeld mit dem Körper oder erlebt der leichtere Körper leichtere Empfindungen?

Manche sagen, Empfindung werde in Klang umgewandelt. Dort, wo einst die Nervenenden waren, singt der himmlische Chor. Wo sich einst das Empfindungsfeld befand, wölben sich die 64.000 himmlischen Schlangen der Nervenbahnen über uns, ihre schimmernde Kobrahaube geweitet, um uns, die wir leuchtend das unsterbliche Feld des Seins betreten, aufzunehmen und zu ermutigen.

Ich träumte letzte Nacht, ich sei mit alten Freundinnen und Freunden zusammen tot. Wir saßen in einer Art gut besuchtem Gesellschaftsclub auf dem Land gemütlich zusammen und redeten miteinander aus jener umfassenderen Perspektive, die dem Leiden ihre Anziehungskraft nimmt. Eine nach dem anderen verließen wir den Raum durch die Tür, die zur neuen Geburt führte, und winkten uns zum Abschied zu.

Beim Verlassen des Traumes drehte ich mich um und sagte: »Ich nehme an, wir erkennen uns nicht, wenn wir uns das nächste Mal begegnen, aber ich hoffe, wir können dann ebenso gut lieben wie jetzt.«

Fortschritte des Pilgers

39

Große Überraschungsparty für das Selbst

Manchmal öffnet sich der Oberkopf, bevor der restliche Körper bereit ist.
Verengte Kanäle blockieren hier und da den Fluss.
Wir wissen, dass wir über unser Wissen hinausgehen müssen und fürchten die Erschütterung. Und trotzdem werden wir an vergessenen Geistern und überraschenden Engeln vorbei nach oben gezogen.
Das zu wissen macht keinen Sinn, noch Sinn zu machen.

Das simple Strahlen buddhistischer Achtsamkeit bescherte mir vor zehn Jahren eine Reihe von Erfahrungen, die mich ohne jede Vorwarnung in Bereiche führten, die jenseits von allem lagen, was ich bislang gesehen oder erlebt hatte.
Als Ondrea und ich an einem ruhigen Abend zusammen auf dem Sofa saßen und miteinander sprachen, entschuldigte ich

mich, um zur Toilette zu gehen. Beim Verlassen der Toilette war ich plötzlich wie verloren! Ich wusste nicht, in welche Richtung ich gehen sollte. Ich war bestürzt, und als ich versuchte, mich in der Realität zurechtzufinden, stellte ich fest, dass ich noch nicht einmal wusste, welchen Tag oder welches Jahr wir hatten. Zuerst dachte ich, ich hätte einen leichten Schlaganfall erlitten. Aber eine Art bestürztes Vertrauen und das Gefühl, dass dies der nächste vollkommene Schritt sei, sagten mir, ich solle für unerwartete Gnade offen bleiben.

Ich wusste nicht, wer ich war und wo ich war, aber ich wusste alles Wissenswerte. Merkwürdigerweise kam keine Angst auf, sondern stattdessen eine wachsende Zuversicht und das Gefühl, »realer« zu sein. Weniger das allzu enge zweidimensionale Gewöhnliche, mehr das Gefühl der bodenlosen Quelle des Seins.

Ich hatte das Gefühl, ins Leben gerufen worden zu sein, obwohl ich nicht genau wusste, wer ich war. Ich war ohne Grenzen, durch die ich hätte definiert werden können. Es war vollkommen.

Wenige Stunden später wusste ich wieder Datum und Ort. Und was sich eröffnet, wenn sich der Schädel auf dem Oberkopf anfühlt, als würde er gleich schmelzen.

Etwa ein halbes Jahr später passierte das gleiche Phänomen. Als ich ein Glas Limonade trank, verschwand der kühle Genuss in meinem Magen plötzlich, während die Empfindungen auf meinem Oberkopf sehr intensiv wurden.

Es fühlte sich an, als stünde etwas kurz vor dem Durchbruch.

Ein unterbrochener hoher Ton in den Ohren und in den Knochen.

Und wieder machte nur die Hingabe es möglich, für so viel Energie offen zu bleiben. Manchmal fühlte es sich an, als drängten 240 Volt durch einen 120-Volt-Träger.

Auch wenn frühere Initiationen und Übergänge das Fundament bereitet hatten, war ich immer noch nicht vorbereitet auf das Bevorstehende.

In gewisser Weise glich dieses Erlebnis der klassischen mythischen Erfahrung, aufzuwachen und in einen Spiegel zu schauen, um zu entdecken, dass auf wundersame Weise nicht nur meine hinderliche Konditionierung vorübergehend verschwunden war, sondern auch mein Kopf irgendwie fehlte. Stattdessen war dieser, als ich in den Spiegel schaute, verschwunden und nur das »schauende Gewahrsein« blieb.

Ein klares Licht stieg auf vom inneren Auge, intensive Wellen von Energie liefen durch das Innere meines Kopfes und brachen meine Schädeldecke auf. (Hatte das etwas mit dem »Dachbalken« zu tun, der, wie der Buddha sagte, aufbrechen muss, damit wir von der Wirkungskraft befreit werden, die in jedem Leben den Körper/das Haus unseres Karmas neu errichtet?)

Während Licht mit Licht verschmolz, Raum sich in Raum auflöste, schoss die Energie wie ein Geysir durch Zeit, Knochen und Aberglauben, durch alles Bekannte, und dehnte sich unaufhörlich nach außen aus in die Gewissheit der Unsterblichkeit.

Ein durch und durch gegründetes Gefühl, Teil des Ganzen zu sein, erfasste das Herz, während Mikrokosmos und Makrokosmos auf einer noch tieferen Ebene austauschbar wurden. In jeder Träne eine Galaxie.

Und unmittelbar bevor er über den Horizont entschwand, fragte der Geist: »Was ist denn bloß aus der Zeit geworden? Sie war doch immer da, ob ich sie brauchte oder nicht. Aber jetzt existiert nur noch hier und da ein Augenblick, nicht mehr und nicht weniger.«

Die Wahrheit war zu groß für den in die Enge getriebenen Geist und durchlöcherte die Oberfläche des Traumes ... während Zeitlosigkeit sich in Raum und Zeit hinein verdichtete.

Fast ein Jahr nach dem Eintauchen in dieses Mysterium erwähnte ich dieses Erlebnis einem spirituellen Freund gegenüber und fragte, ob er glaube, dass diese ziemlich merkwürdigen Erfahrungen körperliche Ursachen hätten. Er lächelte wie unser alter Lehrer und sagte: »Klingt für mich wie Mutter Kundalini. Und Mutter Kundalini wird sich durchsetzen!«

Es war ein Aufsteigen der essentiellen Energie, die manche als Lebenskraft, *Chi* oder *Kundalini* und Schamanen als geistige Macht bezeichnen.

Diese *Kundalini*-Erlebnisse setzten sich acht Jahre fort und die entsprechenden Erfahrungen wiederholten sich alle sechs bis zehn Monate.

Das Vermächtnis solcher Erfahrungen besteht darin, dass wir in Gärten und bei Kreuzigungen die ganze Welt vorfinden, besteht in Blicken, die zwanzig Jahre brauchen, um den Raum zu durchqueren. Worte, die erst gehört werden, nachdem jenen Lippen schon lange der letzte Atemzug entwichen ist. Rosen, die ein Leben lang duften. Und Gedichte, die uns im Schlaf überraschen.

Auch wenn die Erschütterung dessen, was Raum begrenzt, zu einigen bemerkenswerten Erfahrungen führte, kann sie manchmal ziemlich verzwickt sein. Was zuerst nur ein paar Stunden dauerte und sich dann als eine Phase ungewöhnlicher Klarheit ein, zwei Tage fortsetzte, wurde im Lauf der Zeit zu einer Reihe von Erfahrungen, die tagelang dauerten und deren Klarheit anschließend wochenlang anhielt.

Manchmal war ich etwas desorientiert und erschöpft von der Intensität dieser Erlebnisse.

Wenn die essentielle Energie sich ausdehnt, verstärkt sie alles, Lust und Schmerz.

Die Eigenschaften und Symptome der *Kundalini* schließen sowohl das ganze Spektrum geistiger Zustände als auch viele ungewöhnliche körperliche Phänomene ein. Haare und Nägel wachsen sehr rasch. Manchmal scheinen die gesprochenen Worte und die Lippenbewegungen von Sprechenden nicht synchron zu verlaufen. Man ist sehr empfindlich gegen Licht. Manchmal wird ein ganz feiner Energieregen sichtbar. Gelegentlich scheinen Lebewesen Licht abzustrahlen, Baumkronen umgibt eine Aura aus rauchfeinem Goldstaub.

Das Essen bestand nur aus ganz milden Nahrungsmitteln, Joghurt und Tofu, nichts Scharfes. In Indien raten Lehrer Schülern, die Schwierigkeiten mit der *Kundalini*-Energie haben, manchmal, Fleisch und Zucker zu essen, um sich zu erden.

Dieser Öffnung geht oft Angst voran, ja, der Magen kann sich einem umdrehen. Manchmal hört man ein Geräusch wie beim Abheben eines Düsenflugzeugs (das Löwengebrüll des Dharmas) oder beim Näherkommen einer Lokomotive, die rasch eine sehr hohe Tonfrequenz entwickelt.

Schicht für Schicht durch das Bewusstsein reisen, vorbei an allen möglichen Kathedralen und Friedhöfen. Die ersten Phasen der Öffnung erinnern an psychedelische Experimente. Etwas von dem »Netzhaut-Zirkus«, wie er im *Tibetanischen Totenbuch* beschrieben wird, macht der Form Beine.

Und das keinesfalls angenehme Gefühl von Spannungsüberlastung, bis der Oberkopf sich zu öffnen beginnt wie eine Blüte, die sich in der Sonne entfaltet. Vielleicht ist das der Grund, warum dieser Prozess in manchen Schulen als »Öffnung des tausendblättrigen Lotos« bezeichnet wird. Von der Mitte des Oberkopfes ausgehend, verteilt sich die Energie langsam und dick wie Sirup, bis der obere Teil des Schädels völlig verschwunden ist. Ein Gefühl der Präsenz dehnt sich durch die Öffnung nach außen aus, bis viel mehr von mir außen und oben statt unten und innen ist. Dies ist keine außerkörperliche Erfahrung, sondern ein Geschehen, das sich als »Ein-anderer-als-der-Körper« umreißen ließe.

In der Weite sieht man sich selbst in einem viel umfassenderen Kontext. Wir sind verschwindend klein wie ein Sandkorn an einem endlosen Strand und zugleich so unendlich wie das Universum, das alles Heilige in sich birgt.

Alles besteht aus dem Stoff, aus dem das Bewusstsein zusammengesetzt ist.

Die Zähne klingeln wie unter Strom gesetzt.

Eine überwältigende Dankbarkeit und ein Gefühl wie im Lotto gewonnen zu haben.

Irreduzible Einheit und eine leicht gesteigerte (über)sinnliche Empfänglichkeit.

Wenn die Angst, die der Öffnung vorausgeht, aufkommt, muss das Herz beharrlich bleiben und bereit sein, alles zu verlieren. Wir müssen alles an der Tür zurücklassen. Selbst unsere besitzergreifende Liebe zu Gott. Wir müssen den Kanal der Wirbelsäule hochsteigen, Platos Höhle hinter uns lassen und wieder verschmelzen mit dem Licht.

40

Tod des Egos

Als ich eines Tages ohne Zentrum der Schwerkraft erwachte, wusste mein Herz, dass es seinen Geist gesprengt hatte. Wo einst mein Haar ordentlich wuchs, war jetzt ein offener Kessel.

Ich schien eine Comicfigur meiner selbst zu sein, die ich mir zusammenphantasiert hatte, damit mein Geist sich nicht langweilte.

Als ich 1975 als Schüler von Sujata durch die dunkle Nacht unserer kollektiven Trauer ging, war das lediglich die erste vieler weiterer Initiationen, die den Geist erschütterten und sich im Lauf der Jahre fortsetzten.

Jahre zuvor wiedergeboren aus jener dunklen Nacht, die eine solch strahlende Morgenröte hervorbrachte (beides verlangte eine grundlegende Neuausrichtung), bewegte ich nun tief in mir, vom Mysterium bearbeitet, die Große Frage: *Wer bin ich?*

Es folgte eine Reihe von Erfahrungen, bei denen kein getrenntes Selbst mehr existierte und die mich zunächst eher verloren und bestürzt zurückließen.

In dem, was das Ego den »Tod des Egos« nennen möchte, wartete tatsächlich eine noch dunklere Nacht der Seele. Aber das Ego stirbt nicht wirklich; es macht lediglich eine Nahtod-Erfahrung. Es dehnt lediglich das kleine Selbst aus, bis es das Große Selbst berührt und nicht mehr zu erkennen ist, während es über frühere persönliche Täuschungen und lange verankerte falsche Identitäten hinauswächst.

Tod des Egos heißt, dass unsere Vorstellung, wer wir sind, tatsächlich gesprengt wird; eine Vorstellung, die, so fürchten wir, geschmälert wird durch die Konfrontation mit Wahrheiten, die unser Selbstbild bedrohen, unsere Existenz hinterfragen und ziemlich unangenehm sind. Wir werden verwirrt, ja, ängstlich, wenn wir nicht mehr benennen können, wer inmitten einer grenzenlosen Präsenz nicht vorhanden ist.

Wir gehen davon aus, dass der Tod des Egos das Ende unserer mühsam errungenen Größe ist, aber in Wirklichkeit bedeutet er das Ende unseres Kleinseins. Wir sollten uns bei der Benutzung des Begriffes »Tod des Egos« daran erinnern, dass das Wort »Ego« einfach »Ich bin« bedeutet, und dieses »Ich«-Gefühl ist es, das umgewandelt wird, nicht die »Binheit«, die ewiges Sein ist.

Das Gewahrsein lauscht über all die Weitschweifigkeiten und Ablenkungen des verhärteten Selbst hinaus, lässt sich im Feld der Empfindungen nieder und erforscht das Gefühl von Präsenz.

Wenn wir uns in die Empfindungen versenken, die die Grundlage für den Glauben bilden, dass wir existieren, stoßen wir auf einen Fluss von Empfindungen, der von Augenblick zu Augenblick dahinfließt, und nehmen wahr, dass die Worte »Ich bin« lediglich ein nachträglicher Gedanke sind. Nicht wirklich »der Täter«, sondern lediglich ein weiteres Tun.

»*Neti, Neti*«, wiederholt der Schüler. »Weder dies noch das«, während er tiefer und breiter gräbt, um herauszufinden, wer da drinnen ist und etwas zu finden, das fest und dauerhaft genug ist, um am Ende des Satzes immer noch real zu sein.

Aber all das löst sich wie Blumen in Luft auf. Je tiefer Sie gehen, desto weniger meint die Frage »Wer bin ich?« das »*Wer*« oder »*Ich*«, sondern wird immer mehr zu einer Betrachtung und Widerspiegelung endloser *Bin-heit*.

Wenn wir unsere angehäuften Identitäten erforschen, fallen das »*Wer*« und das »*Ich*« der Frage, die so viel schwerer sind als die ganze Wahrheit, zurück auf die Erde. Und nur die *Bin-heit* bleibt. Nur die unendliche Essenz des Seins, des unsterblichen So-Seins bleibt, um die Frage still zu beantworten.

Nichts lässt sich finden, das klein genug wäre, um auf den Geist/Körper begrenzt zu sein.

Eine völlig neue Welt eröffnet sich, wenn die engen Grenzen unseres Selbstbildes durchbrochen werden und Sie herausfinden, was Sie nicht sind, auch nicht Ihr Leiden, eine Erkenntnis, die den größten Teil Ihrer kostbaren/schmerzlichen Identität auslöscht. Das kann ein wenig beunruhigend sein.

Unmittelbar bevor mein Gesicht von mir abfiel, schaute ich auf mein Leben zurück, als wäre es meines. Ich war besessen von Erinnerungen.

Aber als ich mich hinter den fest gewebten Stoff der Erscheinungen begab, wurde die Vergangenheit ausgelöscht. Die Knoten und Haken, welche die Illusion zusammenhalten, entwirrten sich. Das Leiden, so lange verteidigt, löste sich auf wie ein breites Grinsen, während ein karmischer Wind ein loses Ende erwischte und daran zog ...

Auf der Durchreise jenseits des Bekannten.

Diese Erfahrungen ähneln dem Tod insofern, als sie anfangs meistens auf sehr viel Widerstand und Angst stoßen, uns schließlich aber zeigen, wie wir zur Liebe durchdringen können. Nach ein, zwei Litern Schweiß führen sie zu bemerkenswerter Heilung und Einsicht.

Als die Erfahrungen, die das Ego herausforderten, sich fortsetzten und das Niemandsland durchquerten, das hinter den Grenzen des gewöhnlichen Geistes beginnt, schien alles, was einem vertrauten Gesicht glich, vor allem mein eigenes, eine lange dunkle Nacht entfernt. Die sinnlose Angst am Rande des Abgrunds, die das Selbst zu verteidigen suchte, trieb in unmittelbarer Nähe vorbei.

Eine leichte Übelkeit setzt in meinem Bauch ein.

Die frei fließende Angst vor dem Unbekannten, die versucht, jede Ängstlichkeit, hinter der der Wille zum Leben steht, zu dämpfen, indem sie hinter dem Busch mit dem Säbel rasselt, signalisiert, dass wir unsere äußerste Grenze überschreiten und unser großes Unbekanntes betreten. Im Begriff sind, jene Orte des Festhaltens aufzugeben, die wir selten zu verlassen riskieren. Über den Käfig unseres sicheren Geländes hinaus, unsere Begrenzungen und unsere Anhaftungen an alte Vorbilder für das, was wir glauben zu sein oder sein zu sollen, hinter uns lassend.

Alles, was gewöhnlich so fest und unumstößlich zu sein scheint und die kostbare mentale Konstruktion des Geistes zusammenhält, ist nicht länger imstande, sein eigenes Gewicht zu tragen. Die Illusion so haltlos wie Treibsand, überqueren wir den wankenden Boden des gewöhnlichen Geistes, als gingen wir um Mitternacht über einen Friedhof, auf dem es spukt. Achten sorgfältig darauf, dass wir die Toten nicht wecken.

Bei einer Öffnung wie der in den Großen Geist, bei der wir nicht an den sich von Augenblick zu Augenblick entfaltenden rasch wechselnden Geisteszuständen festhalten oder diese verurteilen, beginnen wir wahrzunehmen, wie mechanisch sich ein Gedanke in den nächsten auflöst.

Wenn wir das Bewusstsein als Prozess statt als Inhalt beobachten, dringen wir noch weiter in dieses Niemandsland voller Barmherzigkeit und Güte vor, voller Dankbarkeit und Liebe für all die verwundeten und sterbenden Identitäten, die auf diesem Weg abgeworfen werden. All die Identitäten, die als dieser Gedanke oder jenes Bild wie Abfall am Weg verstreut liegen – Sohn, Vater, Mann, Poet, Meditierender, Sucher, Sträfling, Lehrer, Heiliger, Narr. Während ich durch die Angst hindurchgehe, die einst mein Leid zementierte, wird aus dem ängstlichen Wächter allmählich so etwas wie ein Reiseleiter. Auf einer wieder neuen Ebene eröffnet sich der Zugang zum Leben.

Vom stillen Punkt des Herzens aus alles als reinen Gedanken beobachten. Es gibt keine andere Realität als die des Denkens. Nichts, was zu fürchten wäre, niemand, der sich fürchtet. Selbst der Denkende ist lediglich ein Gedanke.

Die Angst, die jahrelang mit barmherzigem Gewahrsein aufgenommen wurde und die größere Öffnungen verkündet, wird jetzt mit aufrichtiger Dankbarkeit empfangen. Es gibt kaum eine Neigung, sie zu stoppen oder Grenzen zu schützen; Ebene für Ebene loslassen heißt erlauben, dass eine eingebildete Grenze nach der anderen wegfällt.

Unmittelbar über dem Wulst oberhalb der Augen, der uns von der Urgeschichte trennt, dehnt unvorstellbares Sein sich aus in unfassbaren Raum.

Diese grenzenlose Aussicht kann Überlebensmechanismen aktivieren, die ein Entsetzen verbreiten, das größer ist als Todesangst: die Angst, nicht zu existieren. Diese unvertraute Weite ohne jeden Meilenstein oder alte Wegmarkierungen kann den kleinen Geist leicht zu einer Art »dunklen Nacht« irreleiten. Das Gefühl, sich in grenzenlosem Raum zu verlieren, kann aufkommen, das sich gelegentlich zu der Identitätsverwirrung und üblichen Trauer auswächst, mit denen wir manchmal bei so genannten »spirituellen Krisen« konfrontiert sind. Dieses Versteckspiel mit dem Selbst, diese Verwirrung, beruht meistens nicht auf der Erfahrung der endlosen Offenheit spiritueller Leere, sondern darauf, dass wir bei der

Frage »Wer bin ich?« nur das kalte Vakuum unserer psychischen Leere entdecken.

Vielleicht sollten wir uns hier dem buddhistischen Gedanken vom »Nicht-Selbst« zuwenden, der häufig falsch verstanden wird. Wenn solche Begriffe auftauchen und vielmehr noch, wenn von Erfahrungen wie dem »Tod des Egos« die Rede ist, könnte ein Schüler des Buddhismus fragen: »Wie kann denn das Ego sterben, wenn doch, wie man uns lehrte, kein Selbst existiert?«

Zu sagen, es gäbe kein Selbst, ist natürlich absurd und höchst irreführend. Das Selbst ist ein perfektes Beispiel für das, was wir eine »reale Illusion« nennen. Das Selbst ist lediglich ein Gedanke von sich selbst. Eine Vorstellung, an die wir uns schon lange Zeit klammern und die die Ängste des Geistes widerspiegelt wie der Teich des Narziss. Natürlich gibt es ein Selbst; es ist ein mentales Konstrukt, eine über lange Zeit erworbene Phantasie dessen, wer wir sind. Genauer wäre es zu sagen, dass dieser Gedanke vom »Selbst« sich nicht auf etwas »Reales«, »Autonomes« gründet, das in unserer Mitte residiert. Näher an der Wahrheit wäre es zu sagen, es gibt nichts Kleineres als unsere grundlegende Weite des Seins, das als »Ich« zu bezeichnen wir auch nur in Erwägung ziehen könnten.

Wenn wir Ebenen des Bewusstseins erfahren, wo Vorstellungen vom Selbst nicht schwerer wiegen als sämtliche anderen Vorstellungen auch – die von einem einheitlichen Gewahrsein gleichermaßen angenommen werden, ohne zwischen der Idee von uns selbst und der Idee von anderen zu unterscheiden –, stellt sich eine köstliche Egolosigkeit ein.

Was uns zu der Erkenntnis bringt, dass wir nicht so hart arbeiten müssten, wenn es wirklich kein Selbst gäbe. Das Ego/Selbst möchte bei seiner eigenen Beerdigung anwesend sein; es hat fast sein Leben lang an seinem Nachruf gearbeitet. Nichts würde es, das sich mit Philosophien wie der vom Nicht-Selbst identifiziert, stolzer machen, als wenn es von ihm hieße, es sei ausgerottet worden. Wie lautet noch der alte Witz? »Schau mal an, wer sich alles für niemand hält!«

An jenem Abend konnte ich es in der absoluten Stille der Meditation dort hängen sehen wie einen alten Mantel: Mein Persönlichkeits-Ego mit seinen Vorlieben und Abneigungen, seinen Gelüsten und Meinungen, seinen Rechtfertigungen und seiner eingebildeten persönlichen Geschichte.

Es war das, was Joseph Goldstein freundlich als »die ganze Katastrophe!« bezeichnete. Es war »das Ich«, das wie ein schweres Gewand angezogen werden muss. Das Sonne und Sterne von meiner wahren Haut fern hielt, sodass ich fror und bedürftig war.

Offensichtlich hatte die Dynamik der Dinge (das Mysterium) mir einfach eine Persönlichkeit angedreht. Es war nicht meine Persönlichkeit; sie schien einfach die zu sein, die mir verliehen wurde, damit ich den ganzen langen Tag passend gekleidet war.

Die Persönlichkeit kam mir zu der Zeit vor wie ein offensichtlicher und erbärmlicher Witz. Ein weiteres primitives künstliches Produkt. Eine zweite Haut, die immer einen Schritt entfernt war vom Unendlichen. Aber wiederum auch *nur* einen Schritt!

Doch sowohl bei Erfahrungen wie dem Tod des Egos als auch beim körperlichen Tod ist es leichter zu sterben, als tot zu bleiben. Was fangen wir mit jenem schmerzlichen alten Selbstbild an, nachdem wir einen Blick über die *Kasina* und unseren am weitesten entfernten, am besten geschätzten und gehüteten Horizont erhascht haben? Nachdem wir in die Natur des Denkens und des Denkenden geschaut haben? Nachdem wir die Ursprünge des Bewusstseins erkannten? Nachdem die Form und alles, was wir wissen und glauben, nichts zu sein scheint als eine winzige Blase auf dem schäumenden Kamm einer ganz kleinen Welle inmitten von unzähligen größeren Wellen in einem endlosen Ozean?

Die beste Antwort auf die Frage, was wir mit unserem Leben nach dem Erwachen anfangen, kam vielleicht von einem der Dharma-Herumtreiber im Umkreis von Kerouac, der, als er gefragt wurde, was er mit seinem restlichen Leben anfangen wolle, sagte: »Es einfach beobachten.«

Es erfordert Kraft und Mut, die Zwänge der vorgegebenen Persönlichkeit abzubauen und sich zurückzulehnen, während wir eintreten. Über das Vertraute hinausgehen und sich für das transpersonale, universelle Wunder einfachen Seins zu öffnen, heißt die Persönlichkeit aufschließen. Natürlich nicht, um sie zu retten, sondern um ihr einfach etwas Pflege und Heilung zukommen zu lassen. Einige ihrer Grenzen zu lockern und mit etwas mehr Leichtigkeit zu leben, sich auf den am Chaos orientierten gewöhnlichen Geist beziehen statt von diesem aus. Unseren Absichten etwas mehr Klarheit und Geduld gewähren, während wir einen weiteren Schritt nach innen auf die Heilung zu tun.

Ein plötzliches Verstehen von ganzem Herzen besagte: *Schalte den Mittelsmann aus, der das Eigentumsrecht an den Interpretationen der Sinne beansprucht.* Lebe unmittelbar. Die Wahrheit wohnt wie schlafende Gnade in den Zellen, wie verborgene Blumen im Regenwald, die darauf warten, als Heilpflanzen Verwendung zu finden, wenn wir die Krankheit schließlich eingestehen.

Die tiefste Wahrheit kann nicht ausgesprochen werden. Das Mysterium hat nichts, wogegen es seine Zunge pressen könnte; es kann nicht reden. Wir können nur die Illusion beschreiben.

Beim Beobachten der Persönlichkeit wurde deutlich: *Ich war nicht das.* Sondern eher das Gewahrsein, welches *das* sah. Der leuchtende Raum zwischen den Atomen und Begierden, die *das* erschufen.

So schlecht sie auch zu passen schien, die Persönlichkeit war, wie ich erkannte, in dieser Phase der Evolution trotzdem eine notwendige Dynamik. So wie wir keine Stimme haben können ohne Klang, können wir auch kein *Sein* haben ohne eine Art des Seins, eine Persönlichkeit.

Unsere Persönlichkeit nimmt die Gestalt unserer Trauer an, der Art und Weise, wie wir mit unserem Schmerz umgehen. Sie ist ein Bewältigungsmechanismus. Eine Kraft, die uns von Leben zu Leben treibt und der die Lehren des Herzens sehr zugute kommen.

Als *die* Persönlichkeit betrachtet statt als *meine* Persönlichkeit, beruhigt sie sich, nimmt sich nicht mehr so ernst und erlebt oft das Gefühl einer Erweiterung des Seins. Der persönlichen Vereinigung mit dem Universellen.

Durch eine Schicht des Bewusstseins nach der anderen gehen, und eine Stille setzt ein, die so tief geht, dass die Form sich nicht manifestieren kann.

Bringt eine Glückseligkeit mit sich, in der selbst ein einzelnes Molekül den Urknall in sich bergen kann. Und Ich Bin Das (*Om Tat Sat*) seit drei Billionen Jahren, statt etwas Geringeres zu werden.

Als ich vor Jahren im Gefängnis Terry Southerns Hinweise erhielt, »Poesie sei zu leicht«, hatte ich ganz offensichtlich Widerstände gegen diesen Gedanken.

Das Vorbild des Poeten hat mich möglicherweise vor dem Untergang gerettet, deswegen tat ich es nicht so schnell beiseite. Tatsächlich war es damals eine geschickte, tief gehende Illusion, die mich aufrecht hielt, so dass ich den Boden unter meinen Füßen finden und einen weiteren Schritt auf dem Weg tun konnte.

In der Pubertät meiner Spiritualität war es für mich das Höchste, ein erleuchteter Poet zu werden. Ich erkannte damals kaum, dass die Vorstellung von Erleuchtung mit zu den Konzepten gehörte, die ich überwinden musste. Wer an diesem kirchenähnlichen Diktum festhält, wird nie frei. Wir müssen zuerst erkennen, dass wir ein Verb sind, kein Substantiv. Dass der Poet für die Poesie das ist, was die Religion für die

Seele ist. Das Erste steht klein und alleine da, während das Zweite ganz teilhat am allumfassenden Universum.

Der Versuch, meine Identität als Poet zu verteidigen, gab mir Gelegenheit, das Unbehagen am Festhalten jeglicher Vorbilder zu erleben, selbst an der des Poeten, der besten Identität, die ich bislang hatte. Diese Wegpfosten, die auf einen entfernten Horizont verweisen, hatten mich folgerichtig mit meiner eigenen Verwirrung konfrontiert.

Wie einer meiner Lehrer später sagte, war »der Poet« das Rettungsseil, an dem ich mich aus dem Sumpf gezogen hatte. Doch konnte dieses schnell zum Seil des Erhängten werden, an das ich mich am heftigsten klammerte. Um die Warnung des Lehrers hier zu wiederholen: »Sei kein Poet. Sei kein Heiliger. Sei überhaupt nichts, das klein genug ist, um definiert zu werden. Sobald du irgendwer oder irgendetwas bist, das getrennt ist vom Ganzen, wirst du leiden!«

Wenn wir auf der Suche sind nach *absoluter Präsenz*, können wir nirgendwo anhalten.

Jede Identität, sei sie gut oder schlecht, kann zur Last werden.

41

Unser ursprüngliches Feuer entdecken

Gelegentlich ist uns aufgefallen, dass manche Menschen mystischen Erfahrungen mit Misstrauen begegnen. Während der Buddhismus in Amerika eine für dieses Land sehr gesunde stärkere psychologische Färbung annahm, hat das Misstrauen gegenüber Erfahrungen, die über das Rationale hinausweisen, tatsächlich manche der mysteriösen, nicht steuerbaren Wunder des Dharmas aus dem gesamten Komplex der Faktoren und Motive menschlichen Verhaltens verbannt.

Ondrea und ich haben lange und oft darüber gesprochen, dass Spiritualität und infolgedessen auch Religion ihren Ursprung möglicherweise vor Tausenden von Jahren in Wüsten, Wäldern und Höhlen genommen haben, wo spontane mystische Öffnungen stattfanden, die den Körper erschütterten, den Geist zum Glitzern brachten und die Seele offenbarten. Tief greifende innere Befreiungen, die Kräfte wie die der Prophezeiung und des Heilens erschlossen. Das war die Entdeckung des ursprünglichen Feuers.

Ein scharfer Schmerz fährt durch die linke Kopfhälfte. Sagt: Sitz gerade, Gott kommt!

Das Gefüge des Schädels gerät in Bewegung. Blitze in den Schläfenbeinen. Engel, gelinde gesagt, und die simple Klarheit, welche die schwebenden Welten enthüllt.

Wie das Erwachen in einem Traum, um festzustellen, dass wir nicht träumen. Entdecken, dass die ganze Zeit über der Träumer der Traum war und Wachheit das einzig Wirkliche ist.

Und der Körper schmilzt von Bewusstsein zu Bewusstsein, während er sich leuchtend auflöst, bar jeder Beschreibung.

Erdbeben finden im Schädel statt, die unser Besteck zum Klappern bringen und all unseren Nippes aus den Regalen fegen.

Sie brechen den Dachbalken durch und verstreuen unser Eigentum, so dass wir nackt und nicht identifizierbar im strahlenden Licht zurückbleiben.

Jene evolutionären Einsichten verbreiteten sich schnell um die Feuerstelle. Einsicht in das Mysterium und ein Gefühl für das Mögliche und Wundersame folgten.

Während der Geist Grenze auf Grenze durchbricht, wird die Welt jedesmal geboren und vernichtet, wird jedesmal eine wahrere Stimme vernehmbar. Von den schamanistischen Malereien in Lascaux bis zu den Bodhisattvas und Devas der Höhlen von Ajanta, von der mystischen Schlange, die sich am Fuß des Bodhi-Baumes zusammenrollt bis zum Kreuz erstehen goldene Möglichkeiten.

Als das Licht vor Tausenden von Jahren spontan unter weitläufigen Banyan-Bäumen auftauchte oder in der Dunkelheit der Höhle erstrahlte, den Körper erschütterte, den Geist zum Schmelzen brachte und die Seele offenbarte, fanden nur die wenigsten Worte dafür und konnten sagen: *Alles ist vergänglich und voller Gnade.*

*Die meisten sind irre geworden
an der Suche nach einer festen Mitte, es gibt keine.
Wir glauben, Zentrierung sei eine kontinuierliche
Verengung des Fokus, bis wir die Perle berühren ...
aber in der Praxis ist Zentrierung eine kontinuierliche
    Erweiterung des Fokus, bis wir zum Ozean werden.
Je tiefer wir gehen, desto undefinierbarer werden wir,
doch desto realer fühlen wir uns.
Je tiefer wir gehen, desto heller beleuchtet das Licht
des Geistes unser Geburtsrecht.
Unsere Mitte ist weiter Raum, ist grenzenloses Gewahrsein.*

Diese Leere, dieser weite egolose Raum ist nicht nichts, er ist einfach kein Ding, keine Grenze, kein Gegenteil, kein Ausgeschlossenes, kein Einbezogenes, keine Geburt, kein Tod, kein Leben, keine Abwesenheit von Leben. Unterschiedslose Präsenz, reines Gewahrsein, ununterscheidbar von reiner Liebe.

42

Wiederkehrende Schwüre ablegen

Glauben Sie trotz meiner dankbaren Übertreibungen nicht, diese hoch energetischen Erfahrungen seien für die Befreiung in irgendeiner Weise notwendig. Ich mache sie seit Jahren und bin mit Sicherheit nicht erleuchtet. Tatsächlich können sie sogar zur Ablenkung werden, wenn wir sie als eine Art persönlichen Besitz betrachten.

Viele außergewöhnliche Wesen, die diese sensationsträchtigen Erlebnisse nicht vorweisen können, haben offensichtlich nichts auf dem Weg verpasst und strahlen eine Weisheit und ein Mitgefühl aus, die für viele vorbildlich sind. In der buddhistischen Praxis erinnern uns die Vertreter der allmählichen Erleuchtung daran, dass der allmähliche Weg uns ständig plötzliche wortlose Einsichten beschert, und die Befürworter der plötzlichen Erleuchtung weisen immer wieder darauf hin, dass auch das plötzliche Erwachen ewig zu dauern scheint. Tatsächlich sind Offenbarungen der Wahrheit, ob sie nun allmählich heranreifen oder sich ganz plötzlich einstellen, nur so viel wert wie unsere Fähigkeit, sie in unseren Alltag zu integrieren. Es gibt kein Erleuchtungsexamen zu bestehen und keinen Turnierpokal zu gewinnen; nur Güte und Klarheit.

Erfahrungen wie das periodische Aufsteigen der *Kundalini* können von einem hungrigen Ego als Erleuchtungserfahrungen fehlinterpretiert werden. Was sie in gewisser Weise auch sind, aber nicht in der Form, wie der gierige Geist sie sich gern waschfest auf sein T-Shirt drucken lassen würde.

Auch wenn sie das Dach abdecken, festigen Erleuchtungserlebnisse – die natürlich erleuchtete Augenblicke und erleuchtetes Handeln hervorbringen, nicht aber erleuchtete Wesen – möglicherweise nicht den Boden, auf denen das Haus steht, das jetzt kein Dach mehr hat.

Das, was die meisten als »Erleuchtung« bezeichnen, bringt in Wirklichkeit nicht die Persönlichkeit zur vollkommenen Reife, sondern lediglich die Sichtweise.

Ziemlich unerwartet können grundlegende Neigungen zum Vorschein kommen. Und es ist bekannt, dass karmische Bündel, obwohl sie zum Hochheben viel zu schwer sind, bei entsprechender Provokation an die Oberfläche kommen.

Wir müssen achtsam bleiben für die äußerlichen Aspekte der spirituellen Praxis. Jedes Mal, wenn ich höre, dass ein Mensch mit gutem Ruf »gefallen« ist, weckt das bei mir nicht Zweifel, sondern Zuversicht. Es ist tröstlich zu sehen, dass eine Person ganz außergewöhnlich sein kann und trotzdem noch viel Arbeit vor sich hat.

Wie ein Lehrer uns immer wieder ermahnte: Ganz gleich, wie hoch wir im Mysterium steigen, wir müssen mit den Füßen auf dem Boden bleiben.

Auch wenn ich Augenblicke erlebt habe, in denen ich »trunken war von Gott« und an deren angstfreier Ganzherzigkeit ich in gewisser Weise immer noch festhalte, inspiriert mich doch, nachdem alles gesagt und getan wurde, am meisten die simple und klare Sichtweise der Achtsamkeit. In Indien müssen die Gottestrunkenen manchmal weggeführt werden, weil sie zu lange in die Sonne starren.

Am wichtigsten ist, nicht die Gegenwärtigkeit zu verlieren, in der die Gegenwart anzufinden ist, die Seele des Mysteriums, die in dem treibt, was die frühen Mystiker »Wolke des Nichtwissens« nannten.

Etwa drei Lichtmonate nach einer Reihe intensiver innerer Öffnungen manifestierte das Mysterium eines Morgens, als der schmerzerfüllte unregelmäßige Atem unseres alten Rottweilers uns aus der Meditation holte, die nächste Lehre. Nicht dass wir nicht früher schon Dutzende von Malen durch »äußere Anforderungen« aus der Meditation gerufen worden wären. Als wir unsere drei Kinder großzogen, passierte das bestimmt Hunderte von Malen. Aber aus irgendeinem Grund, oder ohne jeden Grund, sollte an diesem Tag alles zusammenkommen und die Lehre erreichte mich ein wenig tiefer.

Nachdem er seine Pillen bekommen hatte, lag unser lieber alter Hund unter seinem Lieblingsbaum, wo er die Vogelhäuschen beobachtete und langsam seinen Kopf zu Boden senkte. Und trat den Schlaf an, der ihn allmählich von seinem Körper, der schon lange abbaute, lösen würde.

Eine gute Zeit, seinen liebenswerten Kopf abzulegen, bevor seine schwere Myasthenie (Muskelschwäche, Anm.d.Ü.) zu einem völligen, neurologisch bedingten Verfall seiner Muskulatur führte. Während er unter Schwierigkeiten atmete, seine Kehle den Dienst versagte, seine Kiefer blockierten, die Hinterbeine schleiften, trübte sich das Licht in seinen tief braunen Augen. Ein guter Tag, um zu sterben. Als wir singen, wird nach Monaten erfolgloser Verabreichung von Medikamenten und zunehmender Schwäche sein Atem schließlich sanfter.

Aber der Gesang eines Vogels oder eine leichte Brise ließ ihn den Kopf noch einmal heben, um einen weiteren Bissen von dem Leben zu nehmen, das er so liebte. Selbst die Katzen, die er so oft gejagt hatte, saßen nur wenige Meter entfernt.

Bis eine letzte warme Brise ihn den Kopf heben ließ für einen letzten Blick hinunter in das Tal hinter dem Wald. Und ohnmächtig sank sein großer Kopf nach unten und er begann sein letztes rasselndes Schnarchen.

Zwei Krähen stiegen im Westen auf, kreisten über seinem Kopf und krächzten dreimal RAM RAM RAM, bevor sie nach Osten weiterzogen.

Seine Krähen, sein Wald, seine Familie – alle waren um ihn herum versammelt und ihm so nah. Wir begruben ihn in der Nähe des Hauses unter der großen Goldkiefer, in die der Blitz eingeschlagen hatte.

Als ich anschließend den Sonnenuntergang beobachtete, dachte ich darüber nach, wie unwillig ich gewesen war, mein Gewahrsein zurück in den lärmenden Raum zu bringen, der voller Anforderungen war. Und allmählich wurde mir schmerzlich klar, wie selbstsüchtig das Streben nach Erleuchtung ist. Ich erlebte auf einer Ebene, die mir früher nicht zugänglich war, was es mit der enormen Großzügigkeit des Bodhisattva-Schwurs tatsächlich auf sich hat.

Und das grenzenlose Herz flüsterte:

»Auch wenn du weißt, dass es so etwas wie Zeit nicht gibt, hast du den Weg noch nicht beendet!

Auch wenn du weißt, dass nichts auf die Art und Weise wirklich ist, wie du einmal glaubtest, leiden fühlende Wesen noch immer. Sich inkarnieren heißt Verantwortung tragen; Wesen brauchen gegenseitig ihre Hilfe.

Wenn du alles vergessen hättest, was du weißt, wärest du imstande, wie er deinen Weg im Licht deines Mitgefühls und natürlicher Gnade zu finden?«

Wie bereitwillig und ohne jeden achtsamen Gedanken würde ich mich an den höchsten Punkt über dem Meeresspiegel begeben, sicher geschützt vor den Fluten, weit entfernt von der allgemeinen Wunde und unserer kollektiven Heilung. Und manchmal am Wesentlichen vorbeigehen.

Eine Großzügigkeit stieg auf, die der persönlichen Verwirrung entgegenzuwirken vermochte, die uns manchmal verleitet, am Leiden vorbeizugehen, ohne nach rechts und links zu schauen.

Wie damals, als ein Wagen auf den Gehsteig auf der anderen Straßenseite kippte und Menschen in Schaufensterscheiben schleuderte oder gegen Parkuhren quetschte. Und wir alle rannten über die Straße, um zu helfen. In den Glasscherben kniend und eine Frau mit heftigen Schnittverletzungen versorgend, schaute ich mich nach jemandem um, der dem jungen Mann helfen konnte, der neben uns blutete. Aber nur wenige halfen den Verletzten. Die Straße war wie ein Bild von Menschen, die mitten im Tun erstarrt waren. Oder sollte ich sagen, erstarrt im Nichttun? Einige waren bis zur Bordsteinkante gelangt und dort stehen geblieben. Andere hatten es nur halb über die Straße geschafft. Manche hatten nur einen Fuß vom Gehsteig auf die Straße gesetzt. Nicht, dass sie nicht helfen wollten; sie konnten es einfach nicht. Erstarrt an ihrem »sicheren Ort«, nutzlos.

Aber jene, die es ganz bis ins Zentrum des Leidens schafften, erlebten eine Grenzsituation, in der nur die Sorge für den anderen existierte. Einen Augenblick, der reich war an zwischenmenschlicher Verbundenheit. Einen Augenblick näher dran am Grund dafür, dass wir geboren werden.

Suzuki Roshi sagte: »Selbst wenn die Sonne im Westen aufginge, für den Bodhisattva gibt es nur einen Weg.« Den der absoluten Großzügigkeit des Schwures, den der Anwärter ablegt, der Geisteshaltung des Bodhisattvas, der nicht einmal zugunsten »höherer Zustände« den Leidenden im Stich lassen kann. Jenseits von allem Eigennutz der Befreiung sämtlicher fühlender Wesen verpflichtet. »Bis zum letzten Grashalm, so lange wie Raum existiert.«

Was wir Unendlichkeit nennen, kommt der ganzen Wahrheit unendlich nahe.

Glück ist ein Aberglaube, aber Freude ist unser Geburtsrecht.

Solange nicht alle Dinge zu einem werden und auch dieses sich auflöst in Grenzenlosigkeit, sind selbst Worte wie diese nur »Luftgespinste«, wie der Dritte Zen-Patriarch es nannte.

Als ich vor einigen Jahren von einem Herausgeber um einen Segen für die Feierlichkeiten zum Jahrtausendwechsel gebeten wurde und beim Meditieren meine Augen schloss, wieder und wieder eintretend, kam mir in der zyklischen Natur der Dinge ein Schwur, der dem Schwur des Dienens glich, den ich vor Jahrzehnten abgelegt hatte. Es gab nichts Neues zu sagen, die gleichen Wahrheiten sind immer noch gültig:

Handle zum Wohle anderer
Reinige den Geist, damit du den Weg sehen kannst
Erinnert euch gegenseitig an eure wahre Natur
Tue ohne Grund Gutes
und höre auf, Ausflüchte zu machen
Nichts ist zufällig oder vorherbestimmt,
also lass dein Verhalten aus wahrer Freiheit entspringen
Erlaube nicht, dass Angst oder Schönheit
deinen Weg behindert
Es erfordert Mut, moralisch zu sein
und die Unzufriedenheit aufzugeben
Mitgefühl kennt keine Angst.

43

Manchmal ich

Und wer, manchmal ich, sind wir denn schließlich? Wenn kein Wort, kein Gefühl oder Gedanke das Ganze definiert? Wenn selbst das ehrgeizigste Gedankengebäude zu klein ist, um uns weitgehend zu beschreiben? Wenn nach dem lebenslangen Versuch, atmen zu lernen, der Atem spontan ins Herz zurückkehrt?

Der Atem, mit dem vor so vielen Jahren in der Mitte des Brustkorbs begonnen wurde und der das Herz befreite, so dass es zum Vorschein kommen konnte, der sich mit der Welt verband, jahrelang im Bauch und jahrzehntelang in den Nasenlöchern beobachtet wurde – dieser Atem scheint seine Pilgerreise beendet zu haben.

In der Mitte des Brustkorbs, wo einst der Kummerpunkt pulsierte, atmet der Atem sich im Berührungspunkt des Herzens, wo Achtsamkeit und Andacht zusammenkommen, selbst ein und aus. Wo, um einen hoch geschätzten Lehrer zu zitieren, die Liebe mir alles sagt. Und die Weisheit mir erzählt, dass ich alles bin. »Und zwischen diesen beiden fließt mein Leben.«

Es bewegt mich, dass ich mich dem Herzen vor vielen Jahren mit so viel Unsicherheit näherte und viele Jahre später mit solcher Dankbarkeit zurückkehre. Und so verbeuge ich mich vor der Kostbarkeit des Weges zur Befreiung.

Kein Lied gefällt dem Herzen besser als der langsame, gleichmäßige Atem des Pilgers, der lernt, das Mysterium zu segnen und sich von ihm segnen zu lassen.

Glossar

Eine Sammlung von Gedankenträumen und annähernden Definitionen

Achtsamkeit: Aufmerksamkeit, ausgerichtet auf den sich von Augenblick zu Augenblick entfaltenden Prozess des Bewusstseins. Ein durchdringendes, urteilsfreies Gewahrsein für physische und mentale Veränderungen.

Atem: zu umfassend für Beschreibungen.

Bardo: Ein Begriff aus dem *Tibetanischen Totenbuch*, der vor allem den Raum zwischen den Leben bezeichnet; die Nachwelten, die wir projizieren und denen wir begegnen, nachdem das Bewusstsein einen Körper verlassen hat und nach dem nächsten Ausschau hält. Aber wenn wir ganz lebendig sind, bedeutet Bardo viel mehr und viel weniger als das. Das Wort bezeichnet auch den Raum zwischen den Gedanken und den Augenblick der Wandlung.

Bereich unterhalb des Traumes: Wir nennen diesen Bereich meistens das Unterbewusste, aber nur, weil wir unaufmerksam sind.

Wenn wir in der Meditation still werden, kommen Gedanken in unser Wahrnehmungsfeld, die gewöhnlich zu schwach sind, um Beachtung zu finden. Vieles von dem, was als »unterbewusst« bezeichnet wird, liegt direkt zwischen den fast durchsichtigen Kommentaren. Unter dem Groben befindet sich das Subtile. Unter jedem Gedanken, der groß genug ist, um unsere Aufmerksamkeit auf sich zu ziehen, liegen die subtilen Faktoren, die ihn an die Oberfläche zwangen, die Tendenzen, denen er entsprang. Mit dieser subtilen Sicht durchdringen wir die Oberfläche des Bereichs unterhalb des Traumes.

Wenn wir wirklich hinhören, können wir unter unserem Wachtraum einen anderen Herzschlag vernehmen.

Denken: Die Erzählhandlung, die mit einem einzigen Gedanken beginnt und durch Anhaftung zur Fortsetzung eingeladen wird. Das einzelne Bild, das sich zu einer vielfältigen Bilderwelt auffächert. Ganz gleich, ob er sich dem Flug der Phantasie oder linearer Planung verdankt, ohne ein tieferes Gewahrsein bewirkt dieser Prozess lediglich, dass wir flach bleiben.

Dharma: Vielleicht das interessanteste Wort, das mir jemals begegnet ist. Aus dem Sanskrit stammend, bezeichnet es für den Buddhisten vor allem und an erster Stelle die Lehren des Buddhas, wie im Buddha-Dharma. Es wird auch in anderen spirituellen Traditionen benutzt und steht generell für spirituelle Wahrheit oder entsprechende Lehren. Es kann auch so viel wie eigene Pflichten, eigener Lebenspfad heißen.

Eine der faszinierendsten Definitionen von Dharma ist »geistiger Augenblick«, die zehntausend Dharmas, man könnte sogar sagen, »Augenblicke der Wahrheit«, die von Moment zu Moment durch den Geist ziehen. Dharma erstreckt sich von der kleinsten Einheit des Bewusstseins bis zu einem Seinszustand, der nicht zu ermessen ist.

Existenzielle Angst: Das tiefe Gefühl menschlicher Isolation sowie Ärger und Besorgnis in Bezug auf die unkontrollierbare Vergänglichkeit und das nagende Empfinden von Unvollständigkeit.

Gedanke: Ein einzelnes mentales Bild, vielleicht eine Erinnerung eines der Sinne, die ganz spontan im Geist aufkommt.

Geist/Körper: Eines Tages stand ich bei einer besonders harmonischen Meditation auf und machte zum ersten Mal einen perfekten Kopfstand.
Als mein Geist und mein Herz im friedlichen Gleichgewicht waren, kam mir, dass diese Stille, diese vollkommene Harmonie, sowohl in jeder Zelle als auch in jedem Molekül des Geistes präsent sein muss.
Wenn der Geist ins Gleichgewicht kommt, kommt auch der Körper ins Gleichgewicht. Vielleicht ist das der Grund dafür, dass manche sagen, der Körper sei lediglich eine andere Ebene, eine gröbere Schicht der weiten Ausdehnung, die wir so vereinfachend Geist nennen: das Bewusstsein, das sich am einen Pol in Materie verdichtet und das am anderen Pol grenzenloses So-Sein ist (in dem es kein »anderes« gibt, sondern nur das Eine als solches selbst).

Gewöhnlicher Geist: der konditionierte, kognitive Faktor, der in den ersten Schichten des Bewusstseins angesiedelt ist.

Gnade: Das, was uns unserer wahren Natur näher bringt; oder, von einem anderen Blickwinkel aus betrachtet, unsere wahre Natur selbst.

Herz: Eine tiefere Ebene des Bewusstseins, auf der sich das Individuum mit dem Universellen verbinden kann. Das Kleine schmilzt ins Unermessliche.

Hungriger Geist: Ein buddhistischer Begriff für einen Seinszustand, der traditionellerweise als gespenstähnliche Gestalt mit dickem Bauch, gigantischem Maul, bleistiftdünnem Hals und Gliedmaßen wie Stöcken dargestellt wird. Ein Geschöpf, das nicht imstande ist, seinen gewaltigen Hunger zu stillen oder seine heftigen Begierden zu bezwingen. Der habsüchtige hungrige Geist unerfüllten Begehrens.

Natürlich hat der moderne hungrige Geist andere Erscheinungsformen angenommen. Heute gibt es Pferderennbahnen, Kreditkarten und plastische Chirurgie.

Jesus: »Als du sagtest, Jesus wartete auf dich, als du letzte Nacht vom Besuch bei einem Patienten aus dem Krankenhaus zurückkamst, was meintest du da? Willst du sagen, er war körperlich anwesend? Dass du ihn vor dir stehen sehen hast?«

»Nun, in diesem Falle meine ich, dass Jesus sich in Form eines intensiven geistigen Zustands einstellt, der sich einem kristallklaren Seinszustand voller Mitgefühl öffnet.«

Karma: Ein Begriff aus der spirituellen Physik, der im buddhistischen und hinduistischen Denken die Entwicklung von Neigungen und Tendenzen bezeichnet, die auf frühere Gedanken und Taten zurückgehen. Die Idee des Karmas kann in diesen Religionen ebenso irreführend und manipulativ sein wie die Doktrin von der Ursünde im Christentum. Im Grunde heißt Karma einfach Wirkungskraft. Je nach dahinter stehender Absicht ist ein Verhalten weder gut noch schlecht, sondern einfach heilsam oder schmerzverlängernd.

Karma ist, wer wir sind, wenn wir zulassen, dass das Leben uns unbewusst widerfährt. Karma ist die Lehre, die uns, wenn wir aufmerksam sind, durch das genaue Definieren von Segnungen und Hindernissen wegführt von den Ursachen des Leidens.

Der Buddha sagte über Karma: »Dies entsteht, jenes wird.« Ein Beispiel für die Wirkungskraft, die auf Absicht beruht und karmischen Gesetzen folgt, ist die Entwicklung jener beiden Freunde aus der Grundschule, mit denen ich den Heimweg teilte.

Als ich zuletzt von ihm hörte, arbeitete mein liebenswerter, langsamer, anders gesinnter Freund ziemlich zufrieden Seite an Seite mit einer seiner ersten Lieben in der Kraftfahrzeugbranche.

Ich begegnete Hap 25 Jahre, nachdem ich ihn zuletzt in der Wohnung eines Verlegerfreundes in New York City getroffen hatte. Auf die nervöse Ankündigung meines Freundes hin, »dass gleich ein erstklassiger Dealer und Freund hereinschauen würde und ich einen kühlen Kopf behalten solle, etwas sei schief gelaufen«, spazierte ein ziemlich heruntergekommener Hap herein. Er war gerade aus dem Kofferraum eines Geschäftspartners entlassen worden, in dem dieser ihn sechs Stunden gefangen gehalten und schließlich beschlossen hatte, ihn doch nicht umzubringen.

Und ich staunte einmal mehr darüber, dass der Wille zum Mysterium irgendwo zwischen Schleichspur und fahrlässiger Rennstrecke den mittleren Weg des Buddhismus zur Verfügung stellt.

Koan: Eine Praxis aus dem Zen-Buddhismus, um den Geist Schicht für Schicht abzutragen; ein kleines Rätsel für die Stirnlappen, für das es keine logische Lösung gibt, sondern nur eine intuitive Antwort jenseits aller Rationalität.

Mantra: Eine verbale Wiederholung, um den Geist wirkungsvoll zu fokussieren. Oft ein heiliger Satz, vom Lehrer an den Schüler weitergegeben mit besonderer Betonung des Vermächtnisses der Worte, die im Lauf der Jahrhunderte übermittelt wurden. Auch wenn Krishnamurti mich, entsprechend seinem Gefühl, dass alle Worte zum Mantra werden können, wenn wir das Herz am richtigen Fleck haben, bei meiner einzigen Begegnung mit ihm mit den Worten verabschiedete: »Coca-Cola, Coca-Cola!«

Präsenz: Die Erfahrung von Gewahrsein in uns selbst oder anderen; zuerst wahrnehmbar im Feld der Empfindungen als ewig vibrierender Geist, der die Idee stützt, dass wir existieren.

Auf einer anderen Ebene ist die Essenz dieser Präsenz die Essenz des Seins. Sie wird erkannt als das, was sich während der Bewegung nicht bewegt, der stille Punkt, die einzige Erfahrung eines Lebens, die sich nicht verändert. Das unterschwellige Summen essentiellen Seins, die »Bin-heit«, auf die sich das »Ich bin« bezieht. Weil sie weder einen unterscheidbaren Anfang noch ein unterscheidbares Ende hat, zwingen manche ihre Grenzenlosigkeit in Begriffe wie »Seele« oder »Göttlichkeit«. Und auch in meinem Text begrenze ich ihre unvorstellbare Weite, indem ich sie auf das reduziere, »was nicht stirbt«, obwohl sie so viel mehr ist als das.

Rechtes Bemühen: Wie und wo wir richtiges Verhalten zum Ausdruck bringen. Die Erforschung der Möglichkeit ausgewogener »Versuche«. Zum Wohle sämtlicher Wesen das Richtige tun.

Unterschiedsloses Gewahrsein: Die grenzenlose, urteilsfreie Offenheit von Achtsamkeit, durch die diese ohne Anhaftung Schicht für Schicht das Bewusstsein erschließt.

Wechselseitiges Sein: Ein Begriff, den der bemerkenswerte vietnamesische buddhistische Lehrer Thich Nhat Hanh, Begründer der *Buddhist Peace Fellowship for Reconciliation*, geprägt hat, um die wechselseitige Abhängigkeit aller Wesen zu bezeichnen.

Ein Gefühl von Einheit, noch umfassender als Empathie, das zu der Erfahrung führt, das Bewusstsein und die Lebenskraft mit sämtlichen Wesen zu teilen.

Yantra: visuelle Entsprechung zum Mantra.

Zeit für die Seele: Wir brauchen Zeit für die Seele, sonst bringen wir unsere Geburt oder unseren Tod nie zum Abschluss.

Wie oft wenden wir uns dem Mysterium zu?
Wie viele einfache Gebete beten wir, während wir warten?
Wie viele achtsame Atemzüge tun wir?
Wie oft wandeln wir Angst und Ärger in Mitgefühl um?
Wie oft hören wir in unserem Körper das Lied, das von Ozean zu Ozean erklingt?
Wie groß ist unsere Bereitschaft, über das Bekannte hinauszugehen, den Krieg zu beenden, im Sein zu ruhen?
Wie oft sind wir bereit, ins Herz zu gehen und Atemzug für Atemzug die Treppe hoch zum Schädeldach, Türen, Luken, Dachfenster öffnen, von Geist zu Herz entschlüsselt ... bahnt das Mysterium sich atmend seinen Weg ... schauen nach dem, was schaut ... und den Weg finden, nach dem wir immer Ausschau gehalten haben: das Herz, unserem Schmerz und unserer Freude voll Güte und Dankbarkeit zu begegnen.

Direkt ins Sein schauen und wissen, dass wir Gott sind und auch das nur ein Anfang ist.

Zeuge: Keine getrennte innere Wesenheit, sondern das, was vorbeiziehende Phantasien beobachtet. Das Gewahrsein selbst. Nicht ein »Wer«, sondern ein »Was«. Nicht das Ich von »Ich bin«, sondern die »Bin-heit«.

Triumph des Älterwerdens

James Hillman
VOM SINN DES LANGEN LEBENS
Wir werden, was wir sind
337 Seiten. Gebunden mit
Schutzumschlag
ISBN 3-466-34430-1

Je länger wir leben, desto deutlicher kommt unsere wahre Natur zum Vorschein. Wenn wir bereit sind, den biologischen Gegebenheiten auch eine psychologische, ja sogar philosophische Bedeutung zu verleihen, erkennen wir, wie selbst körperliche Beeinträchtigungen sich in positive, markante und »unmoralische« Züge des Charakters verwandeln können und der Persönlichkeit zur eigentlichen Erfüllung verhelfen.

Einfach lebendig.
PSYCHOLOGIE & LEBENSHILFE

Kösel-Verlag, München, e-mail: info@koesel.de
Besuchen Sie uns im Internet: www.koesel.de

Bewusst leben *im* Hier *und* Jetzt

Gay Hendricks
BEWUSSTER LEBEN UND LIEBEN
Von der Kunst, sich selbst und anderen zu begegnen
343 Seiten. Gebunden mit Schutzumschlag
ISBN 3-466-30559-4

Der intensive Kontakt zu den eigenen Gefühlen, die Suche nach dem wahren Selbst, die Akzeptanz der Realität und das Loslassen dessen, was nicht der eigenen Kontrolle unterliegt, der Zugang zum eigenen Kern und Verbindung mit dem Spirituellen sowie Ehrlichkeit sich selbst gegenüber: die fünf zentralen Themen für ein bewusstes Leben. Gay Hendricks zeigt, wie wir sie im Alltag umsetzen können und dadurch zu Gesundheit und einem dauerhaft positiven Lebensgefühl finden.

Einfach lebendig.
PSYCHOLOGIE & LEBENSHILFE

Kösel-Verlag, München, e-mail: info@koesel.de
Besuchen Sie uns im Internet: www.koesel.de

Bücher von Stephen Levine

bei:

J.Kamphausen

www.weltinnenraum.de

ISBN 3-933496-17-9

ISBN 3-933496-14-4

ISBN 3-933496-20-9

ISBN 3-933496-11-X

ISBN 3-933496-34-9

ISBN 3-933496-21-7